Sportentwicklungen in Deutschland
Band 18

Sportengagements von Kindern und Jugendlichen –
Grundlagen und Möglichkeiten informellen Sporttreibens

D1618712

Sportentwicklungen in Deutschland
Band 18

Eckart Balz/Detlef Kuhlmann (Hrsg.)

Sportengagements von Kindern und Jugendlichen – Grundlagen und Möglichkeiten informellen Sporttreibens

Meyer & Meyer Verlag

Herausgeber der Reihe Sportentwicklungen in Deutschland
Prof. Dr. Jürgen Baur
Prof. Dr. Wolf-Dietrich Brettschneider

Die Deutsche Bibliothek – CIP-Einheitsaufnahme

Bibliografische Information Der Deutschen Bibliothek
Die Deutsche Bibliothek verzeichnet diese Publikation in der Deutschen
Nationalbibliografie; detaillierte bibliografische Daten sind im Internet über http://dnb.ddb.de
abrufbar.

© 2004 by Meyer & Meyer Verlag, Aachen
Adelaide, Auckland, Budapest, Graz, Johannesburg, New York,
Olten (CH), Oxford, Singapore, Toronto
Member of the World
Sportpublishers' Association (WSPA)
Bearbeitung: Laura Kranemann
Druck: Firma Mennicken, Aachen
ISBN 3-89899-026-5
E-Mail: verlag@m-m-sports.com

Inhalt

Zum informellen Sportengagement von Kindern und Jugendlichen: Einführung in die Thematik

Eckart Balz

Wenn über sportliche Aktivitäten von Kindern und Jugendlichen gesprochen wird, dann steht meist der organisierte Sport im Vordergrund. Öffentliche Überlegungen und sportwissenschaftliche Untersuchungen konzentrieren sich weit gehend auf das Sporttreiben in Schule und Verein. Dies hat auch insofern seine Berechtigung, als 1. das Sportengagement von Kindern und Jugendlichen in Vereinen stark ausgeprägt ist und 2. der Schulsport darüber hinausgehend den einzigen „Sport für alle" darstellt (vgl. Kuhlmann in diesem Band). Allerdings wird in dem Zusammenhang häufig ausgeblendet, dass viele Kinder und Jugendliche zudem in ihrer Freizeit ohne organisatorische Einbindung sportlich aktiv sind: Offenkundig bewegen sie sich beispielsweise mit Gleichaltrigen im Freien, gehen ins Schwimmbad, fahren mit Rädern oder Skates, treffen sich zum Basketballspielen oder Bolzen.

Jenseits solcher alltäglichen Beobachtungen wissen wir aber über das informelle Sportengagement von Kindern und Jugendlichen noch recht wenig.[1] Weiterer Aufklärung bedarf, wer im Rahmen des nicht-organisierten Bewegungslebens mit wem wo und wie oft welchen Sport in welcher Weise betreibt. Die Frage nach dem informellen Sportengagement fokussiert also detaillierter auf Formen der Ausübung von sportlichen Aktivitäten außerhalb organisierter Einrichtungen wie Schule, Studio oder Verein. Dahinter steht das gesellschaftspolitische und pädagogische Interesse, die Entwicklung von (lobbyschwachen) Kindern und Jugendlichen umfassend zu fördern; „freie" Bewegungsmöglichkeiten in ihrem Lebensalltag gehören dazu. Mit diesem Beitrag wird nun *einführend* versucht, Erkenntnisse zum informellen Sporttreiben der Heranwachsenden zu sichten und mögliche Konsequenzen zu umreißen.

---

[1] „Informelles Sportengagement" wird – auch in diesem Band – als Begriff uneinheitlich verwendet bzw. unterschiedlich operationalisiert; einige zentrale Begriffsmerkmale sind im Kasten des zweiten Abschnitts zusammengestellt.

1   Was besagen bisherige Untersuchungen?

Erkenntnisse sind zunächst aus einschlägigen Untersuchungen der *allgemeinen* Kindheits- und Jugendforschung zu erwarten. Allerdings zeigt sich bei genauem Hinsehen, dass dem Bewegungsleben und Sportengagement von Heranwachsenden in den entsprechenden Veröffentlichungen wenig Beachtung geschenkt wird (vgl. u. a. Baacke, 1999; Sander & Vollbrecht, 2000). Auch die großen Sozial- und Gesundheitsberichte, die Jugendstudien von SHELL und Freizeitforschungen des BAT neigen bislang dazu, Daten und Analysen sportlicher Aktivität in der Lebenswelt von Kindern und Jugendlichen auf inadäquate Weise zu marginalisieren (vgl. Balz, 2001b).

Umso erfreulicher ist, dass die *sportbezogene* Kindheits- und Jugendforschung in den letzten 20 Jahren viele interessante Ergebnisse zu Tage fördern konnte (vgl. u. a. Heim, 2002a; 2002b), zuletzt perspektivisch gebündelt im ersten deutschen Kinder- und Jugendsportbericht (vgl. Schmidt, Hartmann-Tews & Brettschneider, 2003). Bereits die frühen Paderborner Untersuchungen weisen den Sport im Alltag von Jugendlichen als zentrales Lebensstilelement aus, das in der Beliebtheit und Häufigkeit von Freizeitbeschäftigungen weit vorne steht (vgl. Brettschneider & Bräutigam, 1990, S. 41-44) – bis heute gilt: „Sport stellt in seinen verschiedenen Formen so etwas wie ein jugendtypisches Freizeitmuster dar" (Brettschneider, 2003, S. 53); dies schlägt sich in verschiedenen organisierten und informellen Aktivitäten sowie in unterschiedlichen Sportszenen nieder. Ähnlich sind die Forschungsergebnisse der Arbeitsgruppe um Kurz, Sack & Brinkhoff (vgl. u. a. 1996) zu sehen, wenn Sport als wichtigste Form aktiver Freizeitgestaltung deklariert wird. Doch welchen Stellenwert hat hier das informelle Sporttreiben?

Trotz einer weit gehenden Konzentration solcher Studien auf den Sportverein ist ersichtlich, „dass sich neben der Ausdifferenzierung institutionalisierter und inszenierter Sportangebote immer mehr informelle Bewegungs- und Sportszenen im Spektrum von Sportspielen bis hin zu modernen Asphalt-Kulturen beim Übergang von Kindheit zu Jugend zu etablieren scheinen" (Schmidt, 2003, S. 120). Und: Informelles Sportengagement im familiären und städtischen Umfeld übertrifft quantitativ ganz augenfällig die Nutzung kommerzieller und auch vereinsgebundener Sportangebote (vgl. Kurz & Tietjens, 2000, S. 392-399). Hinsichtlich der Präferenzen bei informellen Sportaktivitäten ergibt sich zumeist eine Abfolge aus Radfahren/Mountainbiking und Schwimmen sowie Skaten/ Rollschuhlaufen, Fußball, Basketball/Streetball und Rückschlagspielen, Jogging, Fitnesssport und Tanzen (vgl. u. a. Brinkhoff, 2002; Wopp, 2002). Während sportliche Aktivitäten im Verein besonders regelmäßig ausgeübt werden, sind sie beim informellen Freizeitsport mit durchschnittlich über drei Aktivitätseinheiten pro Woche besonders zahlreich und variabel (vgl. Baur & Burrmann in diesem Band).

Solche grundlegenden Einsichten lassen sich durch Ergebnisse aus spezielleren Untersuchungen verfeinern (vgl. u. a. Schmidt, Hartmann-Tews & Brettschneider, 2003): Das gilt für beide Geschlechter, bestimmte Altersgruppen und Regionen (z. B. Ostdeutschland), ausgewählte Inhalte (z. B. Trendsportarten) und Probleme (z. B. soziale Ungleichheit), spezifische Entwicklungen (z. B. Internationalisierung) und Themenschwerpunkte (z. B. Gesundheit). In diesem Zusammenhang sind nicht zuletzt lebensstilbezogene Analysen der Bewegungswelt von Kindern und Jugendlichen zu erwähnen; sie zeichnen auf typisierende Weise ein recht differenziertes Bild informellen Sportengagements und weisen markante Stile der Sportlichkeit im Rahmen jugendlicher Körperinszenierungen aus (vgl. u. a. Rose, 2002, S. 16-17; Schwier und Wopp in diesem Band). Die bisher einzige *explizite* Studie zum informellen Sportengagement (von Jugendlichen) hat meines Wissens Telschow (2000) unter besonderer Berücksichtigung des alternativen Wettkampfsports vorgelegt. Seine qualitative Untersuchung zeugt von der enormen Offenheit und Variabilität informellen Sporttreibens; dazu gehören Facetten wie Trend- und Spaßorientierung, Alltags- und Lebensstilbezug: Jugendliche nutzen durch informellen Sport offenbar einen begrenzten Spielraum, um ihr Leben ein Stück weit stärker selbst zu bestimmen (vgl. Telschow, 2000, S. 240-254). Im Kontrast zum Vereinssport ist das informelle Sportengagement also keine beiläufige oder behelfsmäßige Betätigung, sondern besitzt eigenständige Qualität.

Versucht man nun, wie Kurz (2002), eine Durchsicht einschlägiger Kindheits- und Jugendstudien zu bilanzieren, so lässt sich festhalten: „Die Bewegungsaktivität außerhalb des Sports ist zurückgegangen. Heranwachsende treiben heute im Schnitt nicht weniger Sport, aber sie bewegen sich darüber hinaus weniger" (S. 41). Diese Aussage könnte mit Blick auf Bewegungsanlässe für informelles Sportengagement skeptisch stimmen. Doch scheinen sich – trotz aller Bewegungseinschränkungen – informelle Sport- und Bewegungsaktivitäten im Alltag von Kindern und Jugendlichen sowohl quantitativ als auch qualitativ etabliert zu haben (vgl. Kleine, 2003; Baur & Burrmann in diesem Band).[2] Selbst in kulturkritischen und eher pessimistischen Analysen der Bewegungsraumnutzung (vgl. Laging & Rabe in diesem Band) sowie in zeitgeschichtlichen Vergleichen und Zeitreihenanalysen (vgl. Burrmann & Baur und Schmidt & Süßenbach in diesem Band) verstärkt sich der Eindruck eines ungebrochen hohen Stellenwerts informellen Sporttreibens von Kindern und Jugendlichen.

---

[2]   Außerdem muss mit Burrmann (2003) konstatiert werden, dass im Widerspruch zwischen dem nachweislich hohen Sportengagement von Kindern und Jugendlichen und ihrer angeblich abnehmenden motorischen Leistungsfähigkeit erst noch über kritische Grenzwerte sowie über optimierte Forschungsstrategien zu sprechen ist, um die Rede von einem alarmierenden Bewegungsmangel präzisieren zu können.

Auch Daten aus vorliegenden Sportstätten- und Bewegungsraumstudien geben eher Anlass zu der Einschätzung, dass sich informelles Spielen und Sporttreiben von Heranwachsenden zwar gewandelt hat, aber offenbar eine sehr stabile Anziehungskraft besitzt (vgl. Hübner, Pfitzner & Wulf, in diesem Band). Gemäß der sozialökologischen These einer zunehmend raumgreifenden und entwicklungsförderlichen Eroberung von Lebensräumen kann man durchaus behaupten, dass Kinder und Jugendliche „Spielräume zum Aufwachsen" (Dietrich, 1998) brauchen. Zugleich lässt sich erkennen, dass vor allem die Stadt als Bewegungsraum durch gestiegenes Verkehrsaufkommen und verdichtete Bebauung eingeschränkte Spielräume bietet (vgl. Schemel & Strasdas, 1998; Schmidt, 2003). Allerdings kann aus der Veränderung solcher Aktionsräume nicht geschlossen werden, dass Straßenspiele und andere informelle Bewegungsaktivitäten von Kindern und Jugendlichen nahezu „ausgestorben" seien (vgl. Blinkert, 1996). Im Gegenteil: Insbesondere Kinder spielen nach wie vor viel und gerne draußen (vgl. u. a. Kleine, 2003), Jugendliche entdecken auf Straßen und Plätzen auch neue Bewegungsräume (vgl. Wopp, 2002), Heranwachsende betätigen sich vom Radfahren über Ballspiele bis zum Skaten auf vielfältige Weise und nutzen dazu verschiedenste Sportgelegenheiten (vgl. Balz, 2001; Wieland & Wetterich, 1999), das informelle Sporttreiben junger Menschen erweist sich bei gründlicher Betrachtung somit als äußerst lebendig (vgl. dazu die Beiträge im vorliegenden Band).

2   Was ist zu folgern und bleibt zu fordern?

Mögliche Folgerungen und Forderungen, die das informelle Sportengagement von Kindern und Jugendlichen betreffen, sind (noch) mit Vorsicht zu formulieren. Angesichts des bislang recherchierten Kenntnisstandes zum Thema und angesichts der in diesem Band versammelten Beiträge lassen sich aber zumindest einige gut belegte Aussagen und begründete Annahmen über informelles Sportengagement treffen (vgl. Kasten). Diese Aussagen und Annahmen stellen somit zentrale *Folgerungen* dar, die sich für die Beschreibung informellen Sportengagements aus dem derzeitigen Forschungsstand und dem vorgelegten Sammelband ergeben.[3] Vor diesem Hintergrund kann anschließend reflektiert werden, was zu fordern bleibt.

o Informelles Sportengagement ist ein spezifischer Bestandteil unterschiedlicher und zugleich multipler Sportengagements.
o Informelles Sportengagement stellt eine zentrale und häufig realisierte Facette des vielfältigen Sportengagements nicht nur von Kindern und Jugendlichen dar.

---

[3]   Die nachstehenden 13 Beiträge unseres Bandes können jedoch nicht bestimmten Folgerungen einzeln zugeordnet werden und sollen – über Verweise im Text hinaus – auch nicht vorab kommentiert werden.

o Informelles Sportengagement betrifft insbesondere die selbst organisierten und eigenverantwortlich gestalteten Bewegungsaktivitäten.

o Informelles Sportengagement gewinnt bei Heranwachsenden mit steigendem Alter im Vergleich zu organisierten Sportaktivitäten an Bedeutung.

o Informelles Sportengagement bietet selbstbestimmte Handlungsspielräume in Abgrenzung zu pädagogischer Anleitung und Kontrolle durch Erwachsene.

o Informelles Sportengagement umfasst ein breites und offenes Spektrum von Aktivitäten aus dem erneuerbaren Feld von Bewegung, Spiel und Sport.

o Informelles Sportengagement wird in alltagstauglichen Ausprägungen und in situationsgebundenen Formen möglichst flexibel verwirklicht.

o Informelles Sportengagement zeichnet sich durch seine Unverbindlichkeit und leichte Zugänglichkeit, aber auch durch eine abgeschwächte Bindungskraft aus.

o Informelles Sportengagement geht oftmals mit sichtbaren Stilisierungen und speziellen Szeneorientierungen in der Lebensführung einher.

o Informelles Sportengagement lässt soziale Ungleichheiten wie zwischen den Geschlechtern in z.T. abgeschwächter Form wieder aufscheinen.

o Informelles Sportengagement findet oftmals im Freien auf naturnahen Flächen oder öffentlichen Sportgelegenheiten bzw. Spielplätzen einer Kommune statt.

o Informelles Sportengagement hängt von politischer Unterstützung bewegungsfreundlicher Verhältnisse z. B. in „gesunden Städten" ab.

o Informelles Sportengagement schafft Bewegungserfahrungen und Lernanlässe, die vielfach durch Ausprobieren und Nachahmen genutzt werden.

o Informelles Sportengagement kann auch in Nischen des organisierten Sports, z. B. der Schule in Pausen oder Initiativstunden, Platz finden.

Sofern die über informelles Sportengagement (von Kindern und Jugendlichen) getroffenen Aussagen und Annahmen stimmig sind, können daraus mögliche Konsequenzen gezogen werden. Das geschieht hier in der Absicht, Kindern und Jugendlichen – nach ihrer Wahl – auch und gerade die informelle Teilhabe an der Sport- und Bewegungskultur möglichst weit gehend zu eröffnen, also vorhandene Barrieren eines prinzipiell „freien" Zugangs und eines potenziellen Engagements abzubauen. Für ein dem entsprechendes pädagogisches Bemühen scheinen mir drei *Forderungen* besonders bedenkenswert:

Erstens: Forschung über informelles Sportengagement intensivieren

Verglichen mit dem differenzierten Kenntnisstand, den wir für organisierte Sportaktivitäten von Kindern und Jugendlichen verzeichnen können, ist informelles Sportengagement bislang rudimentär und meist nur indirekt untersucht worden. Wie auch die nachstehenden Beiträge zeigen, fehlt es neben möglichen Reanalysen z. B. von Kindheits- und Jugendstudien vor allem an eigenständigen Untersuchungen zum informellen Sporttreiben. Diese könnten als breit angelegte Surveys realisiert werden oder sich als thematisch fokussierte Forschung auf spezielle Fragen beziehen – wie etwa jene nach selektiven Mechanismen, die in

Abhängigkeit von Geschlecht und Schichtmerkmalen zu sozialer Ungleichheit führen, aber im informellen Freizeitsport vermutlich weniger scharf wirksam sind als im organisierten Vereinssport (vgl. auch Menze-Sonneck in diesem Band). Solche Untersuchungen sollten benachbarte Forschung aus Erziehungswissenschaften und Sportverhaltensstudien berücksichtigen und auch darum bemüht sein, qualitative und quantitative Untersuchungsansätze zum Sportengagement von Kindern und Jugendlichen stärker zu verknüpfen (vgl. Burrmann, 2003). Eine derart intensivierte Forschung kann helfen, das informelle Sporttreiben von Heranwachsenden genauer zu beschreiben und besser zu verstehen, bei Bedarf auch zu legitimieren und angemessen zu stützen. Schon jetzt ist jedoch mit Nachdruck zu fordern, dass verfügbare Erkenntnisse zum informellen Sportengagement umgehend im deutschen Kinder- und Jugendsportbericht nachgetragen werden müssen.

Zweitens: Bezüge zwischen Schulsport, Vereinssport und Freizeitsport vertiefen

Die verschiedenen Beziehungen und Übergänge multipler Sportengagements sollten nicht nur aus begründetem Forschungsinteresse verstärkt in den Blick rücken. Auch aus einer Anwendungsperspektive ist für die individuelle Ausübung und pädagogische Vermittlung sportlicher Aktivitäten von Bedeutung, welche Zusammenhänge zwischen organisiertem Schul- und Vereinssport und informellem Freizeitsport im Einzelnen bestehen. Dabei kann es sich sowohl um konstruktive Bezüge z. B. durch Kooperationen und Partnerschaften, Öffnung von Schulhöfen und Sportstätten, Realisierung von Unterrichtsprojekten und Jugendarbeit zur quartierbezogenen Erschließung der Bewegungswelt handeln; es können aber auch destruktive Bezüge in Gestalt von prägnantem Desinteresse und schleichender Abwertung, Berührungsängsten und verschärften Konkurrenzsituationen, Zugangsbarrieren oder Verbotsschildern zum Tragen kommen. Im Sinne der Kinder und Jugendlichen wäre jedenfalls wünschenswert, dass die möglichen Übergänge zwischen unterschiedlichen Formen des Sportengagements erstens transparent und zweitens begehbar werden. Ob potenzielle Orte ihres Sporttreibens dann zu einem Netz verwachsen oder Inseln bleiben, könnten die Heranwachsenden selbst entscheiden. Für den Schulsport sind eine Bezugnahme auf den Vereinssport und eine Vorbereitung auf den Freizeitsport ohnehin pädagogische Aufgaben, die sich mit der Erschließung unserer Bewegungskultur unhintergehbar stellen (vgl. u. a. Balz, 2002; Kottmann & Küpper in diesem Band). Angesichts der Forcierung von Ganztagsschulen wird das Verhältnis verschiedener Sportengagements auch wieder neu zu bestimmen sein: „Werden wir zukünftig eine Schule haben, die auch für die Freizeitgestaltung der Kinder und Jugendlichen am Nachmittag verantwortlich ist und in der auch die Sport- und Bewegungsangebote stattfinden, die bislang außerhalb von Schule erfolgt sind?" (Tokarski, 2003, S. 10).

Drittens: Lobbyarbeit für Kinder und Jugendliche unterstützen

Sportwissenschaft und insbesondere Sportpädagogik haben m. E. nicht nur eine Verantwortung für die adäquate Untersuchung und Gestaltung des (informellen) Sportengagements von Kindern und Jugendlichen, sondern auch für die gesellschaftspolitische Unterstützung notwendiger Maßnahmen. Dies gilt umso mehr, als Heranwachsenden im Kontrast zu anderen Alters- und Interessengruppen oftmals die erforderliche Lobby fehlt. Kinder und Jugendliche wünschen sich nun einerseits mehr Bewegungsmöglichkeiten im Wohnumfeld (vgl. Kretschmer & Giewald, 2001) und fühlen sich andererseits auch gesünder und zufriedener, wenn solche vorhanden sind (vgl. Rütten & Ziemanz, 2001). Beispiele von Initiativen zur Stärkung kommunaler Spielräume wie in Hamburg gehen in diese Richtung (vgl. Funke-Wieneke & Moegling, 2001). Hier ist jedoch zu berücksichtigen, dass eine derartige Lobbyarbeit nicht als gut gemeinter Einsatz *für* die Kinder und Jugendlichen erfolgt, sondern als kooperative Entwicklung *mit* ihnen und anderen Entscheidungsträgern umgesetzt wird (vgl. auch die Beiträge von Rittner und Rütten in diesem Band). In den Forderungen des ersten deutschen Kinder- und Jugendsportberichts liest sich das so: „Hier gilt es, in einem sektorenübergreifenden Handeln von Kommunen, Schulen, Vereinen und Wirtschaft eine Reaktivierung von Bewegungs- und Spielflächen anzustreben und dafür zu sorgen, dass Kinder vermehrt die Möglichkeit erhalten, Outdoor-Aktivitäten zu entwickeln" (Schmidt, Hartmann-Tews & Brettschneider, 2003, S. 409). Letztlich sind es allerdings immer die Heranwachsenden selbst, die Initiative entwickeln, sportliche Aktivitäten realisieren und Bewegungsräume (rück-)erobern müssen (vgl. auch Neumann in diesem Band).

Literatur

Baacke, D. (1999). *Jugend und Jugendkulturen. Darstellung und Deutung* (3. Auflage). Weinheim/München: Juventa.

Balz, E. (1992). Spiel- und Bewegungsräume in der Stadt. *sportpädagogik, 16* (4), 22-27.

Balz, E. (2001). Sportgelegenheiten in Regensburg, Hamburg und anderswo. In J. Funke-Wieneke & K. Moegling (Hrsg.), *Stadt und Bewegung* (S. 373-383). Immenhausen: Prolog. (a).

Balz, E. (2001). Kinder und Jugendliche in der sportpädagogischen Diskussion oder: „Ich kenne meine Pappenheimer!" *sportpädagogik, 25* (6), 44-45 (b).

Balz, E. (2002). Freizeitsport und Schule. In J. Dieckert & C. Wopp (Hrsg.), *Handbuch Freizeitsport* (S. 289-296). Schorndorf: Hofmann.

Balz, E. & Neumann, P. (Hrsg.). (2000). *Anspruch und Wirklichkeit des Sports in Schule und Verein*. Hamburg: Czwalina.

Blinkert, B. (1996). *Aktionsräume von Kindern in der Stadt*. Pfaffenweiler: Centaurus.

Brettschneider, W.-D. (2003). Jugend, Jugendliche und ihre Lebenssituationen. In W. Schmidt, I. Hartmann-Tews & W.-D. Brettschneider (Hrsg.), *Erster Deutscher Kinder- und Jugendsportbericht* (S. 43-61). Schorndorf: Hofmann.

Brettschneider, W.-D. & Bräutigam, M. (Hrsg.). (1990). *Sport in der Alltagswelt von Jugendlichen – Forschungsbericht.* Frechen: Ritterbach.

Brinkhoff, K.-P. (2002). Kinder und Jugendliche. In J. Dieckert & C. Wopp (Hrsg.), *Handbuch Freizeitsport* (S. 187-196). Schorndorf: Hofmann.

Burrmann, U. (2003). Bericht zum Bewegungsstatus von Kindern und Jugendlichen in Deutschland. *Sportwissenschaft, 33* (3), 310-316.

Dieckert, J. & Wopp, C. (Hrsg.). (2002). *Handbuch Freizeitsport.* Schorndorf: Hofmann.

Dietrich, K. (1998). Spielräume zum Aufwachsen. *sportpädagogik, 22* (6), 14-25.

Funke-Wieneke, J. & Moegling, K. (Hrsg.). (2001). *Stadt und Bewegung* (Knut Dietrich zur Emeritierung gewidmet). Immenhausen: Prolog.

Heim, R. (2002). Entwicklungen und Perspektiven sportpädagogischer Jugendforschung. In G. Friedrich (Hrsg.), *Sportpädagogische Forschung* (S. 31-51). Hamburg: Czwalina. (a)

Heim, R. (2002). Sportpädagogische Kindheitsforschung – Bilanz und Perspektiven. *Sportwissenschaft, 32* (3), 284-302 (b).

Kleine, W. (2003). *Tausend gelebte Kindertage. Sport und Bewegung im Alltag der Kinder.* Weinheim/München: Juventa.

Kretschmer, J. & Giewald, C. (2001). Veränderte Kindheit – veränderter Schulsport? *sportunterricht, 50* (2), 36-42.

Kurz, D. (2002). Bewegen sich Kinder und Jugendliche heute weniger als früher? In Club of Cologne (Hrsg.), *2. Konferenz des Club of Cologne* (Sonderdruck) (S. 31-44).

Kurz, D., Sack, H.-G. & Brinkhoff, K.-P. (1996). *Kindheit, Jugend und Sport in Nordrhein-Westfalen. Der Sportverein und seine Leistungen.* Düsseldorf: satz + druck.

Kurz, D. & Tietjens, M. (2000). Das Sport- und Vereinsengagement der Jugendlichen. *Sportwissenschaft, 30* (4), 384-407.

Rose, L. (2002). Sportlichkeit als Stil. Jugendliche Körperinszenierungen im Wandel. *Jahresheft Schüler: Körper,* 16-17. Seelze: Friedrich.

Rütten, A. & Ziemanz, H. (2001). Lebenswelt, Sportunterricht und Gesundheit. *sportunterricht, 50* (3), 73-78.

Sander, U. & Vollbrecht, R. (Hrsg.). (2000). *Jugend im 20. Jahrhundert. Sichtweisen – Orientierungen – Risiken.* Neuwied/Kriftel/Berlin: Luchterhand.

Schemel, H.-J. & Strasdas, W. (1998). *Bewegungsraum Stadt.* Aachen: Meyer & Meyer.

Schmidt, W. (1997). Veränderte Kindheit – veränderte Bewegungswelt – Analysen und Befunde. *Sportwissenschaft, 27* (2), 143-160.

Schmidt, W. (2003). Kindersport im Wandel der Zeit. In W. Schmidt, I. Hartmann-Tews & W.-D. Brettschneider (Hrsg.), *Erster Deutscher Kinder- und Jugendsportbericht* (S. 109-126). Schorndorf: Hofmann.

Schmidt, W., Hartmann-Tews, I. & Brettschneider, W.-D. (Hrsg.). (2003). *Erster Deutscher Kinder- und Jugendsportbericht.* Schorndorf: Hofmann.

Telschow, S. (2000). *Informelle Sportengagements Jugendlicher.* Köln: Strauß.

Tokarski, W. (2003). Ganztagsschulen und Sport. Auf dem Weg zu neuen Strukturen. *f.i.t., 8* (2), 10-13.

Wieland, H. & Wetterich, J. (1999). Neue Räume für Sport und Spiel. Vom Verstehen zum Gestalten. *sportpädagogik, 23* (2), 8-10.

Wopp, C. (2002). Selbstorganisiertes Sporttreiben. In J. Dieckert & C. Wopp (Hrsg.), *Handbuch Freizeitsport* (S. 175-184). Schorndorf: Hofmann.

Informelle und vereinsgebundene Sportengagements von Jugendlichen: ein empirisch gestützter Vergleich

Jürgen Baur und Ulrike Burrmann

1 Abgrenzungen

In einer „versportlichten Jugendkultur" scheinen sich immer mehr Jugendliche an immer variantenreicheren Sportgelegenheiten zu beteiligen, wobei sich die sozialstrukturellen und -kulturellen Zugangsbarrieren zum Sport offenbar immer mehr einebnen. Nicht nur der vereinsgebundene Sport, sondern auch die informellen Sportaktivitäten haben an Bedeutung gewonnen (vgl. im Überblick Baur & Burrmann, 2003, Burrmann & Baur in diesem Band).[1] Dieser Bedeutungsgewinn kann unter einer doppelten Perspektive plausibilisiert werden: Zum einen hat sich im Zuge der Pluralisierung und Expansion des Sports vor allem der informelle Sport in ein breites Spektrum kaum mehr überschaubarer Sportformen ausdifferenziert, die in variantenreichen Stilen in unterschiedlichen Settings praktiziert werden können. Die daraus resultierenden Variabilitäten dürften für die Heranwachsenden deshalb besonders attraktiv sein, weil sie Chancen zur Entwicklung individualisierter und nach persönlichen Präferenzen arrangierter sportlicher Praktiken eröffnen. Zum anderen dürften sich diese informellen Sportaktivitäten auf Grund ihrer Variabilität eben auch vergleichsweise „problemlos" in die Lebensführungen und Lebensläufe integrieren lassen, in denen die Jugendlichen ihre Sportengagements mit den Erwartungen und Anforderun-

---

[1] Wenn im Folgenden die versportlichte Jugendkultur in den Blick genommen wird, dann dürfen analoge Versportlichungstendenzen der Kindheit nicht übergangen werden. In diesem Sinne sehen etwa Hasenberg und Zinnecker (1998) in jener Versportlichung geradezu ein „soziokulturelles Erkennungszeichen der Präadoleszenz" (S. 105).

Der Begriff der „Versportlichung" wird im vorliegenden Zusammenhang von kulturkritischen Bedeutungsgehalten freigehalten. Gemeint ist also nicht, dass das „ursprünglich" freie und selbstgestaltete Bewegungsleben der Kinder und Jugendlichen zunehmend auf vorab geregelte Sportaktivitäten vom Typus des vereinsorganisierten Wettkampfsports eingeengt würde. Vielmehr soll damit die Verbreitung und Ausdehnung sportlicher Praktiken im Kindes- und Jugendalter generell bezeichnet werden, wobei unterstellt wird, dass diese Praktiken jenes weite Spektrum vom freien, selbstdefinierten Bewegungsspiel bis hin zum vergleichsweise strikt geregelten Wettkampfsport einschließen.

gen in anderen Lebensbereichen koordinieren müssen (vgl. Burrmann & Baur, in diesem Band).

Der Variantenreichtum und die Variabilität des informellen Sports erschweren zugleich dessen Ein- und Abgrenzung. Von anderen Bereichen des Sports, in die Heranwachsende in ihrer Freizeit involviert sein können, lässt er sich zumindest durch ein konstitutives Merkmal abheben: *Informelle Sportaktivitäten werden außerhalb von Organisationen praktiziert und durch die Beteiligten situationsgebunden selbst arrangiert, wobei nicht nur die „technischen und taktischen Muster" zur Disposition stehen, sondern vor allem auch die zeitlichen, räumlichen und sozialen Rahmungen, die durch die Teilnehmer weit gehend selbst vereinbart und definiert werden.* Informelle Sportpraktiken sind also nicht mit „feststehenden", funktionalen Technik- und Taktikmustern in einen schon vorab geregelten und organisierten und für die Beteiligten mehr oder weniger verbindlichen Rahmen eingebunden, wie dies etwa im vereinsorganisierten (Wettkampf-)Sport der Fall ist, der hilfsweise als Kontrastfolie herangezogen werden kann (vgl. dazu auch Telschow, 2000).[2] Insofern können Momente des Spiels (play vs. game), von Kreativität und Stilisierung, von Subjektivität und „Sinnlichkeit", von Sozialität im Hier und Jetzt im informellen Sport sehr viel stärker in Erscheinung treten als etwa im vereinsorganisierten Sport (z. B. Alkemeyer, 2003; Schwier, 2003).

2 Informelle Sportaktivitäten: Variantenreichtum und Variabilität

Die Vielfalt des informellen Sports sperrt sich ebenfalls gegen eine Ordnung nach Sportarten und Sportformen. Zumindest einige Konturen aber lassen sich in das insgesamt diffuse Bild sportiver Praktiken im informellen Sport einzeichnen (vgl. u. a. Baur & Burrmann, 2000; Baur, Burrmann & Krysmanski, 2002; Brettschneider & Bräutigam, 1990; Brettschneider & Kleine, 2002; Brinkhoff, 1998; Gogoll, Kurz & Menze-Sonneck, 2003; Kurz, Sack & Brinkhoff, 1996; Schwier, 2003):

---

[2] Ein derartiger Vergleich muss jedoch unter verschiedenen Gesichtspunkten unter Vorbehalte gestellt werden. Zum einen werden in den vorliegenden Jugendsportsurveys meist nicht die informellen Sportaktivitäten erhoben, sondern der „Freizeitsport" der Jugendlichen außerhalb von Schule und Sportverein, der die Beteiligung am kommunal und kommerziell organisierten Sport einschließt (z. B. Baur & Burrmann, 2000; Brettschneider & Bräutigam, 1990; Brettschneider & Kleine, 2002; Brinkhoff, 1998; Kurz, Sack & Brinkhoff, 1996; zusammenfassend Gogoll, Kurz & Menze-Sonneck, 2003; abweichend Burrmann, 2003). Zum anderen ist bei einem Vergleich von informellen und vereinsgebundenen Sportengagements in Rechnung zu stellen, dass auch der vereinsgebundene Sport variantenreicher geworden ist und am ehesten noch der vereinsorganisierte Wettkampfsport als „Gegenpol" zum informellen Sport identifiziert werden kann.

Informelle Sportaktivitäten werden aus nahe liegenden Gründen (1) vornehmlich „draußen" betrieben und insofern lässt sich bei den Sportengagements von Heranwachsenden in der Tat eine Tendenz vom Indoorsport zur Outdoorvariante registrieren (Schildmacher, 1998), die aus der Verbreitung eben solcher informeller sportiver Praktiken resultiert. Da Sporthallen und andere Sportstätten dem Schul- und Vereinssport vorbehalten und in der Regel nicht öffentlich zugänglich sind, bleiben die informellen Sportler auf geeignete öffentliche Räume verwiesen: etwa auf natürliche oder künstliche Gewässer zum Schwimmen, Plätze und Anlagen zum Bolzen oder Streetballspielen, gut geteerte Straßen zum Skaten. Zwar ist vielerorts zu beobachten, dass sich die Jugendlichen solche Räume für ihre Sportaktivitäten erst erobern und herrichten müssen, indem sie z. B. wenig befahrene Straßen als Skatertreffs umdefinieren oder auf ungenutzten Flächen ihre Skatingparcours oder Streetballanlagen selbst herstellen (vgl. dazu auch Telschow, 2000). Gleichwohl ist die Verbreitung informeller Sportaktivitäten von gegebenen lokalen und regionalen Gegebenheiten abhängig, wie sich etwa im Vergleich städtischer und ländlicher, gewässerreicher oder bergiger, infrastrukturell gut ausgebauter und unterentwickelter Regionen aufzeigen ließe (Baur & Burrmann, 2000; Brettschneider & Kleine, 2002; Kurz et al., 1996).

Im informellen Sport dominieren (2) „alltagskulturelle" sportliche Praktiken, die sich insbesondere deshalb als „alltagstauglich" (Gogoll et al., 2003, S. 157) erweisen, weil sie „jederzeit", in variablen sozialen Konstellationen und in der näheren oder weiteren Wohnumgebung praktiziert werden können. Unter diesen Vorzeichen finden Rad fahren, Schwimmen/Baden und Fußball bei den Heranwachsenden verbreitetes Interesse, aber auch jene Sportformen, für die erst in jüngerer Zeit entsprechende Geräte neu entwickelt oder modifiziert (Inlineskaten, Rollschuhfahren) oder infrastrukturelle Voraussetzungen geschaffen wurden (Streetball). Jedoch: „Die häufig gehörte Auffassung, nach der Trend- und Fun-Sportarten den traditionellen Sportaktivitäten den Rang ablaufen (z. B. Opaschowski, 1997; 2000a; 2000b), kann nicht bestätigt werden" (Brettschneider & Kleine, 2002, S. 113).

Im Unterschied zu solchen alltagskulturellen Sportpraktiken dürften (3) jene Sportformen gerade auch von den Jugendlichen erheblich seltener praktiziert werden, die mit einem hohen Kostenaufwand verbunden und/oder an spezielle und nicht so ohne weiteres erreichbare Örtlichkeiten gebunden sind und/oder einen größeren Lernaufwand erfordern (Surfen oder Kytesurfen oder Snowboarden).

Die Variabilität des informellen Sports erlaubt (4) zudem „innerhalb" der einzelnen Sportformen differenzielle Stilbildungen, wie sie für die verschiedenen Szenen der Skater, Streetballer, Mountainbiker, Surfer und Snowboarder verschiedentlich beschrieben wurden (z. B. zusammenfassend Schwier, 2003).

Insofern ist auch innerhalb der einzelnen Sportformen mit einer großen Variationsbreite zu rechnen – zwischen einem „losen" Mitmachen und Ausprobieren auf der einen und einem „Hardcore-Aktivismus" auf der anderen Seite, bei dem der Sport als Element eines „alternativen" Lebensstils gelebt wird (vgl. dazu auch Alkemeyer, 2003; Hitzler, Bucher & Niederbacher, 2001). Bei jenen Aktivisten, die ihren Sport als Moment eines alternativen, „subversiven", „avantgardistischen", „kreativen" Lebensstils pflegen, dürfte es sich allerdings jeweils um kleinere, „subkulturelle" Gruppen handeln, die auch ihre sportiven Praktiken als ein distinktives Moment einsetzen, um ihren alternativen Lebensstil gegen geläufige Normalitätsmuster der Lebensführung zu setzen.

Bisher ausgesprochen unterbelichtet geblieben ist (5) jener Sektor des informellen Sports, der in den Ferien bzw. im Urlaub betrieben wird, obwohl angenommen werden kann, dass die Heranwachsenden ihre Sommer- und Winterferien oft auch für sportliche Aktivitäten nutzen (vgl. dazu Brettschneider & Bräutigam, 1990). Dabei dürfte das Motto „morgens ein bißchen joggen, um fit zu werden, nachmittags Volleyball zum Anmachen" (Brettschneider & Bräutigam, 1990, S. 63) die Spannbreite dessen kaum mehr hinreichend etikettieren, was heutzutage unter einem „Aktivurlaub" firmiert. Darüber ist aber bisher ebenso wenig bekannt wie über eine Fortsetzung von Urlaubsaktivitäten im „Alltag". Zieht man allerdings in Betracht, dass jene sportlichen Aktivitäten (wie z. B. Schnorcheln, Tauchen, Surfen, Skifahren, Snowboarden) oft an entsprechende Infrastrukturen vor Ort gebunden sind, dass die Ferien bzw. der Urlaub womöglich auch genutzt werden, um neue, „alternative" sportliche Praktiken („organisiert", unter Anleitung und mit höherem Lern- und Kostenaufwand) auszuprobieren, dann sind Transfereffekte eher skeptisch einzuschätzen.

Auch im informellen Sport treten (6) sozialstrukturelle und -kulturelle Unterschiede hervor, wobei insbesondere geschlechtertypische Differenzen ins Auge fallen. Nicht nur Fußball wird (noch) in erster Linie von Jungen gespielt. Die Jungen dominieren ebenfalls in den neueren alltagskulturellen Sportformen wie Streetball oder Skateboarden, deren „Macho-Image" Mädchen kaum zum Mitmachen einlädt (Schwier, 2003, S. 195). Die Jungen dürfen aber offenbar auch bei jenen weniger verbreiteten Sportformen wie Surfen oder Snowboarden als Trendsetter gelten (Schwier, 2003). Mädchen scheinen dagegen eher fitnessorientierte Sportformen (Aerobic, Schwimmen, Joggen, Inlineskaten) zu bevorzugen (Baur et al., 2002; Brettschneider & Kleine, 2000; Gogoll et al., 2003). Außerdem scheinen sie Formen des Fitnesssports mit „gymnastischen" und „tänzerischen" Momenten, Körperbildungs- und Körperstilisierungsprogramme zu präferieren und auch das Reiten steht in der Präferenzliste der Mädchen weit oben. Diese „mädchentypischen" Sportformen dürften aber kaum als informelle Sportpraktiken, sondern vornehmlich als organisierte in kommerziellen Einrichtungen wie Fitness-Studios oder Reiterhöfen ausgeübt werden.

3 Informelle Sportaktivitäten als Elemente multipler Sportengagements

Die weite Verbreitung informeller sportiver Praktiken unter Jugendlichen wird in den aktuellen Jugendsportsurveys durchweg bestätigt, wobei dies für die nordrhein-westfälischen (Kurz et al., 1996; Kurz & Tietjens, 2000) ebenso wie für die brandenburgischen Heranwachsenden zutrifft (Baur & Burrmann, 2000; Burrmann, 2003).[3]

- Für die nordrhein-westfälischen Jugendlichen wird konstatiert: „Je nach zugrundeliegender Operationalisierung und Stichprobe treiben 69 % (Studie 1992) bzw. 86 % (Studie 1998-2000) der befragten Jugendlichen regelmäßig, mindestens einmal in der Woche Sport außerhalb von Schule und Sportverein. Die männlichen und die jüngeren Heranwachsenden sind dabei häufiger in ihrer Freizeit sportlich aktiv als die weiblichen und die älteren Jugendlichen" (Gogoll et al., 2003, S. 157).[4] Für die brandenburgischen Heranwachsenden lässt sich festhalten[5] (vgl. Tabelle 1): Insgesamt sind 54 % aller 16-Jährigen nach eigener Aussage im informellen Rahmen regelmäßig (mindestens einmal wöchentlich) sportlich aktiv, wobei 35 % auf Sportengagements in der Gruppe verweisen und 30 % für sich allein Sport treiben. Auch in Brandenburg beteiligen sich weniger Mädchen (50 %) als Jungen (59 %) am informellen Sport, wobei Geschlechterdifferenzen vor allem im gruppengebundenen informellen Sport in Erscheinung treten.

- Die nordrhein-westfälischen Kinder (im Alter zwischen neun und 11 Jahren) nennen im Durchschnitt 2.3, die Jugendlichen (im Alter zwischen 13 und 19 Jahren) 3.2 „Sportarten", die sie außerhalb von Schule und Sportverein betreiben (Kurz et al., 1996, S. 37). Auch die brandenburgischen Jugendlichen (16-Jährige) geben auf die Frage nach ihren informellen Engagements

---

[3] Der wiederholte Verweis auf die nordrhein-westfälischen und brandenburgischen Jugendsportsurveys spiegelt die Tatsache wider, dass gerade diese beiden Bundesländer in Bezug auf die Sportbeteiligung Heranwachsender einigermaßen gut „beforscht" sind.

[4] Bielefelder Jugendsportsurvey 1992 (u. a. Kurz et al., 1996) und Paderborner Längsschnitt 1998-2000 (Brettschneider & Kleine, 2002). Anzumerken bleibt abermals, dass sich die Konstatierungen auf den gesamten, nicht vereinsgebundenen „Freizeitsport" beziehen; die Beteiligung an kommerziell oder kommunal organisierten Sportangeboten ist also eingeschlossen (vgl. etwa Brettschneider & Kleine, 2002, S. 128).

[5] Im Brandenburgischen Jugendsportsurvey 2002 wurde gefragt: „Wo und wie oft treiben Sie in Ihrer Freizeit Sport?" Die Anwortvorgaben „gemeinsam mit anderen, aber nicht in einer Einrichtung/Organisation" und „für mich allein" dürfen dem informellen Sporttreiben zugeordnet werden. Auf den „organisierten" Sport verweisen folgende Items: „im Sportverein – bei kommerziellen Sportanbietern (z. B. Fitness-Studio, Tenniscenter, Tanzschule) – beim außerunterrichtlichen Sport in einer Schulsport-AG – in einer anderen Einrichtung/Organisation (z. B. Volkshochschule, Jugendtreff)".

durchschnittlich 3.2 Sportarten an. Damit sind jedoch noch nicht die ver-schiedenartigen Varianten der einzelnen Sportarten erfasst.

• Nimmt man die regelmäßig informell Sportengagierten als Bezugsgrundlage, wird auf der Datenbasis des Brandenburgischen Jugendsportsurveys 2002 ersichtlich, dass sich nur etwa ein Drittel (34 %) ausschließlich auf informel-le Sportaktivitäten beschränkt, während immerhin zwei Drittel (66 %) da-rüber hinaus auch in andere soziale Kontexte des (organisierten) Sports in-volviert sind (vgl. Tabelle 2). Anders: Von denjenigen Jugendlichen, die sich in Gruppen oder allein informell sportlich betätigen, sind zugleich 45 % in den Vereinssport involviert, nehmen 20 % kommerzielle Sportangebote wahr und treiben 11 % in anderen Einrichtungen Sport. Ebenso ist z. B. die weit überwiegende Mehrheit der Vereinssportler (76 %) zugleich im informellen Sport aktiv. Dabei sind multiple Sportengagements bei den Jungen etwas weiter verbreitet als bei den Mädchen.

Tab. 1: Informell Sportengagierte, differenziert nach Geschlecht. Mehrfachnennungen; Prozentwerte (Basis: 16-Jährige insgesamt [N = 1. 848] und Sportaktive unter den 16-Jährigen [N = 1. 177]). Brandenburgischer Jugendsportsurvey 2002

	Informeller Sport in der Gruppe	Informeller Sport allein	Informeller Sport gesamt	Vereinssport
Gesamt	*35*	*30*	*54*	*31*
Jungen	40	41	59	39
Mädchen	30	39	50	21
Sportaktive	*54*	*61*	*82*	*47*
Jungen	57	58	82	55
Mädchen	50	65	81	37

Tab. 2: Soziale Kontexte des Sporttreibens, differenziert nach informell (N = 1. 034) und vereinsgebunden sportaktiven 16-Jährigen (N = 550). Mehrfachnennungen; Prozentwerte. Brandenburgischer Jugendsportsurvey 2002

	Informell	Vereins-gebunden	Kommerz. Einrichtung	Andere Einrichtung
Informell Sportengagierte	34*	45	20	11
Jungen	31*	54	18	11
Mädchen	37*	38	21	11
Vereinsgebunden Sportengagierte	76	18*	20	8
Jungen	76	17*	20	9
Mädchen	73	19*	22	7

Anmerkung: * Anteil von Jugendlichen, die ausschließlich in diesem Kontext aktiv sind.

Informelle Sportpraktiken sind also unter den Jugendlichen sehr weit verbreitet. Es ist aber nur eine Minderheit, die sich *ausschließlich* im informellen Sport engagiert (vgl. auch Brettschneider & Kleine, 2002, S. 110ff.). In vielen Fällen werden diese mit Sportengagements in anderen Kontexten in verschiedenartigen Konstellationen kombiniert. Insofern stellen informelle Sportaktivitäten für viele sportaktive Jugendliche *ein* Element ihrer multiplen Sportengagements dar.

4 Fluktuationen

Wenn sich der informelle Sport durch leichte Zugänglichkeit, geringe Mitmachverpflichtungen und hohe Variabilität auszeichnet, dann ist zu erwarten, dass informelle Sportengagements gerade deshalb aufrechterhalten werden, weil sie sich in individuelle Lebensführungen und Lebensläufe relativ „reibungslos" einpassen lassen. Bei aller „internen Variabilität" (in Bezug auf die Sportformen, soziale Gruppierungen, Zeitaufwände) könnten die Jugendlichen ihr informelles Sporttreiben demzufolge längerfristig beibehalten. Dagegen dürfte diese Passfähigkeit beim vereinsgebundenen Sport, der an festliegende Übungs- und Trainingszeiten gebunden und meist mit höheren Verbindlichkeiten belegt ist, weit weniger gegeben sein, sodass bei den Vereinssportlern mit höheren Ausstiegsquoten zu rechnen ist.

Auf der Grundlage des brandenburgischen Längsschnitts 1998-2002 (Burrmann, 2003)[6] lassen sich diese Vermutungen jedoch so nicht bestätigen. Bei einem Vergleich der Fluktuationsraten im informellen und im vereinsorganisierten Sport ergibt sich (vgl. Abbildungen 1a und 1b):

- Von den 68 % der 1998 informell sportaktiven 12 ½-Jährigen beteiligen sich auch unter den 2002 16-Jährigen noch 38 % am informellen Sport (Verbleiberate: 56 %). Dagegen haben 30 % ihre informellen Sportpraktiken aufgegeben (Aussteigerrate: 44 %). Von diesen „Aussteigern" haben 69 % mit dem Sport ganz aufgehört, während die restlichen 31 % weiterhin Sport treiben, aber in anderen Kontexten, wie z. B. im Sportverein (21 %).

- Zum Vergleich: Nicht wesentlich höher liegt die Fluktuationsrate bei den Vereinssportlern: 1998 sind 20 % von den insgesamt 41 % vereinsgebunden Sportaktiven noch immer Mitglied eines Sportvereins (Verbleiberate: 50 %), während sich ebenfalls 29 % aus den Sportvereinen zurückgezogen haben (Aussteigerrate: 50 %). Von den „Vereinsaussteigern" sind aber nach wie vor 53 % sportlich aktiv, wobei u. a. 47 % stattdessen nun informell Sport treiben.

---

[6] Der brandenburgische Längsschnitt wurde gefördert vom Ministerium für Bildung, Jugend und Sport des Landes Brandenburg (MBJS) und vom Bundesinstitut für Sportwissenschaft (BISp) unter VF 0408 / 09 / 08 / 2002-2003.

- Beim Vergleich der Fluktuationsraten wird aber auch ersichtlich, dass die Einsteigerrate im informellen Sport deutlich höher liegt (41 %) als beim vereinsorganisierten Sport (21.5 %). Das heißt, der Anteil derjenigen, die sich 2002 als 16-Jährige am informellen Sport beteiligen, obwohl sie 1998 als 12 ½-Jährige noch nicht dabei waren, liegt erheblich über dem entsprechenden Einsteiger-Anteil bei den 2002 vereinsorganisierten Jugendlichen.

Die Fluktuationsraten im informellen und vereinsorganisierten Sport – bei den brandenburgischen Jugendlichen in der Altersspanne zwischen 12 ½ und 16 Jahren – lassen mithin zweierlei erkennen: Zum einen scheint der informelle Sport, nimmt man die Einsteigerraten zur Kenntnis, in der Tat leichter zugänglich zu sein als der vereinsorganisierte Sport. Die spezifische Passfähigkeit des informellen Sports verhindert jedoch zum anderen nicht, dass informelle Sportpraktiken häufig auch wieder aufgegeben werden, wobei solche Ausstiege nicht selten mit einem Abbruch der Sportkarriere einhergehen. Auch beim vereinsorganisierten Sport kommen Ausstiege häufiger vor, seltener aber wird damit zugleich das Sporttreiben insgesamt aufgegeben. Der Einstieg in den informellen Sport scheint zwar leichter zu gelingen als der Zugang zum vereinsorganisierten Sport. Ersterer scheint jedoch weniger Bindungskraft zu entwickeln als Letzterer: Weniger der informelle als vielmehr der vereinsorganisierte Sport regt offenbar zu festeren „Bindungen" an den Sport und zu dauerhafteren Sportkarrieren an, obwohl oder möglicherweise gerade weil eine Beteiligung am Vereinssport mit höheren Verbindlichkeiten belegt ist.

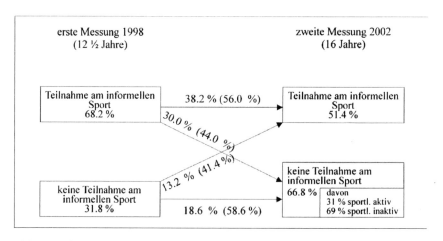

Abb. 1a: Fluktuationsraten im informellen Sport (N = 403). Prozentwerte (Werte in Klammern: Verbleiber- bzw. Aussteigerraten). Brandenburgischer Längsschnitt 1998-2002

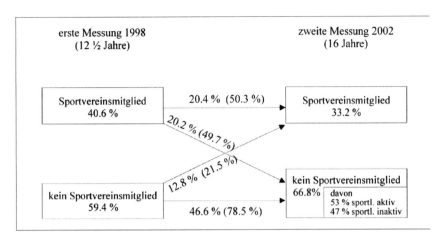

Abb. 1b: Fluktuationsraten im vereinsorganisierten Sport (Indikator: Sportvereinsmitgliedschaft: N = 392). Prozentwerte (Werte in Klammern: Verbleiber- bzw. Aussteigerraten). Brandenburgischer Längsschnitt 1998-2002

5   Informelle und vereinsgebundene Sportengagements im Vergleich

Die hohe Variabilität des informellen Sports lässt unterschiedliche Grade sportlichen Engagements zu. Auf der einen Seite kann er sozusagen „minimalistisch" betrieben werden, indem man etwa mit dem Rad zur Schule oder Ausbildungsstätte fährt (und dies als eine sportive Praxis auslegt) oder sich nur sehr sporadisch in die Streetball- oder Skating-Aktivitäten der Peergroup einmischt. Auf der anderen Seite wird es durchaus vorkommen, dass manche Jugendliche „ihrem" Sport jede freie Minute widmen und sich ihm mit Haut und Haaren verschreiben (Hitzler et al., 2001; Schwier, 2003; Telschow, 2000). Üblicherweise aber verbindet sich mit den informellen Sportpraktiken eher die Vorstellung gelegentlicher, weniger intensiver Sportaktivität nach „Lust und Laune". Dagegen werden konstantere und intensivere Sportengagements eher von jenen Jugendlichen erwartet, die sich auf den Vereinssport mit seinem höheren Verpflichtungscharakter einlassen. Der Sportverein wird insofern geradezu als „Garant für ein regelmäßiges Sportengagement von Jugendlichen" gesehen (Gogoll et al., 2003, S. 164).

Ein direkter Vergleich von informellen und vereinsgebundenen Sportengagements auf der Datenbasis des Brandenburgischen Jugendsportsurveys 2002 gibt jedoch Anlass zur Modifizierung der Vorstellung vom eher sporadisch betriebenen informellen und regelmäßig ausgeübten vereinsgebundenen Sport (vgl. Tabelle 3):

Tab. 3: Indikatoren des Sportengagements, differenziert nach informell und vereinsgebunden sportaktiven 16-Jährigen. Brandenburgischer Jugendsportsurvey 2002

	Nur informell (1) $N = 330$	Nur im SV (2) $N = 105$	Informell und im SV (3) $N = 243$	Post-hoc bzw. Einzelvergleiche $p < .01$
Häufigkeit pro Woche (%)				
Selten	6.1	4.8	2.9	
Einmal	11.0	4.8	4.9	
Mehrmals	55.5	76.2	58.8	
Täglich	27.4	14.3	33.3	
$M (SD)^a$	2.90 (1.44)	2.69 (1.08)	3.20 (1.35)	1, 2 & 3
Zeitumfang (Stunden pro Woche)^a	8	7	10	1, 2 & 3
Wichtigste Freizeitaktivität (%)^b	9.0	31.7	30.3	1 & 2, 3
Stellenwert in der Lebensführung (%)^b				1 & 2, 3
Nebensächlich/spielt keine Rolle	11.3	6.7	2.1	
So wichtig wie andere Dinge	41.8	17.1	16.7	
Unverzichtbar/wichtig	47.0	76.2	81.3	

Anmerkung: Signifikanztests mit $p < .01$: ^{a} einfaktorielle Varianzanalyse; ^{b} χ^2-Test

Zieht man die *Häufigkeit des Sporttreibens* pro Woche als Indikator heran, ergeben sich zwischen denjenigen Jugendlichen, die sich ausschließlich informell sportlich betätigen, und denen, die ausschließlich vereinsgebunden Sport treiben, keine nennenswerten Differenzen. Entgegen den Erwartungen sind die informell Engagierten nach eigener Auskunft sogar tendenziell häufiger in Sportaktivitäten involviert als die Vereinssportler. Von diesen beiden Gruppen setzen sich deutlich jene ab, die sowohl im informellen als auch im vereinsgebundenen Sport engagiert sind und die sich – nicht unerwartet – durch eine besonders häufige Sportbeteiligung auszeichnen. Ein analoges Bild zeichnet sich ab, wenn auf den *wöchentlichen Zeitumfang* als Indikator Bezug genommen wird: Die ausschließlich informell und die ausschließlich vereinsgebunden Engagierten wenden für ihre sportlichen Aktivitäten in etwa gleich viel Zeit auf, wobei Erstere sogar noch höhere Zeitumfänge angeben; und es sind wiederum die Mehrfachengagierten, die signifikant mehr Zeit in den Sport investieren.[7] Diese Unterschiede werden bei den Jungen noch

---

[7]   Die auf den ersten Blick abweichenden Befunde etwa des Paderborner Längsschnitts (Brettschneider & Kleine, 2002, S. 115ff.), in dem für die Vereinssportler erheblich höhere Werte als für die informell Sportengagierten registriert werden, relativieren sich dann, wenn man in Betracht zieht, dass in diesem Survey den Vereinssportlern auch die mehrfachengagierten Vereinssportler zugerechnet wurden. Dagegen werden im vorliegenden

Diese Unterschiede werden bei den Jungen noch offensichtlicher als bei den Mädchen.

Nun lässt sich anhand dieser groben Indikatoren nicht rekonstruieren, wie sich informelle und vereinsgebundene Sportaktivitäten im Detail voneinander unterscheiden. Möglicherweise summieren sich in den Durchschnittswerten, die für die informell Sportengagierten ermittelt wurden und die sich von denen der Vereinsorganisierten nur unwesentlich unterscheiden, ganz verschiedenartige Engagementformen – die eher losen und sporadischen Beteiligungsformen einerseits und hochintensiven Engagements andererseits. Aber auch für die Beteiligung am vereinsgebundenen Sport könnte sich herausstellen, dass solche Durchschnittswerte die gravierenden Differenzen nivellieren zwischen einem zwar regelmäßigen, aber „lockeren" einmaligen Training in einer Kreisklassenmannschaft und der zeitaufwändigen und belastenden Einbindung in den (Hoch-) Leistungssport.

Allerdings fällt ein anderer Befund ins Auge: Offenbar messen die vereinsorganisierten Jugendlichen und die Mehrfachengagierten ihrem Sport einen deutlich höheren *subjektiven Stellenwert* zu als diejenigen, die sich ausschließlich informell sportlich betätigen. Das betrifft zum einen das Ranking der Freizeitaktivitäten nach subjektiver „Wichtigkeit": Nur 9 % der informellen, aber immerhin jeweils etwa ein Drittel der vereinsgebunden und der mehrfach Engagierten setzen dabei den Sport an vorderste Stelle. Das gilt aber auch, wenn direkt nach dem Stellenwert des Sports in der Lebensführung gefragt wird: Der Anteil derjenigen, die ihre Sportaktivitäten als sehr wichtig oder gar als „unverzichtbar" bewerten, ist bei den informell Engagierten erheblich geringer (47 %) als bei den Vereinssportlern (76 %) und den Mehrfachengagierten (81 %). Dies trifft für die Mädchen ebenso zu wie für die Jungen.

Die Befunde zur subjektiven Bedeutung der Engagements im informellen und im vereinsorganisierten Sport nähren die Annahme, dass die Variabilität des informellen Sports zwar Sportengagements zulässt, die sich hinsichtlich Häufigkeit und Zeitaufwand vom vereinsgebundenen Sporttreiben nicht nennenswert unterscheiden. Auf Grund der Unverbindlichkeit scheint ihnen aber auch nur eine geringere subjektive Bedeutung zugemessen zu werden, während die „verbindlichere" Teilnahme am vereinsorganisierten Sport offenbar dazu führt, dass ihr auch ein höherer Stellenwert in der Lebensführung zugeschrieben wird.

6 Fazit

Der informelle Sport, an dem sich ein Großteil der Heranwachsenden beteiligt, ist sicherlich auf Grund seiner leichten Zugänglichkeit, seines Variantenreich-

---

Fall, aus Gründen der Trennschärfe, die ausschließlich informell und ausschließlich vereinsgebundenen Sportaktiven miteinander verglichen.

tums und seiner großen Variabilität besonders attraktiv. Damit eröffnet er Chancen für weit reichend selbst arrangierte sportive Praktiken, die von den Heranwachsenden in ihre Lebensführungen und Lebensläufe gut eingepasst werden können. Dies gilt für die weit verbreiteten alltagskulturellen sportiven Praktiken ebenso wie für jene Formen des Trendsports, die zunächst nur von kleineren Gruppen aufgegriffen werden (zur Entwicklung von Trendsportarten vgl. Lamprecht & Stamm, 1998), oder für jene stilistischen Varianten, denen sich wiederum nur bestimmte Gruppen zuwenden, um ihren „alternativen" Sport als Moment eines distinktiven Lebensstils auszulegen (vgl. dazu insbesondere Alkemeyer, 2003). Zugleich aber ist die damit einhergehende Unverbindlichkeit des informellen Sports hervorzuheben, die offenbar einer „festen" Einbindung sportiver Praktiken in die Lebensführung und in den Lebenslauf nicht ohne weiteres förderlich ist, was nicht zuletzt darin in Erscheinung tritt, dass die ausschließlich informell Sportengagierten ihren Sportaktivitäten einen deutlich geringeren Stellenwert in der Lebensführung zumessen als die Vereinssportler.

Damit sind aber erst einige Anhaltspunkte gewonnen. Differenziertere Befunde über die variantenreichen Spielarten informeller Sportengagements stehen nach wie vor aus. Einerseits liegen zwar detailliertere Beschreibungen für einzelne Trendsportarten und sportive Szenen vor; über deren Verbreitung und über die sozialstrukturelle Zusammensetzung ihrer Anhängerschaft ist jedoch wenig bekannt. Andererseits liefern die erwähnten Jugendsportsurveys zwar derartige Verteilungsdaten; diese bilden aber wiederum die Vielfalt informeller Sportpraktiken nur höchst unzureichend ab. Die Verknüpfung von entsprechenden qualitativen und quantitativen Untersuchungsstrategien bleibt damit ein Forschungsdesiderat. Aber auch bezüglich der Analyse vereinsgebundener Sportengagements sind Forschungslücken zu verzeichnen. Denn möglicherweise geht die geläufige Vorstellung eines durchregelten, strikt kontrollierten und von Erwachsenen angeleiteten Vereinssports an den Realitäten eines vereinsorganisierten Jugendsports zunehmend vorbei – weil diese Vorstellung vielleicht noch für den Wettkampfsport auf höherem Leistungsniveau zutrifft, aber vermutlich nicht mehr für die ganze Spannbreite des vereinsorganisierten Wettkampfsports oder für breitensportliche Auslegungen oder für mögliche „Übergangszonen" zwischen Wettkampf- und Breitensport gelten dürfte.

Damit könnte aber auch die Entgegensetzung von informellem und vereinsorganisiertem Sport zunehmend an Trennschärfe einbüßen. Dies nicht nur deshalb, weil die Sportengagements der Jugendlichen sozusagen in beiden Kontexten variantenreich „ausfransen". Da sich viele Jugendliche in beiden Kontexten zugleich bewegen, ist zudem nicht auszuschließen, dass Elemente des einen in den anderen Kontext übertragen werden. Vielleicht suchen die Mehrfachengagierten ja gerade im einen die „Alternative" zum anderen. Vielleicht spielen sie aber auch die im Verein erworbenen Orientierungs- und Handlungsmuster ein Stück weit in den informellen Sport ein und vielleicht orientieren sie sich im „Vereinstraining" aufmüpfig an ihren Erfahrungen im informellen Sport.

Literatur

Alkemeyer, T. (2003). Zwischen Verein und Straßenspiel. Über die Verkörperungen gesellschaftlichen Wandels in den Sportpraktiken der Jugendkultur. In H. Hengst & H. Kelle (Hrsg.), *Kinder – Körper – Identitäten. Theoretische und empirische Annäherungen an kulturelle Praxis und sozialen Wandel* (S. 293-318). Weinheim: Juventa.

Baur, J. & Burrmann, U. (2000). *Unerforschtes Land. Jugendsport in ländlichen Regionen.* Aachen: Meyer & Meyer.

Baur, J. & Burrmann, U. (2003). Der jugendliche Sporthopper als moderne Sozialfigur? In J. Baur & S. Braun (Hrsg.), *Integrationsleistungen von Sportvereinen als Freiwilligenorganisationen.* Aachen: Meyer & Meyer.

Baur, J., Burrmann, U. & Krysmanski, K. (2002). *Sportpartizipation von Mädchen und jungen Frauen in ländlichen Regionen.* Köln: Sport und Buch Strauß.

Brettschneider, W.-D. & Bräutigam, M. (1990). *Sport in der Alltagswelt von Jugendlichen.* Frechen: Ritterbach.

Brettschneider, W.-D. & Kleine, T. (2002). *Jugendarbeit in Sportvereinen. Anspruch und Wirklichkeit.* Schorndorf: Hofmann.

Brinkhoff, K.-P. (1998). *Sport und Sozialisation im Jugendalter. Entwicklung, soziale Unterstützung und Gesundheit.* Weinheim: Juventa.

Burrmann, U. (2003). *Methodenbericht zum Brandenburgischen Längsschnitt.* Unveröffentlichtes Manuskript. Universität Potsdam.

Gogoll, A., Kurz, D. & Menze-Sonneck, A. (2003). Sportengagements Jugendlicher in Westdeutschland. In W. Schmidt, I. Hartmann-Tews & W.-D. Brettschneider (Hrsg.), *Erster Deutscher Kinder- und Jugendsportbericht* (S. 145-165). Schorndorf: Hofmann.

Hasenberg, R. & Zinnecker, J. (1998). Sportive Kindheiten. In J. Zinnecker & R. K. Silbereisen (Hrsg.), *Kindheit in Deutschland. Aktueller Survey über Kinder und ihre Eltern* (2. Aufl., S. 105-136). Weinheim: Juventa.

Hitzler, R., Bucher, T. & Niederbacher, A. (2001). *Leben in Szenen. Formen jugendlicher Vergemeinschaftung heute.* Opladen: Leske + Budrich.

Kurz, D. & Tietjens, M. (2000). Das Sport- und Vereinsengagement der Jugendlichen. Ergebnisse einer repräsentativen Studie in Brandenburg und Nordrhein-Westfalen. *Sportwissenschaft, 30,* 384-407.

Kurz, D., Sack, H.-G. & Brinkhoff, K.-P. (1996). *Kindheit, Jugend und Sport in Nordrhein-Westfalen. Der Sportverein und seine Leistungen. Eine repräsentative Befragung der nordrhein-westfälischen Jugend.* Düsseldorf: Moll.

Lamprecht, M. & Stamm, H.-P. (1998). Vom avantgardistischen Lebensstil zur Massenfreizeit. Eine Analyse der Entwicklungsmuster von Trendsportarten. *Sportwissenschaft, 28,* 370-387.

Opaschowski, H.-W. (1997). *Deutschland 2010. Wie wir morgen leben – Voraussagen der Wissenschaft zur Zukunft unserer Gesellschaft.* Hamburg: Germa Press.

Opaschowski, H.-W. (2000a). *Kathedralen des 21. Jahrhunderts. Erlebniswelten im Zeitalter der Eventkultur.* Hamburg: Germa Press.

Opaschowski, H.-W. (2000b). *Xtrem: Der kalkulierte Wahnsinn. Extremsport als Zeitphäno-men.* Hamburg: Germa Press.

Schildmacher, A. (1998). Trends und Moden im Sport. *dvs-Informationen, 13,* 14-19.

Schwier, J. (2003). Trendsportarten und ihre mediale Inszenierung. In W. Schmidt, I. Hartmann-Tews & W.-D. Brettschneider (Hrsg.), *Erster Deutscher Kinder- und Jugend-sportbericht* (S. 189-209). Schorndorf: Hofmann.

Telschow, S. (2000). *Informelle Sportengagements Jugendlicher.* Köln: Sport und Buch Strauß.

Sport für alle Kinder und Jugendlichen – aber wo?

Detlef Kuhlmann

1 Einleitung

Im Berliner Tiergarten nahe dem neuen Regierungsviertel treffen sich seit rund zwei Jahren jeden Samstag um 14 Uhr mehrere hundert Menschen, um gemeinsam einige Kilometer zu laufen. Dazu werden je nach Leistungsvermögen kleinere Laufgruppen gebildet. Für Kinder und Jugendliche gibt es sogar spezielle Gruppen. Hier werden hauptsächlich spielerische Laufformen angeboten. Die Teilnahme ist für alle kostenlos. Weder eine (vorherige) Anmeldung noch eine (dauerhafte) Mitgliedschaft in einem Sportverein oder einer anderen Organisation sind erforderlich. Die Gruppen werden von erfahrenen Läuferinnen und Läufern ehrenamtlich betreut und auf der Strecke begleitet. Laufgeschwindigkeit und Laufdauer sind nach Leistungsniveau unterschiedlich. Die ganze Veranstaltung nennt sich „SFB-Laufbewegung", weil der Sender Freies Berlin (SFB, inzwischen fusioniert zum „RBB", Rundfunk Berlin Brandenburg) sie seinerzeit ins Leben gerufen hat und seitdem zwischendurch immer wieder medial präsentiert. Ist das informeller Sport?

In diesem Beitrag sollen Möglichkeiten des Sporttreibens für Kinder und Jugendliche aufgezeigt werden. Dabei soll aus der Sicht der wichtigsten Sportanbieter die Frage beleuchtet werden, inwiefern sie den realutopischen Anspruch eines „Sport für alle" – so ein seit den 1970er Jahren durch den Deutschen Sportbund (DSB) propagierter und bundesweit bekannt gewordener Slogan – gerecht zu werden versuchen. Zum anderen geht es darum, geläufige Angebotsformen des Sports hinsichtlich ihres Organisationsgrades näher zu verorten, also auf einer Skala mit den beiden Polen „informell" und „formell" ein wenig genauer abzutragen. Wenn man so will, dann wird das Thema dieses Sammelbandes hierdurch insofern gewendet, als in diesem Beitrag und damit im Kontrast zu anderen Beiträgen „organisierte" Sportangebote von „organisierten" Sportanbietern für Kinder und Jugendliche zu Grunde gelegt und hinsichtlich ihrer „informellen" Öffnungen beleuchtet werden.

Für diesen Zugang ergibt sich der folgende inhaltliche Aufbau, dem jeweils kapitelweise nachgegangen wird: Zunächst gilt es, ein strukturelles Beschreibungsraster für typische Formen des Sportengagements einzuführen, mit dessen Hilfe sich Sportangebote für Kinder und Jugendliche in Bezug auf die Pole „formell" und „informell" graduell bestimmen lassen (Kap. 2). Es folgt eine summarische Auswertung von neueren Befunden zum tatsächlichen (in)formellen Sportengagement von Kindern und Jugendlichen, die auch eine Antwort darauf geben sollen, inwieweit die werbeträchtige Formel eines „Sport(s) für alle" bereits realisiert wird (Kap. 3). Die Schule nimmt als Ort eines „Sport(s) für alle" eine Sonderstellung (mehr noch: eine „Poleposition") ein. In diesem Zusammenhang sind gerade die Formen des so genannten außerunterrichtlichen Schulsports von „informeller" Bedeutung (Kap. 4). Abschließend werden einige jüngere Beispiele für – eher informelle – zielgruppenspezifische Projekte und Programme im organisierten Sport vorgestellt, die als Innovationen des herkömmlichen und meist einseitig sportartspezifischen Angebots gelten können, das dazu noch in erster Linie leistungssportlich einzustufen ist (Kap. 5). Der Beitrag soll insgesamt verdeutlichen, dass informeller Sport für Kinder und Jugendliche auch noch dann stattfinden kann, wenn eine Organisation als sportanbietende Instanz beteiligt ist. Das auf den ersten Blick sicher ungewöhnliche Eingangsbeispiel von der so genannten „SFB-Laufbewegung" steht somit stellvertretend für viele andere ...

2   Bestimmung (in)formeller Sportengagements

Wo treiben Menschen, respektive Kinder und Jugendliche Sport? Wer auf diese Frage eine Antwort zu geben versucht, wird als Erstes (vermutlich) Schule und Verein als die beiden größten Sportinstanzen hierzulande nennen. Dies sind die beiden typischen Orte, wo sich Formen des Sportengagements für Kinder und Jugendliche realisieren lassen. Sie gelten jedoch auch als solche Instanzen der Sportausübung, die sich prinzipiell durch einen formellen Zugang auszeichnen: Die Zugehörigkeit zu einer bestimmten Schule bzw. die Mitgliedschaft in einem bestimmten Sportverein gelten als Voraussetzung und sichern damit die Partizipation an bestimmten Sportformen (im Sportverein) bis hin zur Teilnahmepflicht (in der Schule). Doch ist damit schon alles „Formelle" ausgedrückt? Anders gefragt: Gibt es nicht noch weitere Beschreibungskriterien, um das „formelle" gegenüber dem „informellen" Sportengagement strukturell zu bestimmen?

Das folgende Beschreibungsraster stellt einen solchen Versuch dar, über den Rahmen von Schule und Verein bzw. anderer Sportanbieter hinaus, solche Bereiche zu benennen, auf denen sich die Sportengagements von Kindern und Jugendlichen (im Grunde genommen sogar von allen Menschen) strukturell verorten lassen. Dabei geht es jedoch nicht nur um eine vordergründige Bezeichnung von Handlungsorten, die zum Sporttreiben genutzt werden können, und Instanzen, die Sportangebote offerieren. Wenn man so will, dann ist dieses idealtypische Beschreibungsraster zugleich eine Art „sozio-ökologisches Mobile" des Sportengagements, das andeuten soll, dass die Partizipationschancen nicht per se für alle Kinder und Jugendlichen gleich sind. So kommt es in pädagogischer Verantwortung darauf an, sich der prinzipiellen Chancen zu vergewissern und daraufhin eigene neue Wege zu beschreiten, will man die Formel „Sport für alle" wenigstens richtungweisend realisieren. Insgesamt soll das achtteilige Beschreibungsraster, das sich auf eine Veröffentlichung von Balz & Kuhlmann (2003, S. 128-131) bezieht, die Pole „formell" und „informell" in ihren unterschiedlichsten Dimensionen und möglichen Ausprägungsgraden anschaulich konkretisieren helfen. Die Auflistung ist nicht immer trennscharf, grundsätzlich revisionsoffen, also erweiterbar:

(1) Sportengagement zwischen Individuum und Team – Gruppierung: Sporttreiben kann man zwar prinzipiell auch allein, meistens ist es aber in eine soziale Gruppierung eingebunden. Trotzdem sind solche Kollektivierungen höchst unterschiedlich. Das Schwimmen im öffentlichen Freibad stellt ein anderes soziales Setting dar als beispielsweise das Streetballspiel auf einem Allwetterplatz – ganz zu schweigen vom Training in einem Vereinsteam.

(2) Sportengagement zwischen Pflicht und Freiwilligkeit – Bindung: Dem Sporttreiben liegen unterschiedliche Freiheitsgrade zu Grunde. Die Teilnahme am Sportunterricht in der Schule ist in aller Regel Pflicht für alle Kinder und Jugendlichen, während die Mitgliedschaft in einem Sportverein auf einem freiwilligen Entschluss eines jeden Einzelnen beruht bzw. durch Erziehungsberechtigte sanktioniert wird. Darauf basieren dann wiederum unterschiedliche Formen der (zeitlichen) Bindung und der (sozialen) Verpflichtung.

(3) Sportengagement zwischen Treff und Training – Betriebsform: Bei diesem Kriterium geht es um die organisatorische Einbindung des Sportengagements. Wir verwenden dabei meist unterschiedliche Bezeichnungen, auch um das didaktische Arrangement anzudeuten: Jemand geht zum „Training", besucht einen „Kurs", hat „Unterricht" ... oder aber jemand geht nur so eben mal zum Frisbeewerfen auf eine nahe gelegene Wiese. Dennoch: So ganz unorganisiert ist das Sporttreiben wohl nie – schließlich bedarf es einer „Inbetriebnahme" durch die organisatorische Herstellung und Nutzung von Raum und Zeit.

(4) Sportengagement zwischen Lust und Leistung – Motive: Mit dem Sporttreiben verbinden wir meist bestimmte Interessen und Erwartungen: Wir wollen unseren Spaß dabei haben. Dahinter stehen ganz unterschiedliche Motive: Wer nur so auf einer Halfpipe mit dem Skateboard fährt, will wahrscheinlich bestimmte Bewegungskunststücke ausprobieren und seinen Körper dabei (vor anderen) in Aktion bringen und sich damit präsentieren. Wer im Fitness-Studio Übungen mit vorgegebener Wiederholungszahl an den diversen Geräten absolviert, will vermutlich etwas für seine Figur bzw. seine Gesundheit tun. Und wer schließlich in der Juniorenfußballmannschaft 4x wöchentlich trainiert, der will nicht nur möglichst oft gewinnen, sondern spekuliert mittelfristig vielleicht sogar auf einen Profivertrag.

(5) Sportengagement zwischen Sportarten und Bewegungserfahrung – Inhalte: Sporttreiben ist meist, aber nicht immer an die Ausübung von Sportarten

gebunden. Die Frage nach den Inhalten stellt sich bei einem Jugendfreizeit anders als im Sportunterricht der Schule. Wer im Verein Sport treibt, trifft meist eine Entscheidung für eine ganz bestimmte Sportart und damit gegen zahlreiche andere. Und im Kindergarten bzw. im Vorschulbereich geht es sicher nicht so sehr um das Erlernen von Sportdisziplinen, sondern um elementare Bewegungserfahrungen des Springens, Hüpfens, Balancierens etc.

(6) Sportengagement zwischen Sportstätte und Spielstraße – Räume: Meist suchen wir zum Sporttreiben eigens dafür geschaffene Räume wie Sporthallen, Sportplätze, Schwimmbäder etc. auf. Doch Sporttreiben kann man prinzipiell auch anderswo – entweder in solchen Räumen, die für eine so genannte sekundäre Nutzung freigegeben sind (z. B. Spielstraßen) oder in eigens dafür (auch temporär) eingerichteten Räumen (z. B. durch Auslegung von Turnmatten in einem Vortragssaal). Je mehr wir beim Sporttreiben den Wettkampfgedanken zu realisieren versuchen, desto mehr sind wir dabei auf normierte Bedingungen angewiesen, die einen Leistungsvergleich ermöglichen helfen.

(7) Sportengagement zwischen Unterricht und Betreuung – Anleitung: Je nachdem, wo und mit wem wir Sport treiben, können wir dabei auf eine fachgerechte Anleitung hoffen bzw. in anderen Fällen getrost auf eine Unterweisung verzichten. Wer Ballettunterricht nimmt, der kann davon ausgehen, von einer ausgebildeten Lehrkraft unterwiesen zu werden. Wer dagegen als erfahrener Inlineskater zusammen mit anderen zu einer längeren Fahrt aufbricht, kann allenfalls davon ausgehen, dass mindestens einer die Strecke kennt und insofern die Gruppe zeitweilig betreut.

(8) Sportengagement zwischen Privatsphäre und Kommerz – Zugang: Der Zugang zum Sporttreiben ist nicht überall gleich. Ein höchstes Maß an Offenheit hat im Grunde nur der, der für sich ganz allein am Basketballkorb auf dem Privatgrundstück vor der Garage Positionswürfe oder Korbleger übt. Meist ist das Sporttreiben durch unterschiedliche Formen des Zugangs geregelt, wobei finanzielle Aufwendungen ein (wesentliches) Kriterium sein können. Doch selbst wer bei einem Bambinilauf im Rahmen einer großen Laufveranstaltung teilnehmen möchte, muss sich mindestes vorher eine (kostenlose) Startnummer besorgen …

3 Befunde zum (in)formellen Sportengagement

Das im vorherigen Kapitel entwickelte Beschreibungsraster bleibt insofern abstrakt, als es nicht mit empirischen Befunden zur Art und zum Umfang tatsächlicher Sportaktivitäten von Kindern und Jugendlichen angereichert wurde. Dies soll nun nachgeholt werden. Im folgenden Abschnitt werden auf der Basis einschlägiger aktueller Studien zum Sportengagement von Kindern und Jugendlichen konkrete Ergebnisse vorgestellt, die einerseits die wachsende Vielfalt und Gleichzeitigkeit sportlicher Praxen für diese Altersgruppe ausweisen und die sich dadurch auf der anderen Seite auf einer angenommenen Skala mit den Polen „formell" und „informell" gegenüberstellen lassen, auch wenn diese Prädikate nicht immer explizit in den Studien selbst verwandt werden.

In diesem Zusammenhang muss ebenfalls noch vorausgeschickt werden, dass die vorliegenden Studien meist in ihrem Untersuchungsdesign nicht per se schon eine Trennung in Quantität bzw. Qualität des formellen gegenüber dem informellen Sportengagement vornehmen. Diese Setzung wird also nachträglich und somit in aller Vorsicht (!) an die Ergebnisse aus den Untersuchungen herangetragen: So beziehen beispielsweise Kurz und Tietgens (2000) die Begriffe *formell* versus *informell* explizit nur auf die jeweilige Gruppenstruktur als ein wesentliches Merkmal von Organisationsstrukturen (z. B. Reglementierungen, Verbindlichkeiten), um daraufhin insgesamt 19 Sportorte zu benennen, die wiederum für die Auswertung in fünf Kategorien zusammengefasst werden (z. B. „Orte ohne sportspezifische Exklusivität" wie Straße, Schulhof oder „teilweise öffentliche Körperschaften" wie Jugendzentrum, Volkshochschule). Die Zuschreibungen formell und informell tauchen dann jedoch als Begriffe in dieser Darstellung nicht wieder auf (vgl. S. 393).

Demgegenüber weist z. B. Wopp (2002) auf das prinzipiell bestehende Definitionsproblem vorab hin und führt den Begriff des *„selbstorganisierten Sports"* ein, der die Ausübung freizeitsportlicher Handlungen meint, „für die keine durch Satzung geregelte Vereinbarungen erforderlich sind" (S. 176). Diesen Begriff grenzt er vom so genannten *organisierten Sporttreiben* ab. In Kenntnis dieser vorläufigen und eher disparaten Begriffsverwendungen werden nun thesenartig solche Befunde skizziert bzw. knapp kommentiert, die die Verstrickungen von formellem und informellem Sportengagement deutlich werden lassen.

(1) Das informelle Sporttreiben hat offensichtlich in den letzten Jahren unter den Jugendlichen unaufhörlich großes Wachstum erfahren. So berichten beispielsweise Baur und Burrmann (2000) von Beteilungsquoten am informellen Sporttreiben, die bei immerhin 86 % aller Jugendlichen in ihren untersuchten (ostdeutschen) Regionen liegen. Im Kontrast dazu gilt aber auch:

(2) Sportvereine stellen nach wie vor einen geeigneten Rahmen für das Sportengagement Heranwachsender dar. Ein Rückzug aus dieser sportanbietenden Instanz ist derzeit nicht zu konstatieren. In diesem Ergebnis sind sich sämtliche neueren Studien zur Jugendsportforschung in Deutschland einig (vgl. z. B. Baur & Burrmann, 2003, S. 559). Damit hängt zusammen:

(3) Für die meisten Jugendlichen stellt das informelle Sporttreiben eine gern wahrgenommene Ergänzung zur Sportausübung im Verein dar: 83 % aller Jugendlichen treiben nach einer Befragung von Baur, Burrmann und Krysmanski (2002) neben dem organisierten Sport im Verein auch noch Sport in informellen Kontexten (vgl. S. 118). Dieser Befund deckt sich mit dem von Kurz, Sack und Brinkhoff (1996) und wird auch bestätigt von Brettschneider und Kleine (2002, S. 110).

(4) Was die subjektive Relevanz des Sportengagements anbelangt, so ist das informelle Sporttreiben nicht so fest in die Lebensführung der Heranwachsenden integriert, wie das beim vereinsorganisierten Sport der Fall ist – anders: Wer selbst das Sporttreiben als etwas Nebensächliches einstuft, der treibt eher informell Sport (vgl. dazu Baur & Burrmann, 2000, S. 74-76; zu weiteren Zuschreibungen wie Flexibilität und Revisionsoffenheit dann auch S. 115). Die „zu starre Bindung" beim Vereinssport wird auch von Brettschneider und Kleine als Motivationsfaktor für das informelle Sporttreiben gesehen (vgl. dort S. 124).

(5) Informelle Sportengagements gewinnen mit zunehmendem Alter an Attraktivität: „Offenbar geben ältere Jugendliche ihre vereinsgebundenen Sportaktivitäten auf, um sich dann nur noch am alternativen Sport zu beteiligen" (Baur, Burrmann & Krysmanski, 2002, S. 110; vgl. auch Baur & Burrmann, 2000, S. 116).

(6) In informellen Kontexten dominieren – das war wohl auch nicht anders zu erwarten – eindeutig Individualsportarten vor Mannschaftssportarten. Nach den Selbstauskünften der befragten Jugendlichen stehen hier Rad fahren vor Schwimmen, Skaten/Skateboard und Fitnesssport auf den vorderen Plätzen (vgl. dazu wiederum Baur, Burrmann & Krysmanski, 2002, S. 113, ferner Baur & Burrmann, 2000, S. 116). Die „Top-Ten-Liste" von Brettschneider und Kleine (2002, vgl. S. 115) sieht ganz ähnlich aus.

(7) Im Geschlechtervergleich treiben mehr Mädchen als Jungen informell Sport (vgl. z. B. Baur & Burrmann, 2000, S. 94, Brettschneider & Kleine, 2002, S. 111). Aber es gilt auch: „Wenn sich Mädchen am alternativen Sport beteiligen, dann engagieren sie sich dort in geringerem Umfang als Jungen" (Baur, Burrmann & Krysmanski, 2002, S. 111). In Hinblick auf die Bildungskarriere sind Hauptschüler und Hauptschülerinnen im Nurfreizeitsport überrepräsentiert (vgl. S. 112).

(8) Was die Orte der informellen Sportausübung anbelangt, präferieren die Jungen eindeutig „Bolzplätze", während die Mädchen demgegenüber häufiger Hallen- und Freibäder aufsuchen (vgl. dazu nochmals die Ergebnisse der Studie von Baur, Burrmann & Krysmanski, 2002, S. 115). Im Vergleich dazu nennen jedoch Brettschneider und Kleine 2002 die Schul-AG, die Tanzschule und das Fitnessstudio als Favoriten unter den Orten für das vereinsungebundene Sporttreiben (vgl. S. 127).

(9) Betrachtet man die Beteiligung von möglichen Sozialpartnern beim informellen Sporttreiben, dann fällt auf, dass primär dafür Gleichaltrige (also Freundinnen und Freunde) gesucht werden, während andere Familienmitglieder, respektive die Eltern, eher weniger in Frage kommen, also gemieden werden (vgl. dazu Baur, Burrmann & Krysmanski, 2002, S. 118, daneben auch Brettschneider & Kleine, 2002, S. 124).

4 Bereiche des (in)formellen Sportengagements in der Schule

Der Sportunterricht gehört in unserem Lande zu den wenigen Schulfächern, die von der ersten bis zur letzten Jahrgangsstufe unterrichtet werden. Selbst im Vergleich zum Religionsunterricht, von dem man sich dann sogar abmelden kann, wenn man als „religionsmündig" gilt, ist der Sport ein Pflichtfach, dem sich nur diejenigen Kinder und Jugendlichen (offiziell) entziehen können, die aus Krankheits- oder Verletzungsgründen davon befreit sind. Insofern kann der Sportunterricht in der Schule als prinzipieller und einziger Bereich eines „Sport(s) für alle" angesehen werden – denn wo sonst kommen Jungen und Mädchen mit so hoher Beteiligungsquote auf vergleichbare Weise über einen Zeitraum von vielen Jahren regelmäßig wöchentlich mehrmals mit ausgewählten Inhalten von Sport, Spiel und Bewegung so verbindlich in Kontakt?

Seinen formalen Charakter gewinnt der Sportunterricht in der Schule aber wesentlich noch dadurch, dass die Vielfalt der Sportangebote für die einzelnen Jahrgangsstufen bzw. Schuljahre nach einem ministeriell erlassenen Lehrplan curricularisiert ist und die Schülerinnen und Schüler dazu (in aller Regel) von akademisch ausgebildeten Fachlehrkräften für Sport unterricht werden (zu weiteren Bestimmungsmerkmalen des Schulsports vgl. ausführlich z. B. Scherler, 2000, daneben Kretschmer, 2000). Doch selbst damit nicht genug: Neben dem obligatorischen Sportunterricht mit bis zu drei Unterrichtsstunden pro Woche zeichnet sich das Fach durch ein weiteres Segment, den so genannten *außerunterrichtlichen Teil* aus, der sich gegenüber dem eigentlichen Sportunterricht durch seinen hohen Grad an Offenheit mit diesem kontrastieren lässt. In dieser Hinsicht stellt die Formel eines „Sport(s) für alle" gerade hier eine besondere Offerte für die Kinder und Jugendlichen dar, die das „informelle" Sportengagement gewissermaßen „formal" durch die Institution Schule vorbereiten kann, und zwar in drei Richtungen:

a) in Bezug auf den mehr traditionellen Bereich des außerunterrichtlichen Schulsports sowie

b) hinsichtlich des neueren Konzepts der so genannten „bewegten Schule" und schließlich

c) vor dem Hintergrund von Trendsportarten, die gegenwärtig informell Eingang in den Schulsport finden bzw. eine informelle Öffnungsschneise (oft unterhalb der offiziellen Lehrplanebene) darstellen können (vgl. auch den Beitrag von Kottmann und Küpper in diesem Band).

Im Bereich des außerunterrichtlichen Schulsports können die folgenden fünf Angebotsformen als geläufige unterschieden werden; sie sind landauf, landab mehr oder weniger flächendeckend verbreitet - nämlich: Pausensport, Sportgemeinschaften, Schulsportfeste, Wettkampfprogramme, Wanderungen/Fahrten/Exkursionen (vgl. dazu Balz, 1996 mit vielen Erfahrungsberichten sowie die knappen Ausführungen in der Lektion des Lehrbuches von Balz & Kuhlmann,

2003, S. 161-164; ferner speziell zum Sport im Freien in der Grundschule neu Grössing & Kronbichler, 2003).

Worin liegt nun das originär Informelle des außerunterrichtlichen Schulsports? Prinzipiell kann hier ein Mindestmaß an Freiwilligkeit der Teilnahme zu Grunde gelegt werden: Niemand wird beispielsweise gezwungen, am Pausensport teilzunehmen. Manchmal zeichnen sich die Angebote allerdings auch durch einen Grad an „informeller Exklusivität" aus, wenn nur die vermeintlich Besten eines Jahrgangs für einen Wettkampf nominiert werden oder in einer Auswahl-mannschaft spielen dürfen. Angebote des außerunterrichtlichen Schulsports verlangen fast immer von den Kindern und Jugendlichen ein erhöhtes Maß an Bereitschaft zur Selbstorganisation, gepaart mit mehr sozialer Verantwortung, die sich nicht so einfach „unterrichten" lässt, sondern die erst aus dem gemein-sam initiierten Event erwachsen muss. Häufig ist damit sogar ein Rollenwechsel zwischen Schüler und Lehrer verbunden, wenn die Lehrkräfte mehr in den Hintergrund treten und demgegenüber einzelne Schülerinnen und Schüler ihre Erfahrungen und Kompetenzen als Experten in einer Sportart zeitweilig einbrin-gen können. Nicht zuletzt gewinnt das Informelle des Schulsports auch dann, wenn Kooperationen mit außerschulischen Partnern eingegangen werden. Die Zusammenarbeit mit Sportvereinen gilt hierbei als die klassische Öffnungs-schneise.

Worin liegt nun das originär Informelle beim Konzept der „bewegten Schule"? Eine Schule, die sich als eine bewegte (oder bewegungsfreundliche) Schule versteht, versucht, Bewegung in das gesamte Schulleben zu integrieren. Dies geschieht dann insofern, als möglichst viele Lehrkräfte (nicht nur die des Sports) und Schulbedienstete bereit und bestrebt sind, Bewegung auf dem Schulgelände überhaupt zuzulassen, wenn möglich zum Thema des Unterrichts zu machen bzw. ein Sichbewegen der (jüngeren) Schülerinnen und Schüler im Unterricht und außerhalb zu ermöglichen. Auch wenn in vielen Bundesländern dazu mittlerweile Programme und Handreichungen mit praktischen Umsetzungsvor-schlägen (formal) existieren, muss dieses Konzept als eine Art (informelle) Selbstverpflichtung der Schule angesehen werden. Räume können zum Bewe-gen genutzt werden, aber auch brachliegen. Auch das unterstreicht prinzipiell den Charakter des Informellen, mit dem so der allgemeine Bildungs- und Erziehungsauftrag der Schule flankiert werden kann (vgl. dazu knapp Balz & Kuhlmann, 2003, S. 167-170, ausführlicher z. B. Regensburger Projektgruppe, 2001 sowie neu im Überblick für die Grundschule z. B. Pühse, 2003).

In letzter Zeit finden immer mehr neue sportliche Aktivitäten außerhalb der Schule Verbreitung. Diese Sportformen und Sportarten sind in aller Regel noch nicht explizit in Lehrplänen als verbindlicher oder wählbarer Unterrichtsgegen-stand ausgewiesen. In der fachdidaktischen Diskussion scheint sich mehr und mehr die Auffassung durchzusetzen, neue Sportarten bzw. Trendsport nicht gänzlich außen vor zu lassen, ohne deswegen den traditionellen Sportarten eine

Absage zu erteilen. Genau diese Handhabung lässt sich als „informell" kenn-zeichnen – nämlich aus der Vielschichtigkeit des Trendsportangebotes exempla-risch, situationsangemessen und altersgerecht etwas auszuwählen, ohne dabei jeder Mode hinterherlaufen zu müssen. Hinsichtlich der Vermittlung von Trendsport wird informell u. a. empfohlen, zuweilen außerschulische Lernorte (bzw. Partner) aufzusuchen, den Einführungscharakter („Schnupperkurse") der Trendsportart zu betonen und sie, wenn möglich, durch Schülerinitiative zu vermitteln etc. (vgl. hierzu Balz, Brinkhoff & Wegner, 1994 und Balz, 2001; ferner Schwier, 2003 für die Grundschule).

5   Informeller Sport für alle im organisierten Sport – Öffnungsschneisen

In diesem Abschnitt soll eine erste bescheidene Antwort dazu vorgelegt werden, ob und gegebenenfalls inwiefern sich selbst im Verein bzw. über Verbände organisierten Sports Öffnungsschneisen finden, die in Richtung eines „Sport(s) für alle" als informelles Sporttreiben eingestuft werden können. Dieses Vorge-hen erinnert im Grunde ein wenig an den damals so bezeichneten „zweiten Weg", mit dem vor allem in den 1960er Jahren der Versuch unternommen wurde, breiten (erwachsenen) Bevölkerungsschichten einen anderen Zugang zum organisierten Sport zu ermöglichen, der sich grundlegend von dem „ersten" (eher wettkampf- bzw. leistungssportlich orientierten) Weg unterscheiden sollte (vgl. im Überblick z. B. Dieckert, 2002). Es wird jetzt danach gefragt, welche besonderen informellen Möglichkeiten Kindern und Jugendlichen im Vereins-bzw. Verbandsrahmen angeboten werden.

Solche Angebote werden nun als graduelle Öffnungen in Richtung eines infor-mellen Sports begriffen. Natürlich kann dies nicht als flächendeckende Be-standsaufnahme für das Bundesgebiet und für alle knapp 90.000 Sportvereine erfolgen, zumal selbst in einschlägigen repräsentativen Studien über die infor-melle Ausrichtung von Sportvereinsangeboten bisher keine genaueren Daten ermittelt worden sind (vgl. dazu die formale Kategorisierung von Emrich, Pitsch & Papathanassiou, 2001 und die bei Heinemann & Schubert, 1994 erfragten Zusatzangebote wie Spielfeste, Lauftreffs, Rallyes). Im Folgenden werden drei ganz unterschiedliche Suchrichtungen knapp beschrieben, die als solche infor-mellen Öffnungen von Sportangeboten gelten können. Damit wird gleichzeitig ein Begriffsverständnis von Breitensport unterlegt, dass im Sinne eines „mehr als" betrachtet werden muss (vgl. dazu auch schon Kuhlmann, 1998): Ausge-hend von einem engen Sportbegriff, wie er oben bereits angedeutet wurde, geht es hier um die unterschiedlichen Ausweitungen (z. B. in Bezug auf die Inhalte des Sporttreibens bzw. von Sportarten, der Teilnahme- und Betriebsformen etc.):

(1) Öffnung des organisierten Sports durch informelle Events und Projekte in Vereinen: Diese Öffnungsschneise beinhaltet solche einmaligen Events und längerfristigen Projekte, die meistens vor Ort in Vereinen stattfinden, aber das herkömmliche Sport- bzw. Trainingsangebot entscheidend erweitern. Als ein

Beispiel aus der großen Palette solcher Veranstaltungen kann die Beschreibung „Basketball um Mitternacht" von Peiffer (1999) gelten: Die Basketballabteilung eines Vereins bietet für die interessierten Jugendlichen in einer niedersächsischen Kleinstadt in der Nacht von Freitag auf Samstag „Freies Spiel bzw. Turnier in Abstimmung mit den anwesenden Jugendlichen" (S. 88) an; vgl. dazu auch die Projektskizze zum Familiensport von Wegner (2000). Solche informellen Events und Projekte scheinen mittlerweile im ganzen Land Konjunktur zu haben: Die Deutsche Sportjugend (dsj) hat beispielsweise dazu eine Projektdatenbank im Internet angelegt, in der solche „vorbildlichen" jugendprojekte-im-sport (Titel des Internetpools) nach diversen Themenbereichen (z. B. Feste/Events) und nach Sportarten sortiert für Zielgruppen (z. B. Kinder und Jugendliche) und für die einzelnen Bundesländer abgerufen werden können: das „bsj-Spielmobil" in Baden-Württemberg, das „3 on 3 Streetballturnier mit Aftershow-Party" in Hessen oder die „Freestyle Tour im Skateboarden" – das sind nur drei ausgewählte Projekte, die Sportvereine bei der Ausweitung ihrer Angebote bzw. bei der Durchführung von Sportveranstaltungen unterstützen wollen (mehr dazu unter: www.dsj.de) – ganz zu schweigen von all den „alltäglichen" Fahrten, Freizeiten, Trainingslagern und anderen Wochenendevents von Kinder- und Jugendgruppen.

(2) Öffnung des organisierten Sports durch informelle Aktionen und Maßnahmen von Verbänden: Diese Öffnungsschneise beinhaltet im Gegensatz zu der vorherigen insbesondere solche Aktionen und Maßnahmen, deren Initiative weit gehend von (Fach-)Verbänden ausgeht. Die offerierten Aktionen und Maßnahmen setzen primär an einer bestimmten Sportart an. Hierzu gehören beispielsweise die diversen Abzeichen und sonstige Auszeichnungen für Kinder und Jugendliche, die kurzfristig erworben werden können, unabhängig davon, ob jemand gerade Mitglied in einem Verein ist oder nicht (z. B. Schwimmabzeichen). Diese Öffnungsschneise greift die Formel „Sport für alle" insofern auf, als der DSB im Zuge seiner Breitensportinitiativen (z. B. in den 1970er Jahren im Rahmen der „Trimm-Dich-Aktionen") seinen Verbänden nahe gelegt hat, solche Aktionen und Maßnahmen für Interessierte zu inszenieren. Nach einer neueren Erhebung verfügen derzeit weit mehr als die Hälfte aller deutschen Spitzenverbände über solche breitensportlichen Abzeichen (z. B. Kinder-Golfabzeichen, DFB-Fußballabzeichen etc.; vgl. dazu den Abschlussbericht von Kuhlmann, 2003 für den DSB).

(3) Öffnung des organisierten Sports durch informelle übergreifende Initiativen: Diese Öffnungsschneise beinhaltet solche Initiativen, die nicht unmittelbar an die praktische Ausübung eines informellen Sports gebunden sind, ihn aber insofern betreffen, als sie sich im weitesten Sinne auch für einen Sport für alle einsetzen: Wie kann es überhaupt gelingen, mehr Kinder und Jugendliche an den Sport heranzuführen? Als übergreifend können solche Initiativen deswegen bezeichnet werden, weil sie nicht auf eine bestimmte Sportart abzielen, sondern

generelle Aktivitäten „pro Sport" thematisieren. Als zwei ausgewählte Beispiele für solche sportpolitischen Initiativen seien hier genannt:

(1.) Die bundesweit angelegte Aktion „Kinder stark machen!" der Bundeszentrale für gesundheitliche Aufklärung (BZgA), bei der es darum geht, die Möglichkeiten des Sports zu nutzen für den Aufbau von Selbstvertrauen und Selbstwertgefühl sowie die Konflikt- und Kommunikationsfähigkeit der Heranwachsenden durch Sport zu stärken (vgl. dazu die Kurzbeschreibungen von Schmid, 2000 und 2002) sowie

(2.) die zunächst nur landesweit angelegte Fachverbandsinitiative des Turner-Bundes „Bündnis für gesunde Kinder", bei der eine Verbesserung der Gesundheit von Kindern durch mehr Bewegungsangebote angestrebt wird (vgl. dazu das Statement von Brechtken, 2002).

6 Schluss

„Sport für alle Kinder und Jugendlichen – aber wo?" So lautete die Leitfrage, die diesem Beitrag als Titel überschrieben ist. Bilanziert man die vorgetragenen Antwortversuche, dann dürfte deutlich geworden sein, dass eine eindeutige und endgültige Zuweisung von Sportinstanzen, wo diese Formel nachhaltig eingelöst werden könnte, kaum gegeben werden kann: Weder die traditionalistische Position, wonach Sport für alle nur im Verein realisiert werden kann, noch die eher modernistische Gegenposition, bei der Sport für alle ausschließlich an Orten außerhalb des Sportvereins möglich wird, scheinen alternativ zutreffend zu sein. Die bisher vorliegenden Befunde aus der empirischen Jugendsportforschung weisen eher darauf hin, dass zwar auf der einen Seite das informelle Sportmilieu an Attraktivität gewinnt, dass aber dadurch nicht automatisch die Organisationsgrade von Kindern und Jugendlichen in Sportvereinen absinken … und im Übrigen gilt: Der Totalitätsanspruch „Sport für alle" mag zwar als werbeträchtiger Slogan hier und da taugen, doch muss seine Botschaft jemals in Gänze eingelöst werden?

Literatur

Balz, E. (1996). Außerunterrichtliche Sportangebote. *sportpädagogik* (Sonderheft).

Balz, E. (2001). Trendsport in der Schule. *sportpädagogik, 25*, (6), 2-8.

Balz, E., Brinkhoff, K.-P. & Wegner, U. (1994). Neue Sportarten in die Schule! *sportpädagogik, 18* (2), 17-24.

Balz, E. & Kuhlmann, D. (2003). *Sportpädagogik. Ein Lehrbuch in 14 Lektionen.* Aachen: Meyer & Meyer.

Baur, J. & Burrmann, U. (2000). *Unerforschtes Land: Jugendsport in ländlichen Regionen.* Aachen: Meyer & Meyer.

Baur, J. & Burrmann, U. (2003). Der jugendliche Sporthopper als „moderne" Sozialfigur? In J. Baur & S. Braun (Hrsg.), *Integrationsleistungen von Sportvereinen als Freiwilligenorganisationen* (S. 549-583). Aachen: Meyer & Meyer.

Baur, J., Burrmann, U. & Krysmanski, K. (2002). *Sportpartizipation von Mädchen und jungen Frauen in ländlichen Regionen.* Köln: Sport und Buch Strauß.

Brechtken, R. (2002). „Bündnis für gesunde Kinder" – der Beitrag aus Turnen und Sport. In A. Horn (Hrsg.), *Sport macht Schule – Kinder stark machen in Verein und Schule* (S. 71-78). Schwäbisch Gmünd: Pädag. Hochschule.

Brettschneider, W.-D. & Kleine, T. (2002). *Jugendarbeit in Sportvereinen. Anspruch und Wirklichkeit.* Schorndorf: Hofmann.

Bräutigam, M. (2003). *Sportdidaktik. Ein Lehrbuch in 12 Lektionen.* Aachen: Meyer & Meyer.

Dieckert, J. (2002). Freizeitsport in Deutschland. In J. Dieckert & C. Wopp (Hrsg.), *Handbuch Freizeitsport* (S. 25-32). Schorndorf: Hofmann.

Emrich, E., Pitsch, W. & Papathanassiou, V. (2001). *Die Sportvereine. Ein Versuch auf empirischer Grundlage.* Schorndorf: Hofmann.

Grössing, S. & Kronbichler, E. (2003). Bewegung im Freien. In Köppe & Schwier, (S. 171–190).

Heinemann, K. & Schubert, M. (1994). *Der Sportverein. Ergebnisse einer repräsentativen Untersuchung.* Schorndorf: Hofmann.

Köppe, G. & Schwier, J. (Hrsg.). (2003). *Handbuch Grundschulsport.* Baltmannsweiler: Schneider.

Kretschmer, J. (2000). Entschulter Schulsport. In P. Wolters u. a., *Didaktik des Schulsports* (S. 61-89). Schorndorf: Hofmann.

Kuhlmann, D. (1998). Breitensport. In O. Grupe & D. Mieth (Hrsg.), *Lexikon der Ethik im Sport* (S. 76-80). Schorndorf: Hofmann.

Kuhlmann, D. (2003). *Breitensportprofile von Mitgliedsorganisationen. Abschlussbericht für den Deutschen Sportbund.* Ms. Regensburg.

Kurz, D., Sack, H.-G. & Brinkhoff, K.-P. (1996). *Kindheit, Jugend und Sport in Nordrhein-Westfalen. Der Sportverein und seine Leistungen. Eine repräsentative Befragung der nordrhein-westfälischen Jugend.* Düsseldorf: Moll.

Kurz, D. & Tietgens, M. (2000). Das Sport- und Vereinsengagement der Jugendlichen. *Sportwissenschaft, 30,* 384-407.

Peiffer, L. (1999). Statt „Langweilen", „Abhängen" oder „Videos reinziehen" – „Basketball um Mitternacht". Erfahrungen in einer niedersächsischen Kleinstadt. In K. Ferger, H. Giesler & N. Gissel (Hrsg.), *Sport gelebt und gelehrt. Festschrift für Hannes Neumann zum 60. Geburtstag* (S. 85-95). Gießen: Mittelhessische Druck- und Verlagsgesellschaft.

Pühse, U. (2003). Bewegte Schule. In Köppe & Schwier, (S. 149-170).

Regensburger Projektgruppe (2001). *Bewegte Schule – Anspruch und Wirklichkeit.* Schorndorf: Hofmann.

Scherler, K. (2000). Sport als Schulfach. In P. Wolters u. a., *Didaktik des Schulsports* (S. 36-60). Schorndorf: Hofmann.

Schmid, H. (2000). „Kinder stark machen". In L. Peiffer & N. Wolf (Hrsg.), *Partner für eine bewegte Kindheit* (S. 41-48). Celle: Pohl.

Schmid, H. (2002). Kinder stark machen im Sportverein – Prävention frühzeitig und umfassend. In A. Horn (Hrsg.), *Sport macht Schule – Kinder stark machen in Verein und Schule* (S. 17-18). Schwäbisch Gmünd: Pädag. Hochschule.

Schwier, J. (2003). Grundschulsport und Trendsportarten – Zwischen Waldkindergarten und Halfpipe. In Köppe & Schwier, (S. 95-120).

Wegner, M. (2000). FIF – Familien in Form: Gemeinsam aktiv in Sportverein und Familie. In L. Peiffer & N. Wolf (Hrsg.), *Partner für eine bewegte Kindheit* (S. 113-128). Celle: Pohl.

Wopp, C. (2002). Selbstorganisiertes Sporttreiben. In J. Dieckert & C. Wopp (Hrsg.), *Handbuch Freizeitsport* (S. 175-184). Schorndorf: Hofmann.

Aneignungs- und Anwendungsprozesse in informellen Sportgruppen

Christian Wopp

1 Vorbemerkungen

Was passiert, wenn Kinder und Jugendliche an Nachmittagen die Schulen verlassen haben? Sie tauchen ein in die Vielfalt der Kinder- und Jugendkulturen. Diese bestehen aus vielen kleinen Kinder- und Jugendgemeinschaften, die sich jenseits des Netzes kommerzieller und pädagogischer Kinder- und Jugendbetriebe organisieren und die Teile von Szenen oder Lebensstilkonzepten sind.

Wie handeln Kinder und Jugendliche in diesen Gemeinschaften? Rusch und Thiemann (1998, S. 43) haben folgende Beobachtungen gemacht: Skateboard fahrende Jugendliche führen an Treppen, wenn sie dort Sprünge üben, ca. 15 Versuche pro Stunde durch. Misserfolge, die teilweise sehr schmerzhaft sein können, werden mit einer gewissen Coolness ertragen. Die Zuschauenden bleiben meistens stumm, bestenfalls werden Erfolge mit einem leichten Anflug von Bewunderung zustimmend zur Kenntnis genommen.

Warum ist es so spannend, Aneignungs- und Anwendungsprozesse in informellen Gruppen zu betrachten?

Vermutlich deshalb, weil in den informellen Gruppen jene unverstellten, selbstbestimmten und kreativen Handlungsformen beobachtbar sind, die häufig durch Institutionen wie Schulen und Sportvereine verschüttet werden. Wenn Erwachsene die Prozesse in informellen Kinder- und Jugendgruppen verstehen, dann verstehen sie auch die Wünsche, Einstellungen und Hoffnungen der Kinder und Jugendlichen. Darüber hinausgehend, haben Prozesse in informellen Gruppen so etwas wie eine impulsgebende, avantgardistische Funktion. Auf Grund der totalen Freiwilligkeit des Handelns mit der Möglichkeit, jederzeit aussteigen zu können, bilden informelle Gruppen für Kinder und Jugendliche einen geradezu idealtypischen Rahmen zum Ausleben gewünschter Einstellungen und Handlungen. Nicht nur die Konsumgüterindustrie, auch Schulen und Sportvereine versuchen, die dort zu machenden Beobachtungen aufzunehmen.

Dennoch sollte vor Illusionen gewarnt werden und ein distanzierter Blick auf informelle Sportgruppen angemahnt werden. Denn auch dort bestehen Zwänge, die häufig durch Medien, Moden, Meinungs- oder Organisationseliten eher subtil und weniger offensichtlich wirken. Die schöne, freie Welt in informellen Gruppen ist vielfach nicht so schön und frei, wie das manchmal zu wünschen wäre.

Die einleitend dargestellten Beobachtungen lassen sich in folgender These zusammenfassen: Bei den Aneignungs- und Anwendungsprozessen in informellen Sportgruppen geht es vorrangig um die Aneignung und Stabilisierung von Verhaltensmustern entsprechender Lebensstilkonzepte, die in den jeweiligen Szenen dominierend sind.

2   Szenen der Kinder- und Jugendkultur

2.1 Was sind Szenen?

Szenen sind individualisierte Formen der Vergemeinschaftung (Hitzler, Bucher & Niederbach, 2001, S. 19). Im Mittelpunkt steht ein Thema, das ein Musikstil, eine politische Idee, ein spezieller Konsumgegenstand (z. B. Autos, Filme) oder auch eine Sportform sein kann. Durch die Fokussierung auf ein Thema entstehen zwischen Personen zumeist zeitlich begrenzte Gemeinsamkeiten von: Handlungsformen, Einstellungen, Motiven, Lebensstilen, Treffpunkten und Events. Dadurch haben Szenen eine eigene Kultur ästhetisch-stilistischer Gemeinsamkeiten mit charakteristischen Aneignungs- und Anwendungsformen.

Jedes Szenemitglied ist in eine oder mehrere Gruppierungen eingebunden, sodass Szenen Netzwerke von Personen und Gruppen bilden. Die Mitglieder von Szenen müssen sich nicht zwangsläufig persönlich kennen, erkennen sich jedoch in der Regel an typischen Merkmalen (Kleidung, Musikgeschmack, Verhaltensmustern).

2.2 Welche Szenen gibt es?

Im Jugendbereich gibt es eine verwirrende Vielfalt an Szenen, die sich nach Heinzlmaier, Großegger und Zentner (1999, S. 17) thematisch in sieben Szenengruppen gliedern lässt:

- Körperbezogene Fun-Kulturen (z. B. HipHop, Skater),
- Dance-Kulturen (Techno, Body),
- Musikkulturen (Drum & Bass, House),
- Fankulturen (Fußball, Basketball),
- New-Media-Kulturen (Computerspiele, Hacker),
- Engagementkulturen (Junge Christen, Tierschützer),
- Subkulturen (Punks, Skins).

Insbesondere in den Gruppen „körperbezogene Fun-Kulturen" und „Dance-Kulturen" haben sich viele Szenen gebildet, die aus sportwissenschaftlicher

Sicht von besonderem Interesse sind. Differenziert nach Geschlecht gibt es bei den 12- bis 17-Jährigen in Deutschland folgende Szenenzugehörigkeit (Prozente geben den Anteil der Jugendlichen an, die sich der jeweiligen Szene zugehörig fühlen):

Männliche Jugendliche

Snowboarder (19 %), Inlineskater (16 %), Mountainbiker (16 %), Fitnessfreaks (10 %), Skateboarder (8 %), HipHop (7 %), Beachvolleyball (5 %)

Weibliche Jugendliche

Inlineskater (18 %), Snowboarder (14 %), Mountainbiker (12 %), HipHop (9 %), Fitnessfreaks (8 %), Beachvolleyball (8 %)

Abb. 1: Szenenzugehörigkeit nach Heinzlmaier, Großegger & Zentner, 1999, S. 25

Auffallend ist, dass den thematischen Kern von bewegungs- bzw. sportorientierten Szenen häufig Bewegungsgeräte (z. B. Skateboards, Inlineskates, Hacky-Sacks, Frisbees oder BMX-Räder) und Spielideen (z. B. Streetball, Beachvolleyball, American Football), Verbindungen von Musik und Bewegungen (z. B. HipHop, Breakdance, Cheerleading) oder Fitness- und Kampfformen (z. B. Ju-Jutsu, Karate, Bodybuilding) bilden. Insofern sind für einen Teil der Kinder und Jugendlichen Sportformen ein zentrales Mittel zur Bildung von Gemeinschaften. Vielfach würden Kinder und Jugendliche ihre Bewegungspraktiken nicht als Sport bezeichnen. Deshalb wird bei der Zuordnung der oben benannten Kinder- und Jugendszenen zum informellen Sport von einem weiten Sportverständnis ausgegangen, das sowohl traditionelle Sportarten mit entsprechenden Orientierungen an Leistungen und Wettbewerben (z. B. Streetball oder Beachvolleyball) als auch neuere Sportformen mit einer vorrangigen Orientierung an Spaß und Erlebnissen beinhalten kann (Dieckert & Wopp, 2002, S. 16).

2.3 Welche Funktionen haben Szenen?

Die Unstrukturiertheit von Lebensbedingungen ist gegenwärtig für viele Kinder und Jugendliche ein prägendes Merkmal. Einstmals verlässliche Strukturen von Familien, Vereinen, Kirchen, Parteien haben vielfach ihre Orientierung gebenden und Gemeinschaft bildenden Funktionen verloren. Die Flexibilisierung nahezu aller Lebensbereiche (Sennet, 1998) hat zur Folge, dass ständig Prozesse der Um- und Neuorientierung, des Neulernens, der Neubildung von Gemeinschaften, des Festhaltens und Loslassens erforderlich sind. Auffallend ist, dass Szenen „quer" zu den bisherigen Gesellungsformen großer gesellschaftlicher Institutionen liegen (z. B. Vereine). Im Mittelpunkt steht nicht das Interesse der Mitglieder an einer gemeinsamen Sache, sondern den Ausgangspunkt bildet die Faszination, die von einem Thema ausgeht, und die Möglichkeit der aktiven Teilhabe an diesem Thema.

Um angesichts dieser hier nur schlagwortartig skizzierten Lebensbedingungen eine gewisse individuelle Stabilität zu erreichen, bietet sich für Kinder und Jugendliche eine Orientierung an bestimmten Lebensstilen an. Szenen sind überschaubare Gemeinschaften, in denen der persönlich bevorzugte Lebensstil sichtbar zum Ausdruck gebracht werden kann, ohne persönliche Verhaltensweisen ständig neu begründen zu müssen. Szenen sind insbesondere für Kinder und Jugendliche Gemeinschaften, in denen Identitäten und Kompetenzen aufgebaut werden können. In dieser Hinsicht sind Szenen lediglich die zeitgemäße Form von Peergroups.

2.4 Szenen, Lebensstile und Milieus

Die gegenwärtige Gesellschaft wird wesentlich durch Pluralisierungs- und Individualisierungsprozesse geprägt, die entgegen manchen kulturpessimistischen Prognosen nicht eine Strukturlosigkeit zur Folge haben, sondern eine Umstrukturierung des sozialen Lebens nach sich ziehen. In den Sozialwissenschaften wird eine solche Entwicklung zu erfassen versucht, indem Klassen- und Schichtenmodelle als obsolet erklärt und durch Milieumodelle ersetzt werden (vgl. u. a. Hradil, 1999 oder Schulze, 1992). Unterschieden wird zwischen Szenen auf der mikrosozialen Ebene, Lebensstilen auf der mesosozialen Ebene und Milieus auf der makrosozialen Ebene (Schulze, 1992, S. 170).

In den Szenen werden Lebensstile sichtbar. Diese sind vergleichbar mit Drehbüchern, die Handlungsanweisungen für Verhaltensweisen in bestimmten Situationen geben. Milieus sind Großgruppen von Personen, die untereinander eine erhöhte Binnenkommunikation haben und die Gemeinsamkeiten beim Einkommen, bei der Bildung und beim persönlichen Lebensstil aufweisen. Insofern sind Szenen immer Bestandteile großer Milieus. Während diese eine gewisse Stabilität haben, besteht vor dem Hintergrund sich zunehmend ausdifferenzierender Lebenslagen die Attraktivität von Szenen u. a. darin, dass sie nicht Ausdruck gemeinsamer Lebenslagen sind, sondern unterschiedlichste Kombinationen von teilzeitlichen Neigungen, Wünschen, Hoffnungen und Notwendigkeiten ermöglichen, was zur Folge hat, dass Szenen letztendlich in Milieus eingebunden sind, also auch durch Einkommen und Bildung geprägt werden, jedoch schneller veränderbar sind und eine Mitgliedschaft leichter kündbar ist.

3   Aneignungs- und Anwendungsformen in Kinder- und Jugendszenen

Szenen haben ihre eigene Kultur mit jeweils charakteristischen Aneignungs- und Anwendungsformen. Erst wenn von Kindern und Jugendlichen die typischen Handlungsmuster einer Szene beherrscht werden, ist eine volle Teilhabe an ihr möglich.

3.1 Aneignungsformen

Einleitend wurde die These formuliert, dass es bei den Aneignungsformen in sportlichen Jugendszenen nicht nur um das Erlernen von Bewegungstechniken geht, sondern um die Aneignung eines Lebensstils, der für die jeweilige Szene charakteristisch ist. Vor diesem Hintergrund kann eine Erklärung dafür gefunden werden, warum im oben dargestellten Beispiel zum Skateboarden das Üben aus bewegungswissenschaftlicher Sicht mit lediglich 15 Versuchen pro Stunde so wenig effektiv ist. Es geht dabei weniger um die möglichst schnelle Aneignung eines Tricks. Vielmehr sind die geringe Zahl der Wiederholungen ebenso wie die Misserfolge mit den teilweise schmerzhaften Stürzen, die Coolness und das sich gegenseitige Beobachten Teil der Kultur der Skateboardszene.

Auf Grund der Vielfalt von Szenen und den damit verbundenen Lebensstilen ist nachvollziehbar, dass die Aneignungsformen sehr unterschiedlich sind. Da ein vollständiger Überblick über die unterschiedlichen Aneignungsformen in den jeweiligen Szenen den Rahmen des Beitrags sprengen würde, soll nachfolgend ein Blick in eine Inlineskateszene geworfen werden. Im informellen Sport handelt es sich hierbei um eine für viele Kinder und Jugendliche attraktive Szene. Grundlage der Betrachtung bilden Interviews mit Jugendlichen in der Stadt Köln. Die aufgeführten Zitate stammen von den Jugendlichen selbst.

„Die eigenen Grenzen kennen lernen, indem du dich das erste Mal richtig auf die Schnauze legst. Dann gehst du erst einmal ganz vorsichtig an die Sache ran."

Gelernt wird nach dem Prinzip des Versuchs und Irrtums. Über die Zugehörigkeit zu einer Szene entscheidet nicht das tatsächliche Können, sondern der Wille, dazuzulernen bzw. sich mehr oder weniger täglich mit dem eigenen Bewegungskönnen auseinander zu setzen (Hitzler et al., 2001, S. 88).

Bei den Aneignungsprozessen der Kölner Inlineskater handelt es sich um eine einfache und ursprüngliche Form des Lernens. Auffallend ist, dass das Machen von Fehlern akzeptiert wird. Weder Akteure noch Zuschauer scheint es zu stören, dass häufig Fehlversuche und teilweise heftige Stürze zu beobachten sind. Damit steht diese Form des Lernens in einem Gegensatz zu jenen Formen des Lernens, wie diese in vielen Schulen und Sportvereinen organisiert werden. In diesen Institutionen werden Lernprozesse so gestaltet, dass die Lernenden möglichst wenige Fehler machen. In der Schule wird häufig durch die Notengebung das Vermeiden von Fehlern noch verstärkt.

So faszinierend das Lernen nach Versuch und Irrtum ist, so hat es jedoch auch einige Nachteile. Zu sehen sind vornehmlich jene Jugendlichen, die damit erfolgreich sind. Andere Jugendliche, und deren Zahl dürfte nicht unerheblich sein, trauen sich an bestimmte Herausforderungen kaum heran, weil sie sich überfordert fühlen und Misserfolge antizipieren.

„Dann habe ich Leute gesehen, wie sie fahren. Dann habe ich mir das abgeguckt, habe auch Videos gesehen."

Auch wenn es bei den Inlineskatern Vorbilder gibt, so haben diese kaum die gleiche Wirksamkeit wie z. B. die Vorbilder beim Kickboxen. Im Mittelpunkt der Lernprozesse beim Inlineskating steht die eigenständige Informationsbeschaffung. Ausgehend von verschiedenen Strategien der Informationsbeschaffung, werden angebotene Lösungen nicht einfach imitiert, sondern es werden ständig neue Aufgaben in Form von Herausforderungen kreiert, wie z. B. der Bau von Slalomparcours mithilfe aufgeschnittener Tennisbälle oder von Sprunghindernissen mithilfe von Pappkartons.

„Man wird gesehen. Die meisten fahren nur, um sich zu zeigen."

Inlineskating übt auf Jugendliche deshalb eine so große Faszination aus, weil alles auf öffentlichen Flächen stattfindet. Im Unterschied zum traditionellen Sport, der vorrangig in speziellen Anlagen durchgeführt wird, die häufig schwer zugänglich und vielfach nicht einsehbar sind, haben Jugendliche in den zurückliegenden Jahren dazu beigetragen, dass der Sport wieder öffentlich wurde und dort stattfindet, wo viele Menschen sind oder zumindest vorbeischauen. Parallel wurden damit auch die Lernprozesse öffentlich. Sowohl die Lernanstrengungen als auch die Lernergebnisse werden einer zumeist staunenden Öffentlichkeit präsentiert.

„Surfen, Snowboard und halt all diese Sachen. Die meisten sagen, dass ist mein Hobby. Für mich ist das mein Leben."

Auffallend ist die Lebensstilorientierung der inlineskatenden Jugendlichen. Es handelt sich dabei nicht um eine Sportart im klassischen Sinne, sondern um eine Lebensphilosophie, die durch das Inlineskating zum Ausdruck gebracht werden kann. Merkmale sind u. a. die Unabhängigkeit, die Mobilität und der teilweise schonungslose Umgang mit dem eigenen Körper. Ein stark motivierender Aspekt des Inlineskatens besteht im Erleben von Freiheit. Beginnend an der Haustür, kann die Stadt auf Rollen erkundet werden. In einer regulierten und vorgegebenen Welt werden mithilfe eines aktiv ausgeübten, sportiven Lebensstils neue, gestaltbare Räume erschaffen, die der komplexen Welt eine eigene Ordnung geben.

3.2 Subversiver Eigensinn

„Die Leute sollen sich an den Kopf greifen."

(Aussage eines Skaters zu seinem Outfit)

Auffallend ist eine starke Kommerzialisierung vieler Szenen. Häufig gehen Kommerzialisierungsschübe von den Szenengängern selbst aus, wenn diese neueste Modegegenstände oder Sportgeräte erwerben. So werden Bewegungsgeräte wie Skateboards, Inliner oder BMX-Räder mit Kleidungsstücken (Shirts, Stirnbändern, Mützen, Knie- und Ellbogenschonern, Helme usw.) kombiniert, die über den Video- und Zeitschriftenmarkt propagiert werden. Dennoch kann nur bedingt von einer Kolonisierung juveniler Lebensstile durch die Konsumgüterindustrie gesprochen werden (Hitzler et al., 2001, S. 26). Bei inlineskatenden Jugendlichen ist zu beobachten, dass nicht nur käuflich zu erwerbende Accessoires verwendet, sondern z. B. vorhandene Kleidungsgegenstände neu kombiniert werden. Hinzu kommt, dass die Attraktivität modischer Produkte schon nach kurzer Zeit zerfällt. Insofern konservieren Szenen eine sportive Praxis, die weit über den reinen Konsum industrieller Produkte hinausgeht.

In den Sozialwissenschaften werden solche Anwendungsformen als *subversiver Eigensinn* bezeichnet (Hitzler et al., 2001). Jugendliche übernehmen nicht nur kritiklos Vorgaben, wie sie vor allem von der Sportartikel- und Modeindustrie gemacht werden, sondern versuchen, mit diesen Vorgaben zu spielen. Mit einer eigensinnigen Widerständigkeit werden industriell gefertigte Produkte eher selektiv aufgenommen und gleichzeitig verändert, verwandelt und teilweise sogar neu geschaffen. Lamprecht und Stamm (1998) konnten am Beispiel verschiedener Trendsportarten belegen, dass zu Beginn der Entwicklungen zumeist einzelne Freaks und Tüftler erfinderisch und produktiv tätig waren. Beobachtungen ergaben, dass jene Kinder und Jugendlichen, die alle in den Werbekampagnen exponierten Figuren direkt kopieren, in den entsprechenden Szenen eher am Rande stehen, weil es ihnen nicht gelingt, ihre Aufmachung in die szenetypischen Kodes zu integrieren; teilweise lösen solche Kinder und Jugendlichen sogar Widerstände und soziale Distanzierungen aus (Rusch & Thiemann, 1998, S. 42).

Ein Beispiel für das Scheitern einer Industrialisierung der Kinder- und Jugendkultur ist Streetball. Die entsprechenden Turniere wurden anfänglich umfassend von Sportartikelherstellern organisiert und vermarktet. Zwischenzeitlich haben sich die Jugendlichen von diesen Turnieren abgewendet, was zur Folge hat, dass die Sportartikelhersteller ihre teilweise aggressiven Kampagnen in diesem Bereich aufgegeben haben. Die Folge ist aber nicht, dass kein Streetball mehr gespielt wird. Die Zahl der Aktiven wird seit Jahren mit ca. 8 % der Jugendlichen als konstant groß eingeschätzt (Heinzlmair et al., 1999, S. 24).

3.3 Coolness

„Lebendigkeit kann auch mühsam sein!"

(Petra, 20 Jahre in Jugend 2002, 14. Shell Jugendstudie, Seite 372)

Anwendungsprozesse in Kinder- und Jugendszenen werden sehr stark durch die Übernahme angloamerikanischer Verhaltensmuster und Sprachelemente geprägt. Es scheint eine „jugendkulturelle Pipeline" zu geben, die von den USA nach Deutschland fließt (Horx, 1993). Einen besonderen Stellenwert hat in dieser Hinsicht die Coolness. Wie einleitend am Beispiel der skateboardfahrenden Jugendlichen dargestellt, werden erfolgreich ausgeübte Tricks ebenso wie schmerzhafte Stürze mit einer gewissen Coolness begleitet. Diese ist eine scheinbar leidenschaftslos und eher distanziert nach außen getragene Form der Selbst- und Körperbeherrschung (Bette, 1989).

Beim Coolsein handelt es sich sowohl um die sprachliche Verwendung eines Amerikanizismus als auch um ein Lebensstilelement. Der Ursprung des Begriffs dürfte im subkulturellen Milieu schwarzer Jugendlicher, insbesondere in der von Schwarzen beherrschten Bebopszene liegen. Aus dem Kontext der Musik wurden die deutlich körperbezogenen Komponenten in die Welt des Sports transferiert. Für deutsche Jugendliche gehören zur Coolness u. a.: gutes Aussehen, Klamotten, die angesagt sind und Ausstrahlung, die andere beeindruckt (Brettschneider & Brandl-Bredenbeck, 1997, S. 149)

Insbesondere für männliche Jugendliche scheint die Verbindung von Sport und Coolness attraktiv zu sein, weil es sich hierbei um eine jugendtypische Art der Ablehnung von Werten und Normen Erwachsener handelt. Erstmalig dürfte in Deutschland die Coolness in der Streetballszene einen zentralen Stellenwert erlangt haben. Danach folgten andere sportive Jugendszenen wie Snowboard, HipHop, Skateboard und Inlineskating, in denen die Verhaltensmuster immer auch durch eine gewisse Coolness geprägt sind.

3.4 Events

„Ich fand das für mich selber ganz interessant, wie man sich mit so einem Druck auseinandersetzt. Das ist ein ganz kribbeliges Gefühl, wenn man sich da anmeldet und beim Contest dann seinen Namen hört. Man hat dann 45 Sekunden Zeit, seine Tricks zu zeigen, und wenn dann die Freunde dabei sind, dann macht das richtig viel Spaß und kann auch ganz witzig sein, wenn es einmal nicht so gut läuft."

(Tilmann Göbel, 23 Jahre, Skateboarder in Hitzler et al., 2001, S. 84)

Events sind vororganisierte Veranstaltungen, bei denen unterschiedliche Unterhaltungsangebote nach szenetypischen ästhetischen Kriterien zusammengefügt werden (Gebhardt, Hitzler & Pfadenhauer, 2000, S. 12). Im Zentrum der Veranstaltung stehen besondere Sportformen, die überwiegend aus folgenden Bewegungsthemen stammen:

- Ausdauer (Cityläufe, Marathon),

- Wilderness (Snowboard, Skateboarding, Freeclimbing),

- Speed (Skatenights, Cyclassics),

- Expressivität (Love-Parades, Christopher-Street-Days),

- Teamsport (Beachvolleyball, Streetball).Zum thematischen Kern werden Erlebniselemente wie Wettkampf (Contest), Party und Productplacement hinzugefügt, wodurch die Veranstaltung zu einem unter erlebnismäßigen und ästhetischen Gesichtspunkten konstruierten Ganzen wird. Events werden wie eine Theateraufführung inszeniert. Die Akteure können sich in Szene setzen. Dazu werden Rollen übernommen, für die es teilweise klare Regelungen gibt (z. B. bei einem Wettbewerb), die teilweise aber auch nur informell festgelegt sind

(z. B. auch bei Niederlagen cool zu bleiben). Die Umgebung hat überwiegend den Charakter von Kulissen, vor denen agiert wird (z. B. asphaltierte Flächen mit Graffiti an den Wänden).

Die Teilnahme an einem Event ist freiwillig, zeitlich begrenzt und jederzeit aufkündbar, was in den Sozialwissenschaften als *Exit-Option* bezeichnet wird. Dadurch ist der Bezug zu dem Ereignis relativ offen und teilweise auch sehr unverbindlich. Während in den traditionellen, vorrangig wettkampforientierten Veranstaltungen des Sports die aktiv Beteiligten bestimmte Aufgaben und damit auch Pflichten übernehmen, sind Eventteilnehmer aktive Konsumenten, die ihre Partizipation bei Nichtgefallen unmittelbar einstellen können.

Events haben nicht unbedingt die Funktion, möglichst viele Menschen zu erreichen. Vielmehr sollen Mitglieder spezieller Szenen angesprochen werden, um emotionale Bindungen zum Ereignis herzustellen. Da Szenen nur partikulär und temporär existieren, ist es für Mitglieder von Szenen wichtig, sich der Existenz der Szene und der Zugehörigkeit zu dieser zu vergewissern. Events sind für Szenenmitglieder Plattformen zur kollektiven Selbstvergewisserung (Willems, 2000, S. 53). So bietet die Teilnahme an einem Skateboardevent die Möglichkeit der Vergewisserung, dass man trotz des überwiegend individuell durchgeführten Übens Teil der Skaterszene ist.

Durch Events sollen Szenenmitglieder emotional an Produkte gebunden werden. Beispiele sind u. a. die Unterstützung von Extremsportarten durch Red Bull, der Aufbau von Skipisten in den Innenstädten durch C&A, das Sponsoring virtuellen Skateboardings durch den Küchenhersteller Kanu, die Veranstaltung von Soccerevents von Puma, von Streetsoccerevents durch adidas, von Cagesoccerevents von Nike, das Sponsoring von Beachvolleyballturnieren von Jever-Pils, West und Liptonice sowie von Mountainbikingevents durch VW. Große Sportartikelhersteller ebenso wie Produkthersteller aus unterschiedlichsten Bereichen (Getränke, Kleidung, Autos usw.) inszenieren Events zur Produktbindung der Käufer, nutzen aber auch Events, um modische Strömungen im Sinne eines Scoutings zu beobachten (Bieber, 2000, S. 79). Die Eventisierung des Sports ist auch ein Spiegelbild der zunehmenden Verszenung des informellen Sports. Ohne Szenen keine Events. Ohne Events keine Szenen.

3.5 Leistungen

„Das ist wie Hochleistungssport, wenn du nachmittags täglich drei oder vier Stunden übst."

(Aussage eines Skaters)

Wenn Sport definiert werden kann als die Lösung von Bewegungsproblemen und zur Lösung der Probleme immer eigene Anstrengungen erforderlich sind, dann kann es einen Sport ohne Leistungen auch in informellen Gruppen nicht geben. Was sich aber offensichtlich gegenüber dem formellen Sport verändert hat, sind die Ziele der Leistungserbringung und die Bewertungen der Leistungen.

Deutsche Jugendliche geben an, dass sie an Leistungsvergleichen im Sinne der Teilnahme an Wettkämpfen nur ein geringes Interesse haben. Wenn jedoch danach gefragt wird, wie wichtig Sport für die Verbesserung der körperlichen Leistungsfähigkeit ist, dann erzielt das Sporttreiben auf einer Bewertungsskala, die von 1 bis 5 geht, den Wert 4.30 (Brettschneider & Brandl-Bredenbeck, 1997, S. 194). Das Erleben des Sichverbesserns bei sportlichen Bewegungen scheint für Kinder und Jugendliche bedeutsam für die Ermittlung der Fortschritte bei der persönlichen Entwicklung zu sein. Auffallend ist, dass im informellen Sport Leistungsanforderungen von Kindern und Jugendlichen nicht als Last verstanden werden, sondern geradezu eine Leistungslust anregen (Kleine, 1999, S. 58). Die Unmittelbarkeit der Rückmeldung motorischen Könnens oder Scheiterns ist eine verlässliche Selbstevaluation.

In vielen Sportszenen hat sich ein eigenes Leistungssystem mit eigenen Leistungskriterien entwickelt. Nicht die Leistungsmessung, wie sie im formellen Sport bestimmend ist, hat Bedeutung. Im Vordergrund stehen subjektive und ästhetische Gesichtspunkte. Beim Skateboarden sind die Beherrschung von Front- und Backloops in der Halfpipe erstrebenswert oder beim Streetball die Beherrschung verschiedener Dunkingformen. Ziele motorischer Leistungen sind nicht normierte Bewegungsformen, sondern möglichst kreative Lösungen von Bewegungsherausforderungen. So sind bei einem Streetballspiel nicht nur die erzielten Punkte bedeutsam, sondern vor allem die Art und Weise, wie diese erzielt werden. „Ein *fadeaway-jumpshot* oder ein *slamdunk* ist in den Augen der Kinder und Jugendlichen allemal mehr wert als ein simpler Korbleger und erzielt sowohl bei der eigenen Mannschaft als auch beim Gegner höhere Anerkennung" (Hasenberg & Zinnecker, 1999, S. 57).

4 Ausblick

Aneignungs- und Anwendungsprozesse, die in den Kinder- und Jugendszenen beobachtbar sind, können wichtige Anregungen und Impulse für die Gestaltung von Prozessen in Schulen und Sportvereinen bieten, auch wenn sich diese beiden Institutionen von den Organisationsformen informellen Sporttreibens erheblich unterscheiden. Um Kinder und Jugendliche besser als bisher zu erreichen, bemühen sich Schulen und Vereine verstärkt darum, Inhalte und Formen von Aneignungs- und Anwendungsprozessen aus der Lebenswelt von Kindern und Jugendlichen aufzunehmen und in ihre Angebote zu integrieren.

Themenorientierung

Zu beobachten ist, dass sich Kinder und Jugendliche Verhaltensmuster von Szenen mit Begeisterung und subversivem Eigensinn aneignen. Das Engagement ist u. a. darauf zurückzuführen, dass für die Kinder und Jugendlichen ihr

Handeln in einen Sinnzusammenhang eingebunden ist, der sich durch den als erstrebenswert erachteten Lebensstil ergibt.

Für Schulen und Vereine folgt daraus, dass bei der Behandlung von Themen Sinnzusammenhänge hergestellt werden sollten. Bei Themen wie z. B. Streetball, HipHop, Beachvolleyball sollte nicht nur die Vermittlung von Techniken im Vordergrund stehen. Vielmehr kann in Lernprozessen erlebbar und begreifbar gemacht werden, wie Bewegung, Musik, Kleidung und Verhaltensmuster eine Einheit bilden. Es bietet sich an, das Lernen im Rahmen von Projekten zu gestalten. Hinzu kommen sollte eine Öffnung des Lernens, wie dieses bei den inlineskatenden Jugendlichen beobachtbar ist. Lernen sollte sichtbar und für alle durchschaubar sein und nicht nur in Sonderbereichen, sondern vor allem auch in öffentlich leicht zugänglichen und gut einsehbaren Räumen stattfinden.

Reflexive Fehler

Kinder und Jugendliche geben Hinweise darauf, wie einfach und faszinierend Lernen sein kann, wenn zunächst die ursprünglichen Formen des Lernens im Mittelpunkt stehen. Daran sollte bei der Gestaltung von Lernprozessen angeknüpft werden. Es kann nicht um eine Methodisierung des Lernens gehen, sondern um ein gemeinsames und engagiertes Lösen von Problemen.

Problematisch ist jedoch, dass nicht alle Kinder und Jugendlichen bei diesen Formen des Lernens erfolgreich sind. Daraus folgt, dass ein gemeinsames Lernen gefördert wird, bei dem Ältere den Jüngeren, Könner den Nichtkönnern oder Erfolgreiche den weniger Erfolgreichen behilflich sind. Aus der Lernpsychologie ist bekannt, wie erfolgreich das Lernen in heterogenen Gruppen ist. Der Alltag im Sport ist häufig zu sehr dadurch geprägt, dass möglichst homogene Gruppen gebildet werden. Dadurch wird eine bedeutsame Chance zur selbstbestimmten Gestaltung von Lernprozessen vertan.

Reflexive Vorbilder

Die Sehnsucht der Kinder und Jugendlichen nach authentischen und glaubwürdigen Vorbildern sollte ernst genommen werden. Angesichts der Bedeutung reflexiver Fehler verändert sich jedoch die Funktion der Vorbilder. Diese sollten Arrangeure und Begleiter von Lernprozessen sein. In Dänemark gibt es dazu den Begriff des *Chaospiloten* (Wopp, 2001). Hierbei handelt es sich um Personen, die nicht immer alles selbst wissen und können müssen, die teilweise auch Mitlernende sind. Chaospiloten können auf Grund ihrer Erfahrungen und ihres Wissensvorsprungs Kindern und Jugendlichen beim Navigieren durch das Labyrinth der Möglichkeiten behilflich sein.

Subversiven Eigensinn fördern

Beobachtbare Aneignungs- und Anwendungsprozesse in informellen Sportgruppen sollten zum Anlass genommen werden, auch in organisierten Lern- und Übungsprozessen Eigenständigkeit und Kreativität zu fördern. Es kann nicht darum gehen, die Handelnden an vorgegebene Verhaltensmuster anzupassen. Vielmehr sollten Herausforderungen Möglichkeiten zum Finden eigenständiger Lösungen bieten.

Neue Inszenierungsformen für Veranstaltungen entwickeln

Die bei Kindern und Jugendlichen beobachtbare Begeisterung für Events sollte als Anregung genutzt werden, um über neue Veranstaltungsformen sowohl in Schulen als auch in Sportvereinen nachzudenken. Dazu kann geprüft werden, welches der thematische Kern einer Veranstaltung ist und wie dieser durch Erlebniselemente bereichert werden kann. Diese sollten nicht additiv zum thematischen Kern hinzugefügt werden, sondern im Sinne einer Gesamtinszenierung verschiedenste Fassetten eines gemeinsam Themas beinhalten.

Literatur

Bette, K.-H. (1989). *Körperspuren. Zur Semantik und Paradoxie moderner Körperlichkeit.* Berlin/New York: Springer.

Bieber, C. (2000). *Sneaker-Story. Der Zweikampf von adidas und Nike.* Frankfurt/M: Fischer Taschenbuch Verlag.

Brettschneider, W.-D. & Brandl-Bredenbeck, H. P. (1997). *Sportkultur und jugendliches Selbstkonzept.* Weinheim/München: Juventa.

Dieckert, J. & Wopp, C. (Hrsg.). (2002). *Handbuch Freizeitsport.* Schorndorf: Hofmann.

Gebhardt, W., Hitzler, R. & Pfadenhauer, M. (Hrsg.). (2000). *Events. Soziologie des Außergewöhnlichen.* Opladen: Leske + Budrich.

Hasenberg, R. & Zinnecker, J. (1999). Trainieren aus eigenem Antrieb. *Schüler,* 1999, 55-57.

Heinzlmaier, B., Großegger, B. & Zentner, M. (Hrsg.) (1999). *Jugendmarketing.* Wien/Frankfurt: Ueberreuter.

Hitzler, R., Bucher, T. & Niederbach, A. (2001). *Leben in Szenen. Formen jugendlicher Vergemeinschaftung heute.* Opladen: Leske + Budrich.

Horx, M. (1993): *Trendbuch 1.* Düsseldorf: Econ.

Hradil, S. (1999). *Soziale Ungleichheit in Deutschland.* Opladen: Leske + Budrich.

Kleine, W. (1999). Vom Hinkelkästchen zur Halfpipe. *Schüler,* 1999, 58-61.

Lamprecht, M. & Stamm, H. (1998). Vom avantgardistischen Lebensstil zur Massenfreizeit. Eine Analyse des Entwicklungsmusters von Trendsportarten. *Sportwissenschaft, 28* (3-4), 370-387.

Rusch, H. & Thiemann, F. (1998). Stefan steht nur am Rand. Wie die Industrialisierung der Kindheit scheitert. *Pädagogik, 50* (4), 42-45.

Schulze, G. (1992). *Die Erlebnisgesellschaft. Kultursoziologie der Gegenwart.* Frankfurt/M.: Campus.

Sennett, R. (1998). *Der flexible Mensch. Die Kultur des neuen Kapitalismus*. Berlin: Berlin Verlag.

Willems, H. (2000). Events. Kultur – Identität – Marketing. In W. Gebhardt, R. Hitzler & M. Pfadenhauer (Hrsg.). *Events. Soziologie des Außergewöhnlichen* (S. 51-76). Opladen: Leske + Budrich.

Wopp, C. (2001). Vom Lob des Vorbildes und des Fehlers. Bewegungslernen außerhalb der Schule. In R. Zimmer (Hrsg.), *Erziehen als Aufgabe. Sportpädagogische Reflexionen*. Festschrift anlässlich der Emeritierung von Prof. Dr. Meinhart Volkamer (S. 243-251). Schorndorf: Hofmann.

Sportengagierte, aber vereinsmüde Jugendliche? Einige Schlussfolgerungen aus Zeitreihenanalysen

Ulrike Burrmann und Jürgen Baur

1 Annahmen zum Wandel der Sportengagements nachwachsender Generationen

Der vorliegende Beitrag schließt an eine Analyse zum vereinsorganisierten Sport an (Baur & Burrmann, 2003) und führt diese im Hinblick auf die informellen Sportengagements weiter. Dabei wird in dem einen wie im anderen Fall Bezug genommen auf die von Beck (1986) ins Spiel gebrachte „Individualisierungsthese", die ihre Anhänger auch in der (sportbezogenen) Jugendforschung gefunden hat. Danach hätten sich auch im Sport Individualisierungsprozesse insofern durchgesetzt, als im Kontext vielfältiger sportlicher Alternativen Sportengagements nach ganz und gar individuellen Präferenzen entwickelt und „passend" in die individuelle Lebensführung eingebaut werden könnten. Unter dieser geläufigen individualisierungstheoretischen Perspektive lassen sich einige differenzierende Annahmen über den Wandel der Sportengagements nachwachsender Generationen begründen und mit empirischen Befunden konfrontieren. Wir beschränken uns im Folgenden auf fünf Aspekte, die unter den Etiketten Versportlichung, Deinstitutionalisierung, Multiplizierung, Erlebnisorientierung und Entstrukturierung gebündelt werden können (vgl. dazu u. a. Gebhardt, 2000; Hasenberg & Zinnecker, 1998; Schildmacher, 1998; Schulze, 1992).

Versportlichung. Mit der Pluralisierung des Sports, der Steigerung seines Variantenreichtums und seiner Variabilität und mit der daraus resultierenden Erweiterung der Optionen hinsichtlich der Wahl von Sportarten und Sportformen, von Partnerkonstellationen und sozialen Settings, der zeitlichen, räumlichen und organisatorischen Rahmung der Sportaktivitäten dürften sich die Chancen erhöht haben, dass auch die Heranwachsenden jeweils passende Formen sportlicher Betätigung finden, die sie in ihre Lebensführungen einfügen und dort mit anderen Lebensangelegenheiten weit gehend „problemlos" ausbalancieren können. Sporttreiben dürfte damit für viele Heranwachsende inzwischen zu einem selbstverständlichen Element ihres Lebensalltags geworden sein (vgl. Zinnecker, 1989; Hasenberg & Zinnecker, 1998). Im Vergleich zu heute waren dagegen die „sportlichen" Wahlmöglichkeiten früherer Generationen relativ begrenzt. Stellt man die skizzierte Erweiterung der Optionen in Rechnung, müssten Zeitreihendaten (1) eine Zunahme von Sportaktivitäten in der Freizeit anzeigen.

Deinstitutionalisierung. Institutionen scheinen gerade auch bei nachwachsenden Generationen an Legitimation und Akzeptanz einzubüßen. „Symptomatisch ist der Bedeutungsverlust des Vereins ... und der korrelative Aufstieg kommerzieller Organisationen, deren Erlebnisangebote Gemeinschaft nur noch als Randbedingung individuellen Spaßerlebens vorsehen" (Willems, 2000, S. 59). Die Vermutung liegt nahe, dass sich die Heranwachsenden auch im Sport von institutionell „verfestigten" und organisierten Formen abwenden, um auf eine unverbindlichere Art und Weise Sport zu treiben (vgl. auch Brinkhoff & Ferchhoff, 1990; Ferchhoff, 2000; Schildmacher, 1998). Demnach dürften sie sich etwa vom vereinsorganisierten Sport, der mit höheren Mitgliedschaftsverpflichtungen und Bindungserwartungen belegt ist, zunehmend distanzieren. Zugleich dürften jene variantenreichen Alternativen an Bedeutung gewinnen, denen man sich, außerhalb des vereinsorganisierten Sports und seiner „Mitmachverpflichtungen", in weniger verbindlicher Form zuwenden kann. Vor allem der informelle Sport würde sich als „individualistischer Sport" deshalb anbieten, weil die Jugendlichen ihre informellen Sportaktivitäten selbst arrangieren und flexibel in die Lebensführung integrieren können (vgl. Rittner, 1995; Schildmacher, 1998; Telschow, 2000). Anhand von Zeitreihendaten müsste sich bei den Heranwachsenden also (2) ein rückläufiger Trend in den Sportvereinsmitgliedschaften ebenso belegen lassen wie (3) eine vermehrte Beteiligung an alternativen Formen des Sports.

Multiplizierung. Das Freizeitangebot insgesamt weitet sich immer mehr aus. Es haben sich speziell auch die Sportmöglichkeiten ausdifferenziert, wobei auf die Vielschichtigkeit dieses Differenzierungsprozesses (hinsichtlich der Sinnzuschreibungen und Sportformen, der sozialen Konstellationen und Kontexte, der organisatorischen Rahmungen usw.) bereits hingewiesen wurde. Sofern die Heranwachsenden die damit gegebenen Optionen auch wahrnehmen, könnte dies u. a. dazu führen, dass dauerhaftere und „festere" Bindungen an einen einzigen Sportkontext – wie beispielsweise an einen Sportverein – immer seltener zu Stande kommen. Stattdessen ist zum einen mit kürzer dauernden und revisionsoffenen Bindungen an bestimmte Sportkontexte, also etwa mit zeitlich kürzer befristeten Sportvereinsmitgliedschaften, zu rechnen. Darüber hinaus sind auch häufigere Wechsel von Sportarten und Sportkontexten oder multiple Sportengagements in der Form, dass Heranwachsende gleichzeitig mehrere Sportarten ausüben und sich an mehreren Kontexten beteiligen, in Betracht zu ziehen. „Konzentrierte" Sportengagements dürften sich also (4) auflösen zu Gunsten von flukturierenden und/oder „verteilten" Engagements.

Erlebnisorientierung. Vor dem Hintergrund der vervielfältigten Partizipations- und Konsummöglichkeiten setze sich, so wird argumentiert, bei breiten Bevölkerungsgruppen eine neue Erlebnisrationalität durch unter dem Motto: „Erlebe dein Leben!" (Schulze, 1992, S. 59). Dabei seien Erlebnisansprüche „von der Peripherie ins Zentrum der persönlichen Werte" gerückt (Schulze, 1992, S. 59). Diese durchgängige Erlebnisorientierung leite ebenfalls die Beteiligung am Sport an, denn auch dort seien alle „auf der Suche nach neuen Erlebnissen, wollen alle in erster Linie Erlebniskonsumenten sein" (Opaschowski, 2001, S. 4). Diese Erlebnisorientierung im Sport würde in unterschiedlicher Akzentuierung in Erscheinung treten: Heranwachsende würden sich (5) vermehrt so genannten Funsportarten zuwenden (vgl. dazu auch Großegger & Heinzlmaier, 2002). Es bestehe ferner ein Trend zum „immer individuelleren Körpererleben und zur Einzigartigkeit des eigenen Körperstylings ... : Man schwitzt, man skatet und man joggt, allein, als Einzelkämpfer, und doch gemeinsam innerhalb einer Sport- und Fitness-Szene" (Frohmann, 2003, S. 147). Demnach dürften (6) vor allem solche Sportformen Verbreitung finden, die dem Muster individualisierter, selbstbezogener Körperübungen entsprechen, wie z. B. Jogging oder Bodybuilding (vgl. bereits Zinnecker, 1989). Und die Suche nach Grenzerfahrungen und „Thrill" als „Steigerung des Spaß-Motivs" (Rittner, 1995, S. 42) dürfte außerdem (7) immer mehr Jugendliche zu Risiko- und Extremsportarten wie Rafting, Extremskitouren oder Freeclimbing hinführen (vgl. auch Allmer, 1995; Schildmacher, 1998).

Entstrukturierung. Die Auflösung sozialstruktureller und sozialkultureller Verortungen im sozialen Raum darf als ein zentrales Kennzeichen individualisierter Gesellschaften gelten. Danach hätten sich Klassen-, Schicht- und Milieuverwurzelungen zunehmend aufgelöst zu Gunsten mehr oder weniger disparater, inkonsistenter, pluraler und an den Grenzen durchlässiger sozialer Lagen (z. B. Hradil, 1999). Folglich würden sich auch und gerade im Sport die in der Vergangenheit relativ deutlich ausgeprägten sozialstrukturellen Differenzierungen zunehmend verwischen, und dies gelte auch für die Sportengagements der Heranwachsenden. Nicht nur das Alter, sondern auch Geschlechtszugehörigkeit, Schulbildung oder soziale Herkunft verlören demnach (8) an Differenzierungskraft für die Sportbeteiligung der nachwachsenden Generationen. Der Zugang zum Sport wäre prinzipiell egalitär, Differenzierungen würden sich hauptsächlich über individuelle Präferenzen ergeben, die jedoch kaum mehr an sozialstrukturelle Merkmale gekoppelt wären.

2 Datengrundlage und Indikatoren

Um Anhaltspunkte zu gewinnen, ob und inwiefern sich diese individualisierungstheoretisch eingefärbten Annahmen für die Sportengagements der Heranwachsenden durch empirische Befunde stützen lassen, wird auf Zeitreihendaten zurückgegriffen, die auf der Basis vorliegender Jugend- und Jugendsportsurveys zusammengestellt wurden. Bezug genommen wird beispielsweise auf die regelmäßigen Erhebungen des Jugendwerks der Deutschen Shell („Shell-Studien"), die Bielefelder Jugendsportsurveys 1992 und 1995 und die Brandenburgischen Jugendsportsurveys 1998 und 2002.

Vorweg sind zumindest drei methodische Anmerkungen erforderlich: (1) Zeitreihenvergleiche werden dadurch erschwert, dass in den einzelnen Erhebungen unterschiedliche Frageformulierungen verwendet, auf „weichere" oder „härtere" Indikatoren zurückgegriffen und teilweise unterschiedliche Altersklassifikationen vorgenommen wurden. Diese Vorbehalte betreffen insbesondere die Daten zum informellen Sport, während relativ zuverlässige Daten zum Vereinssport vorliegen. (2) Die Daten aus den 1950er bis 1980er Jahren beziehen sich nur auf die westdeutschen Jugendlichen, während zuverlässige Daten für ostdeutsche Jugendliche erst seit den 1990er Jahren berichtet werden können. (3) Da in den vorliegenden quantitativen Erhebungen das Sportverständnis nicht eigens abgefragt wurde, muss auf das subjektive Verständnis von Sport rekurriert werden, das die Befragten ihrem Antwortverhalten zu Grunde gelegt haben.

Diese methodischen Vorbehalte sind nicht unerheblich und müssen bei der Interpretation der Befunde berücksichtigt werden. Da andere Daten jedoch nicht zur Verfügung stehen, lassen wir uns auf das Unterfangen eines derartigen Zeitreihenvergleichs ein. Dabei darf unterstellt werden, dass sich die angenommenen „Individualisierungstrends" in der Sportbeteiligung der Heranwachsenden zumindest abzeichnen müssten, falls sie sich in der sozialen Praxis durchgesetzt haben.

3 Zur These der Versportlichung

Auf den Prozess der „Versportung" moderner Gesellschaften als Moment des Zivilisationsprozesses im Sinne von Elias (1981) hat nicht zuletzt Zinnecker (1989) aufmerksam gemacht, der diesem Prozess anhand einiger Zeitreihendaten nachgeht. Wir haben die „Vorgaben" von Zinnecker aufgenommen und den Zeitreihenvergleich anhand aktuellerer Jugend(sport)surveys fortgeführt. Die Ergebnisse stützen die These von einer Versportlichung des Kindes- und Jugendalters (vgl. Tabelle 1):

- Die heutigen Jugendgenerationen beteiligen sich in ihrer Freizeit zu einem deutlich größeren Anteil am Sport als die Jugendgenerationen vor 15 oder gar vor 45 Jahren.

- Die größten Zuwächse sind bis Anfang der 1980er Jahre zu verzeichnen (von 47 % im Erhebungsjahr 1954 auf 72 % im Jahr 1984). Jedoch ist ebenfalls festzuhalten, dass die Sportbeteiligungsquoten der Mädchen ebenso wie die der Jungen auch in neuerer Zeit (zwischen 1984 und 1999) noch angewachsen sind.

Tab. 1: Sportbeteiligung von Jugendlichen in der Freizeit (ja – nein, *mindestens 1 x pro Woche). Prozentwerte.

| Erh.jahr | Region | N | Alter | Gesamt | Geschlecht | | Schulbildung | |
					männlich	weiblich	Haupt-schule	Gymna-sium
1954 (1)	West	1 493	15-24	47	60	35		
1984 (2)	West	1 472	15-24	72	75	69	67	80
1999 (2)	gesamt	4 546	15-24	81	85	76	-	-
1992 (3)*	NRW	3 630	8-19	88	89	86	86	94
1995 (4)*	NRW	3 426	13-19	88	-	-	-	-
1998 (5)*	NRW	1 565	12-16	86	-	-	-	-
1998 (6)*	BBG	2 407	13-19	85	89	82	-	-

Anmerkung: (1) Emnid-Studie (ref. in Zinnecker, 1989), (2) Jugendwerk der Deutschen Shell (1985), Deutsche Shell (2000), (3) Bielefelder Jugendsportsurvey (Kurz, Sack & Brinkhoff, 1996); (4) Bielefelder Jugendsportsurvey (Kurz & Tietjens, 2000); (5) Paderborner Längsschnitt (Brettschneider & Kleine, 2002); (6) Brandenburgischer Jugendsportsurvey (Baur & Burrmann, 2000). Keine Angaben (-).

4 Zur These der Deinstitutionalisierung

Am Beispiel des Vereinssports kann die Frage verfolgt werden, ob verbindlichere Formen der Sportbeteiligung bei den Jugendlichen an Attraktivität verlieren. Die Zeitreihendaten lassen folgende Tendenzen erkennen (vgl. Tabelle 2):

• Bis in die 1970er Jahre ist ein deutlicher Anstieg des Organisationsgrades von Jugendlichen in Sportvereinen (von 17 % im Jahre 1954 auf 35 % im Jahre 1975) zu verzeichnen. Zwar stagnieren die Werte nach den 1970er Jahren, jedoch lässt sich ein Rückgang der Organisationsgrade nicht konstatieren.

• Die Befunde zur Mitgliedschaftsdauer in einem Sportverein liefern ebenfalls keinen Anhaltspunkt für die Annahme, dass Mitgliedschaftsbeziehungen von Jugendlichen nur noch kurzzeitig und sozusagen „probeweise" eingegangen würden. Die durchschnittliche Mitgliedschaftsdauer liegt in den verschiedenen Untersuchungen (aus den 1980er und 1990er Jahren) zwischen sechs und acht Jahren für die westdeutschen Jugendlichen (vgl. Sack, 1980; Kurz, Sack & Brinkhoff, 1996; Menze-Sonneck, 2002; Brettschneider & Kleine, 2002; Baur & Braun, 2003) und zwischen fünf und sieben Jahren für die ostdeutschen Altersgleichen (vgl. Baur, Burrmann & Krysmanski, 2002; Menze-Sonneck, 2002; Baur & Braun, 2003).

Dennoch könnten sich die Heranwachsenden vermehrt im nicht vereinsorganisierten Sport engagieren, indem sie sich statt im Sportverein oder zusätzlich zum Vereinssport in alternativen Kontexten sportlich betätigen. Für diese Annahme sprechen einige Befunde, obwohl weiter reichende Vergleichsdaten hinsichtlich der Sportbeteiligung in alternativen Sportkontexten nicht vorliegen und vorhandene Daten zum Teil sehr unterschiedlich erhoben wurden:

Tab. 2: Sportvereinsmitgliedschaften von Jugendlichen. Prozentwerte.

Erh.jahr	Region	N	Alter	Ge-samt	Geschlecht		Schulbildung	
					männlich	weiblich	Haupt-schule	Gymna-sium
1954 (1)	West	1 493	15-24	17	26	9	-	-
1964 (1)	West	2 380	15-24	27	39	14	-	-
1975 (1)	West	845	15-24	35	44	26	-	-
1981 (2)	West	1 077	15-24	34	39	28	-	-
1984 (2)	West	1 472	15-24	34	38	30	27	41
1999 (2)	gesamt	4 546	15-24	35	42	28	-	-
1978 (3)	Hessen	3 600	12-18	48	57	38	39	58
1987 (4)	NRW	4 079	13-21	46	54	38	38	62
1992 (5)	NRW	2 425	13-19	40	50	29	44 / 18*	62 / 45*
1995 (6)	NRW	3 426	13-19	48	55	41	34**	70**
1998 (7)	NRW	1 565	12-16	52	60	45	38**	63**

Anmerkung: (1) Emnid-Studien (ref. in Zinnecker, 1989); (2) Jugendwerk der Deutschen Shell (1981, 1985, 1992, 2000); (3) Fluktuationsstudie (Sack, 1980); (4) Paderborner Studie (Brettschneider & Bräutigam, 1990); (5) Bielefelder Jugendsportsurvey (Kurz et al., 1996); (6) Bielefelder Jugendsportsurvey (Kurz & Tietjens, 2000); (7) Paderborner Längsschnitt (Brettschneider & Kleine, 2002). * Angaben für Jungen/Mädchen; ** Schüler der Sekundarstufe I. Keine Angaben (-).

• Die Zunahme sportaktiver Jugendlicher lässt sich vor allem in den 1980er und 1990er Jahren nicht allein auf eine vermehrte Beteiligung am vereinsorganisierten Sport zurückführen, da die Mitgliederzahlen nicht mehr so stark zugenommen haben wie die Sportbeteiligungsquoten allgemein (vgl. Tabelle 2).

• Seit Mitte der 1980er Jahre sind die Beteiligungsquoten bei den kommerziellen Sportanbietern wahrscheinlich angestiegen. Offensichtlich beteiligen sich aber auch mehr Jugendliche am informellen Sport. Während 1987 knapp ein Viertel der nordrhein-westfälischen Jugendlichen regelmäßig in der Freundesgruppe und/oder ohne Sozialpartner Sport betrieben haben, waren es im Jahre 1995 bereits 40 % bzw. 28 % (vgl. Tabelle 3).

Für viele sportaktive Jugendliche scheint nach wie vor die institutionell garantierte Beständigkeit wichtig zu sein. Informell betriebene neue Bewegungsformen würden hingegen die Neugier am Ausprobieren, Spannung, Attraktion und die Lust an der Selbstdarstellung verkörpern (Alkemeyer, 2003). Zwar lässt sich anhand der vorliegenden Daten nicht nachprüfen, ob die Heranwachsenden solche Erwartungen an den Verein bzw. an den informellen Sport richten. Eines aber wird zumindest deutlich: Viele Jugendliche können offenbar sportliche Aktivitäten in beiden Kontexten einigermaßen „problemlos" miteinander verbinden und vereinbaren.

Tab. 3: Regelmäßige Teilnahme der Jugendlichen an verschiedenen Sportkontexten (Indikator: Sporttreiben „mindestens 1 x pro Woche" oder „häufig"). Befunde von Jugendsportsurveys. Prozentwerte.

Erhebungs-jahr	Region	N	Alter	Sport-verein (%)	Kommer-ziell (%)	Freundes-gruppe (%)	Allein (%)
1987 (1)	NRW	4 200	13-21	46	12*	24	25
1992 (2)	NRW	2 425	13-19	40	18	28	45
1995 (3)	NRW	1 656	13-19	47	21	40	28
1995 (3)	BBG	1 770	13-19	27	14	24	28
1998 (4)	BBG	2 407	12-19	38	19***	40	35
2002 (5)	BBG	1 838	16	31	13	35**	40

Anmerkung: (1) Paderborner Studie (Brettschneider & Bräutigam, 1990); (2) Bielefelder Jugendsportsurvey (Kurz, et al., 1996); (3) Bielefelder Jugendsportsurvey (Kurz & Tietjens, 2000); (4) Brandenburgischer Jugendsportsurvey (Baur & Burrmann, 2000); (5) Brandenburgischer Jugendsportsurvey (Burrmann, 2003); * (nur) Tenniscenter; ** gemeinsam mit anderen, aber nicht in Organisationen; *** keine Angaben zur Häufigkeit der Sportbeteiligung.

5 Zur Multiplizierungsthese

Ob bereits vor 10 oder 20 Jahren ein Großteil der Heranwachsenden in mehreren Kontexten und in verschiedenen Sportarten zugleich sportlich aktiv war, kann auf Grund fehlender Zeitreihendaten nicht beantwortet werden. Einige Indizien sprechen jedoch für eine Auflösung „konzentrierter" zu Gunsten „verteilter" und wechselnder Engagements, und das gilt für den vereinsgebundenen wie für den nicht vereinsorganisierten Sport:

- Zeitreihendaten sprechen für eine Flexibilisierung der Sportvereinskarrieren. Sportvereinswechsel kommen bei den heutigen Jugendlichen offenbar häufiger vor als in den früheren Jugendgenerationen. Waren es in der Fluktuationsstudie 1978 (Sack, 1980) 46 % der jugendlichen Sportvereinsmitglieder, die mindestens 1 x den Verein gewechselt haben, verzeichnet der Bielefelder Jugendsportsurvey 1992 (Kurz et al., 1996) einen Anteil von 67 %.

- Zudem lässt sich für den Vereinssport ein Trend zu Mehrfachmitgliedschaften ausmachen. Während die (westdeutschen) Erhebungen in den 1960er und 1970er Jahren noch um die 20 % Mehrfachmitglieder unter den Jugendlichen verzeichnen (Artus, 1974; Sack, 1980), liegen die Anteile der Mehrfachmitglieder in den 1990er Jahren deutlich über der 30 %-Marke (Kurz et al., 1996).

• Nicht nur die Mehrfachmitgliedschaften, sondern auch die Mehrfachengagements generell scheinen zugenommen zu haben. Die Daten des Brandenburgischen Jugendsportsurveys 2002 dokumentieren, dass die Mehrzahl der sportaktiven Jugendlichen (60 %) zugleich in mehreren sozialen Kontexten Sport treibt. Am Beispiel des informellen Sports: Nur 28 % der sportaktiven 16-Jährigen sind ausschließlich im informellen Rahmen – mit anderen zusammen oder allein – sportlich aktiv. Zu diesen kommen noch mal 56 % hinzu, die sich nicht nur im informellen Sport, sondern zugleich auch in einem oder in mehreren anderen Sportkontexten engagieren.

• Auf eine Zunahme von Mehrfachengagements deutet auch die Anzahl der ausgeübten Sportarten hin. 1954 nennen Sport treibende Jugendliche im Durchschnitt 1.3 Sportarten und 1984 2.0 Sportarten, die sie außerhalb der Schule betreiben (Zinnecker, 1987). Im Jahr 1992 hat sich die Zahl der Sportarten auf durchschnittlich 3.2 erhöht (Brinkhoff, 1998; vgl. auch Baur & Burrmann in diesem Band) – und das, obwohl die Vereinssportarten nicht mehr, wie in den Jahren zuvor, in die Rechnung einbezogen wurden.

Die Zunahme von Mehrfachengagements und die Flexibilisierung der Sport-(vereins)karrieren lässt sich mit den erweiterten Optionen im Sport plausibel in Verbindung bringen: Die breiter ausgelegten Sportprogramme einer immer noch wachsenden Zahl von Sportvereinen (vgl. dazu Baur & Brettschneider, 1994; Kurz et al., 1996) und die vielfältigen Sportangebote außerhalb der Vereine eröffnen den heutigen Heranwachsenden erheblich größere Wahlmöglichkeiten als früheren Jugendgenerationen. Die heutigen Jugendlichen scheinen diese erweiterten Optionen zu nutzen, um die von ihnen bevorzugten Sportaktivitäten zu praktizieren, wobei sich deren Sportpräferenzen im Verlauf der Sportkarriere offensichtlich auch verschieben. Ob sich damit aber der so genannte „Sporthopper" als neuer Typus des sportengagierten Jugendlichen durchsetzt, erscheint zumindest fraglich. Denn es ist ebenfalls in Betracht zu ziehen, dass trotz Mehrfachengagements und Flexibilisierung von Sportkarrieren dauerhaftere Bindungen an bestimmte Sportkontexte (wie etwa die Dauer von Sportvereinsmitgliedschaften belegt) oder Sportarten nicht selten vorkommen dürften (vgl. Baur & Burrmann, 2003).

6   Zur These der Erlebnisorientierung

Ob heutige Jugendliche ihrem Sporttreiben andere Motive zu Grunde legen als frühere Generationen, kann wiederum auf Grund fehlender Zeitreihendaten nicht verfolgt werden. Der These von der Erlebnisorientierung im Sport kann aber wenigstens anhand der bevorzugten Sportarten nachgegangen werden, wobei zu erwarten wäre, dass die heutigen Heranwachsenden vermehrt solche Sportformen wählen, die „Fun", individualisierte Arbeit am Körper (als Fitnesstraining oder Körperbildung) und „Risk" versprechen.[1] Vorliegende Zeitreihendaten lassen zwar eine weitere Ausdifferenzierung der Sportarten und Sportformen erkennen: Um den Kern der traditionellen Sportarten lagert sich ein variantenreicher Kranz von Sportformen an, der sich ständig modisch erweitert. Es zeichnet sich aber kein dramatischer Wandel in den präferierten Sportaktivitäten ab. Alles in allem scheint sich der von Zinnecker (1989) beschriebene Trend fortzusetzen (vgl. Tabelle 4):

- Fußball, Schwimmen und Rad fahren gehören nach wie vor zu den Sportarten mit den höchsten Beteiligungsquoten. Hinzu gekommen sind neue Mannschaftssportarten wie Streetball, Beachvolleyball, Streetsoccer, die aus traditionellen Sportarten entstanden sind, einen geringen organisatorischen Aufwand erfordern und geringe Reglementierungen aufweisen.

- Andere traditionelle Bewegungsformen (z. B. Rad fahren, Rollschuhfahren) werden mit neuen Geräten reaktualisiert (Mountainbiking, Skateboarding, Inlineskating) und erzielen teilweise enorme Zuwachsraten, wie man am Radfahren und dessen Varianten erkennen kann.

- Der von Zinnecker (1989) beobachtete Trend der Zunahme von Sportarten, „die dem Muster individualisierter, selbstbezogener Körperübungen entsprechen" (S. 148), scheint sich fortzusetzen. Das Sporttreiben richtet sich auf den eigenen Körper und dessen Leistungsfähigkeit, auf Fitness, Gesundheit und ästhetische Modellierung, und dies gilt nicht nur für die Mädchen, sondern zunehmend auch für die Jungen. Zwar weisen Jogging, Aerobic, Bodybuilding oder Fitnesstraining nicht mehr so große Zuwachsraten auf wie noch in den Jahren 1954 und 1984, dennoch bleiben die Beteiligungsquoten in den letzten Jahren recht stabil.

- Immer mehr Jugendliche scheinen sich zwar für risikoreichere und extremere Sportarten zu interessieren. Dennoch sind die Beteiligungsquoten im Vergleich zu anderen Sportarten sehr gering. Am Beispiel des Brandenburgischen Jugendsportsurveys von 1998 wird die Diskrepanz zwischen betriebener und gewünschter Sportart deutlich (vgl. Baur & Burrmann, 2000): Die Beteiligungsquoten beispielsweise für Drachenfliegen, Bungeejumping, Klettern oder Rafting liegen jeweils unter einem Prozent. Deutlich mehr Jugend-

---

[1] Auch in dieser Analyse müssen die Daten vorsichtig interpretiert werden, da in den Erhebungen von 1954 und 1984 nach den Sportarten in der Freizeit gefragt wurde und dabei die im Verein betriebenen Sportarten mitenthalten sind. Erst in den neueren Studien erfolgte eine getrennte Erhebung der innerhalb und außerhalb der Vereine betriebenen Sportarten. Damit dürften die in Tabelle 4 verzeichneten Daten für die Jahre 1992 und 1998 die Beteiligungsquoten in den „traditionellen Vereinssportarten" unter- und die in den nicht vereinsgebundenen, „neuen" Sportarten überschätzen.

liche benennen die Sportarten jedoch als eine ihrer Wunschsportarten (10 % Bungeejumping, je 5 % Klettern bzw. Rafting, 3 % Drachenfliegen).

Tab. 4: Von den Jugendlichen ausgeübte Sportarten in der Freizeit (*ohne Sportverein). Prozentwerte. Mehrfachantworten möglich.

Sportart	1954 (1) 15-24 Jahre N = 1. 493			1984 (2) 15-24 Jahre N = 1. 472			1992 (3)* 13-19 Jahre N = 2. 425			1998 (4)* 13-19 Jahre N = 2. 407		
	g	m	w	g	m	w	g	m	w	g	m	w
Fußball/Straßenfußball	13	26	0	16	31	3	29	49	10	26	47	8
Handball	3	4	2	4	5	3	2	2	2	2	3	2
Volleyball	-	-	-	7	7	7	8	8	8	13	6	19
Basketball/Streetball	-	-	-	2	2	2	12	19	5	17	23	12
Schwimmen	13	13	15	20	16	24	52	42	62	12	5	18
Surfen	-	-	-	3	4	2	2	2	3	<1	1	<1
Turnen	7	4	9	3	1	5	<1	<1	<1	<1	<1	1
Gymnastik/Aerobic	-	-	-	8	1	15	7	1	14	6	1	10
(Turnier-)Tanzen/Jazztanz	-	-	-	5	0	9	12	4	20	4	<1	7
Leichtathletik	5	7	4	3	4	2	1	1	1	3	2	4
Fitnesstraining	-	-	-	2	2	3	2	1	2	10	6	13
Jogging/Laufen	-	-	-	21	20	21	24	22	27	4	1	6
Tennis	-	-	-	7	8	7	18	23	13	3	2	3
Tischtennis	8	8	7	4	6	2	20	30	10	11	13	9
Squash	-	-	-	5	6	4	5	5	5	<1	<1	<1
Federball/Badminton	-	-	-	2	1	2	16	12	20	3	1	5
Rollschuhfahren/Skaten	-	-	-	1	1	1	8	7	10	12	8	16
Skilauf/Snowboarding	4	4	3	6	6	7	3	3	4	1	1	<1
Radsport/Mountainbiking	3	3	3	12	11	14	59	55	62	43	38	47
Motorsport	2	3	0	1	2	0	-	-	-	<1	<1	<1
Boxen/Ringen/Gewichtheben	1	2	0	1	2	0	-	-	-	2	3	<1
Judo/Karate	-	-	-	2	3	2	-	-	-	2	2	1
Bodybuilding	-	-	-	5	6	3	3	5	2	2	4	<1
Reitsport	1	1	0	3	1	6	8	2	14	5	1	8

Anmerkung: (1) Emnid-Studie (ref. in Zinnecker, 1987); (2) Shell-Studie (ref. in Zinnecker, 1987); (3) Bielefelder Jugendsportsurvey (Brinkhoff, 1998); (4) Brandenburgischer Jugendsportsurvey (Baur & Burrmann, 2000).

7   Zur Entstrukturierungsthese

Die Annahme ist plausibel: Mit der Pluralisierung des Sports und den daraus resultierenden erweiterten Wahlmöglichkeiten würden die Zugangschancen zum Sport steigen und dürfte die Wahrscheinlichkeit zunehmen, dass jeder Einzelne „passende" Sportaktivitäten findet – zumal sich manche Sportmöglichkeiten, wie etwa der informelle Sport, durch niedrigere Zugangsbarrieren, Variantenreichtum und hohe Variabilität auszeichnen (vgl. auch Baur & Burrmann, in diesem Band). Damit aber, so ist weiter anzunehmen, können alle den Zugang zum Sport und zu den ihnen geeignet erscheinenden Sportformen finden, weshalb sich sozialstrukturelle und -kulturelle Differenzen in der Sportbeteiligung zunehmend einebnen würden. Nimmt man exemplarisch auf die sozialstrukturellen Merkmale Geschlecht und Schulbildung Bezug, lässt sich Folgendes konstatieren:

- Bildungsunterschiede in der allgemeinen Sportbeteiligung scheinen sich zwar über die Zeit hinweg etwas verringert zu haben. Dies dürfte aber vor allem auf das vereinsungebundene Sporttreiben zurückzuführen sein, denn beim vereinsorganisierten Sport zeigen sich nach wie vor gravierende Differenzen zwischen den Haupt- und Gymnasialschülern (vgl. schon Tabellen 1 und 2).

- Auch bei den Sportarten scheinen nach wie vor bildungstypische Unterschiede u. a. derart zu bestehen, dass Hauptschüler häufiger als Gymnasialschüler Spielsportarten wie Fußball und Handball ausüben (Endrikat, 2000; vgl. bereits Befunde des Jugendwerks der Deutschen Shell, 1985; zusammenfassend Thiel & Cachay, 2003).

Tab. 5: Informelles Sporttreiben der 13- bis 19-jährigen Jugendlichen (mindestens 1 x pro Woche). Bielefelder Jugendsportsurvey 1992 (Brinkhoff, 1998; Kurz, et al., 1996). Prozentwerte.

Informelle Sportgelegenheiten	Gesamt	Geschlecht		Schulbildung	
		männlich	weiblich	Hauptschule	Gymnasium
Mit den Eltern	7	7	7	5	10
Mit den Geschwistern	14	13	15	14	16
Mit Freund		56	21	53 / 22*	60 / 17
Mit Freundin		14	41	17 / 37 *	12 / 48
In der Freundesgruppe	28	36	21	27	31
Allein	45	47	43	43	49

Anmerkung: * Angaben für Jungen/Mädchen.

- Die Geschlechterdifferenzen in der Sportbeteiligung zu Ungunsten der Mädchen sind heute weniger stark ausgeprägt als noch in den 1950er Jahren (vgl. Tabelle 1). Verringert haben sich ebenfalls die Unterschiede in den Sportvereinsmitgliedschaften. Dennoch treiben nach wie vor deutlich weniger Mädchen (28 %) als Jungen (42 %) vereinsgebunden Sport (Deutsche Shell, 2000; vgl. Tabelle 2).

- Auf den ersten Blick unterscheiden sich die Beteiligungsquoten von Mädchen und Jungen am informellen Sport kaum. Deutlichere Differenzen werden sichtbar, wenn man die Sportpartner und Orte betrachtet. Beispielsweise sind Jungen häufiger in der Freundesgruppe und Mädchen eher allein sportlich aktiv (vgl. Tabelle 5; Baur, Burrmann & Krysmanski, 2002; Kurz et al., 1996; Tietjens, 2001).

- Nach wie vor sind geschlechtertypische Unterschiede in der Wahl der Sportarten zu beobachten, wobei sie sich in einigen Sportarten eher noch vergrößert haben (Tennis, Tischtennis und Basketball zu Gunsten der Jungen; Radsport, Schwimmen und Reitsport zu Gunsten der Mädchen). Geschlechtertypische Differenzen werden auch bei den vornehmlich informell betriebenen Sportformen beobachtet. Während z. B. beim Streetball und Streetsoccer, Skateboarding und BMX männliche Jugendliche deutlich überrepräsentiert sind, beteiligen sich überproportional viele weibliche Altersgleiche an den Varianten des Fitnesssports und an den verschiedenen Körperbildungsprogrammen (vgl. im Überblick Schwier, 2003b).

Entstrukturierungstendenzen lassen sich mithin auch in der Sportbeteiligung der Heranwachsenden erkennen, wenn man z. B. die geschlechter- und bildungstypische Entwicklung in Zeitreihen betrachtet. Diese Entstrukturierungstendenzen haben jedoch nicht zu einer Auflösung sozialstruktureller Differenzen geführt, denn die Sportengagements der heutigen Jugendlichen werden nach wie vor durch Merkmale ihrer Lebenslage eingefärbt. Dies betrifft auch den informellen Sport, der auf den ersten Blick offener und freier zugänglich wirkt als der Vereinssport (vgl. Alkemeyer, 2003; Menze-Sonneck, in diesem Band). Insbesondere Mädchen scheinen an den neueren informellen Sportpraktiken – und das gilt insbesondere für die spielerischen Formen – weniger zu partizipieren als Jungen. Mädchen haben „offenbar weniger Interesse daran, sich auf öffentlichen Plätzen (spektakulär) vor anderen in Szene zu setzen. Sie haben heute weitaus größere Möglichkeiten, aus Privaträumen herauszutreten als in früheren Zeiten, aber sie bevorzugen ... institutionalisierte öffentliche Räume wie Sportanlagen, Vereine, Musik- und Ballettschulen und halten sich weniger als Jungen in öffentlichen Freiräumen auf" (Alkemeyer, 2003, S. 311, unter Verweis auf Nissen, 2001).

9 Fazit

Zeitreihendaten deuten darauf hin, dass der Anteil sportaktiver Jugendlicher weiter angewachsen ist. Sport stellt mehr denn je ein wichtiges Element in der Lebensführung vieler Heranwachsender dar. Die Befunde liefern keine Hinweise darauf, dass sich die heutigen Jugendlichen dabei vermehrt aus dem Vereinssport mit seinen höheren Verbindlichkeiten zurückziehen würden, um sich stattdessen dem weniger verbindlichen informellen Sport zuzuwenden. Jedoch spricht einiges für eine zunehmende Flexibilisierung der Sportkarrieren von Heranwachsenden. Das Spezifische der neuen Sportkultur besteht offensichtlich in der Unübersichtlichkeit und Widersprüchlichkeit von (gleichzeitig auftretenden) Werten, Einstellungen und Handlungsmustern (vgl. bereits Heinemann, 1989). Auf der einen Seite gehen viele Jugendliche nach wie vor langfristige Bindungen an einen Sportverein ein; auf der anderen Seite werden (gleichzeitig) weniger verbindliche Gelegenheiten im informellen Sport sehr rege wahrgenommen. Einerseits zeigen sich im Zeitverlauf deutliche Zugewinne in der Sportbeteiligung insbesondere von Mädchen und jungen Frauen sowie von Haupt- und Realschülern; andererseits scheinen in bestimmten Sportarten und Sportformen geschlechter- und bildungstypische Unterschiede immer noch deutlich hervorzutreten – und zwar nicht nur im vereinsorganisierten, sondern abgeschwächt auch im informellen Sport.

Eine methodische Anmerkung zum Abschluss: Möglicherweise mangelt es den Zeitreihenanalysen an „Tiefenschärfe", weshalb sie jene strukturellen und sozialen Veränderungen analytisch gar nicht erreichen, die sich sozusagen unter der Oberfläche vollziehen, aber gleichwohl einen möglicherweise tief greifenden Wandel der Sportengagements implizieren. Dies mag ein Nachteil der quantitativen Jugendforschung sein: „Das, was als Jugendphänomen öffentlich in die Aufmerksamkeit gerät, ist offenbar nicht das, was in den repräsentativen Untersuchungen durchschlägt" (Eckert, 2003, S. 46). Zur Untersuchung neuer Sportszenen dürften sich qualitative Forschungsmethoden anbieten, die jedoch meist auf verallgemeinernde Aussagen verzichten (müssen) und bei denen die Gefahr besteht, dass der Ausnahmefall zum Normalfall stilisiert wird: „Ein Kommunikationssystem funktioniert nach dem Prinzip, dass Abweichungen verstärkt wahrgenommen werden. Nachrichtenswert ist nicht die Regel, sondern die Abweichung, während unsere Repräsentativuntersuchungen gerade das regelmäßige Verhalten wiedergeben" (Eckert, 2003, S. 47). Wenn es gelingen würde, qualitative Untersuchungen von informellen Sportszenen mit quantitativen Jugendsportsurveys zu verbinden, wäre es vielleicht möglich, Entwicklungstrends frühzeitig zu erkennen und besser einschätzen zu können.

Literatur

Alkemeyer, T. (2003). Zwischen Verein und Straßenspiel. Über die Verkörperungen gesellschaftlichen Wandels in den Sportpraktiken der Jugendkultur. In H. Hengst & H. Kelle (Hrsg.), *Kinder – Körper – Identitäten* (S. 293-318). Weinheim: Juventa.

Allmer, H. (1995). No risk – no fun – Zur psychologischen Erklärung von Extrem- und Risikosport. In H. Allmer & N. Schulz (Hrsg.), *Erlebnissport – Erlebnis Sport* (S. 60-90). Sankt Augustin: Academia Verlag.

Artus, H.-G. (1974). *Jugend und Freizeitsport. Ergebnisse einer Befragung. Daten – Fakten – Analysen*. Gießen: Achenbach.

Baur, J. & Brettschneider, W.-D. (1994). *Der Sportverein und seine Jugendlichen*. Aachen: Meyer & Meyer.

Baur, J. & Braun, S. (Hrsg.). (2003). *Integrationsleistungen von Sportvereinen als Freiwilligenorganisationen*. Aachen: Meyer & Meyer.

Baur, J. & Burrmann, U. (2000). *Unerforschtes Land: Jugendsport in ländlichen Regionen*. Aachen: Meyer & Meyer.

Baur, J. & Burrmann, U. (2003). Der jugendliche Sporthopper als „moderne" Sozialfigur? In J. Baur & S. Braun (Hrsg.), *Integrationsleistungen von Sportvereinen als Freiwilligenorganisationen* (S. 549-883). Aachen: Meyer & Meyer.

Baur, J. & Burrmann, U. (in Druck). Verbreitet sich das „Stubenhocker-Phänomen"? *ZSE*.

Baur, J., Burrmann, U. & Krysmanski, K. (2002). *Sportpartizipation von Mädchen und jungen Frauen in ländlichen Regionen*. Köln: Sport und Buch Strauß.

Beck, U. (1986). *Risikogesellschaft. Auf dem Weg in eine andere Moderne*. Frankfurt/M.: Suhrkamp.

Brettschneider, W.-D. & Bräutigam, M. (1990). *Sport in der Alltagswelt von Jugendlichen*. Frechen: Ritterbach.

Brettschneider, W.-D. & Kleine, T. (2002). *Jugendarbeit in Sportvereinen: Anspruch und Wirklichkeit*. Schorndorf: Hofmann.

Brinkhoff, K.-P. (1998). *Sport und Sozialisation im Jugendalter*. Weinheim: Juventa.

Brinkhoff, K.-P. & Ferchhoff, W. (1990). Jugend und Sport. Zur Karriere einer offenen Zweierbeziehung. In W. Heitmeyer & T. Olk (Hrsg.), *Individualisierung von Jugend* (S.99-129). Weinheim: Juventa.

Burrmann, U. (2003). *Methodenbericht zum Brandenburgischen* Längsschnitt. Unveröffentlichtes Manuskript. Universität Potsdam.

Deutsche Shell (Hrsg.). (2000). *Jugend 2000. 13. Shell–Jugendstudie. Band 1 und 2*. Opladen: Leske + Budrich.

Eckert, R. (2003). Orientierung oder Desinformation? In J. Mansel, H. M. Griese & A. Scherr (Hrsg.), *Theoriedefizite der Jugendforschung* (S. 41-48). Weinheim: Juventa.

Elias, N. (1981 [1939]). *Über den Prozeß der Zivilisation. Soziogenetische und psychogenetische Untersuchungen*. Frankfurt am Main: Suhrkamp.

Endrikat, K. (2000). *Jugend, Identität und sportliches Engagement*. Unveröffentlichte Dissertation. Universität Bielefeld.

Ferchhoff, W. (2000). Eventmarketing in sportorientierten Jugendszenen. Der gesellschaftliche Zusammenhang von Jugend und Sport. In W. Gebhardt, R. Hitzler & M. Pfadenhauer (Hrsg.), *Events: Soziologie des Außergewöhnlichen* (S. 325-342). Opladen: Leske + Budrich.

Frohmann, M. (2003). Aspekte einer körperbezogenen Jugendsoziologie. Jugend – Körper – Mode. In J. Mansel, H. M. Griese & A. Scherr (Hrsg.), *Theoriedefizite der Jugendforschung* (S. 144-156). Weinheim: Juventa.

Gebhardt, W. (2000). Feste, Feiern und Events. Zur Soziologie des Außergewöhnlichen. In W. Gebhardt, R. Hitzler & M. Pfadenhauer (Hrsg.), *Events: Soziologie des Außergewöhnlichen* (S. 17-31). Opladen: Leske + Budrich.

Großegger, B. & Heinzlmaier, B. (2002). *Jugendkultur Guide*. Wien: öbv & hpt.

Hasenberg, R. & Zinnecker, J. (1998). Sportive Kindheiten. In J. Zinnecker & R. K. Silbereisen, *Kindheit in Deutschland. Aktueller Survey über Kinder und ihre Eltern* (S. 105-136). Weinheim: Juventa.

Heinemann, K. (1989). Der „Nicht-sportliche" Sport. In K. Dietrich & K. Heinemann, *Der nicht-sportliche Sport* (S. 11-28). Schorndorf: Hofmann.

Hradil, S. (1999). *Soziale Ungleichheit in Deutschland* (7. Aufl.). Opladen: Leske + Budrich.

Jugendwerk der Deutschen Shell (Hrsg.). (1981). *Jugend '81. Lebensentwürfe, Alltagskulturen, Zukunftsbilder. Band 1*. Hamburg: Deutsche Shell.

Jugendwerk der Deutschen Shell (Hrsg.). (1985). *Jugendliche und Erwachsene '85. Generationen im Vergleich. Band 1 bis 5*. Opladen: Leske + Budrich.

Jugendwerk der Deutschen Shell (Hrsg.). (1992). *Jugend '92. Lebenslagen, Orientierungen und Entwicklungsperspektiven im vereinigten Deutschland. Band 1 bis 4*. Opladen: Leske + Budrich.

Kurz, D., Sack, H.-G. & Brinkhoff, K.-P. (1996). *Kindheit, Jugend und Sport in Nordrhein-Westfalen. Der Sportverein und seine Leistungen*. Düsseldorf: Moll.

Kurz, D. & Tietjens, M. (2000). Das Sport- und Vereinsengagement der Jugendlichen. *Sportwissenschaft, 30*, 384-407.

Menze-Sonneck, A. (2002). Zwischen Einfalt und Vielfalt. Die Sportvereinskarrieren weiblicher und männlicher Jugendlicher in Brandenburg und Nordrhein-Westfalen. *Sportwissenschaft, 32*, 147-169.

Nagel, M. (2003). *Soziale Ungleichheiten im Sport*. Aachen: Meyer & Meyer.

Nissen, U. (2001). Geschlechtsspezifische Raumsozialisation von Kindern als Einübung in politische Partizipation. In G. Sturm, C. Schachtner, R. Rausch & K. Maltry (Hrsg.), *Zukunfts(t)räume. Geschlechterverhältnisse im Globalisierungsprozess* (S. 22-37). Königstein/Ts.: Helmer.

Opaschowski, H.-W. (2001). *Show, Sponsoren und Spektakel – Breitensport und Zuschauersport*. [elektronische Version]. Verfügbar unter: http://www.medienrezeption.de/foren/ TV_3sat/2001/Opaschowski(F4).pdf [letzter Zugriff am 9. 4. 2002].

Rittner, V. (1995). Sport in der Erlebnisgesellschaft. In H. Allmer & N. Schulz (Hrsg.), *Erlebnissport – Erlebnis Sport* (S. 28-45). Sankt Augustin: Academia Verlag.

Sack, H.-G. (1980). *Die Fluktuation Jugendlicher in Sportvereinen. Teil I und II*. Frankfurt am Main: Deutsche Sportjugend.

Schildmacher, A. (1998). Trends und Moden im Sport. *dvs-Informationen, 13* (2), 14-19.

Schulze, G. (1992). *Die Erlebnisgesellschaft. Kultursoziologie der Gegenwart*. Frankfurt am Main: Campus.

Schwier, J. (2003a). *Sport und Individualisierung* [elektronische Version]. Verfügbar unter: http://www.uni-giessen.de/g51039/vorlesungX.htm [letzter Zugriff am 20.01.2003].

Schwier, J. (2003b). Trendsportarten und ihre mediale Inszenierung. In W. Schmidt, I. Hartmann-Tews & W.-D. Brettschneider (Hrsg.), *Erster Deutscher Kinder- und Jugendsportbericht* (S. 189-209). Schorndorf: Hofmann.

Telschow, S. (2000). *Informelle Sportengagements Jugendlicher*. Köln: Sport und Buch Strauß.

Tietjens, M. (2001). *Sportliches Engagement und sozialer Rückhalt im Jugendalter*. Lengerich: Pabst.

Thiel, A. & K. Cachay (2003). Soziale Ungleichheit im Sport. In W. Schmidt, I. Hartmann-Tews & W.-D. Brettschneider (Hrsg.), *Erster Deutscher Kinder- und Jugendsportbericht* (S. 275-295). Schorndorf: Hofmann.

Willems, H. (2000). Events: Kultur – Identität – Marketing. W. Gebhardt, R. Hitzler & M. Pfadenhauer (Hrsg.), *Events: Soziologie des Außergewöhnlichen* (S. 51-73). Opladen: Leske + Budrich.

Zinnecker, J. (1987). *Jugendkultur 1940-1985*. Opladen: Leske + Budrich.

Zinnecker, J. (1989). Die Versportung jugendlicher Körper. In W.-D. Brettschneider, J. Baur
& M. Bräutigam (Hrsg.), *Sport im Alltag von Jugendlichen* (S. 133-149). Schorndorf:
Hofmann.

Sportpolitik für Kinder und Jugendliche – zum Problem der Politikfähigkeit

Volker Rittner

1 Einleitung

Informelle Sport- und Bewegungsaktivitäten finden zunächst – per definitionem – außerhalb des Gestaltungsanspruchs und der Interessenwahrnehmung von Organisationen und Institutionen statt. Sie sind Bestandteil familiärer Kontexte, ergeben sich in Peergroups und unterschiedlichen Freizeitsituationen sowie in variierenden geografischen Bezügen der Nahumwelt, der jeweiligen Nachbarschaft bzw. der konkreten Gegebenheiten von Gemeinden und Kommunen. Häufig haben sie sporadischen Charakter und begnügen sich, was die Infrastruktur betrifft, mit den vorfindbaren Umständen und Gelegenheiten. Wenn überhaupt, dann sind sie in Mikrostrukturen organisiert. Dies wirft das Problem auf, dass es zunächst keinen „natürlichen" Akteur gibt, der ihre Interessen wahrnimmt und artikuliert. Wo aber kein Akteur ist, dort kann es wiederum keine zielgerichtete Politik und mithin auch kein ausgeprägtes Bewusstsein für Politikfähigkeit geben, so könnte argumentiert werden. Damit stellt sich die Frage, inwieweit das Thema der Politikfähigkeit im Bereich der informellen Sportaktivitäten überhaupt sinnvoll gestellt ist.

Nimmt man einzelne Initiativen als charakteristische (lockere) Organisationsform von informellen Sportaktivitäten in Augenschein, so gibt es zwar durchaus wichtige und weiterführende Ansätze einer Sportpolitik für Kinder und Jugendliche, aber diese sind weit gehend auf den Geltungsbereich von Stadtteilen und Kommunen beschränkt (vgl. z. B. Dietrich, 2001 sowie die Zusammenstellung von Models of good Practice bei Schemel & Strasdas, 1998; Rittner & Breuer, 1999). Richtig ist weiterhin, dass es auch bei den kommunalen Sportverwaltungen, d. h. primär Sportämtern, erste Ansätze gibt, eine über die Sportorganisationen hinausgehende Sportpolitik für Kinder und Jugendliche zu machen (erkennbar in den Angeboten vieler Städte, z. B. München, Berlin, Karlsruhe). Aber auch in diesem Bereich haben die Versuche eher tentativen Charakter und zeichnen sich, bei allen Verdiensten, durch ein inkrementelles Vorgehen aus. Ein explizites Bewusstsein dafür, dass für diesen Bereich eine spezielle Sportpolitik zu gestalten wäre und dass es um Leistungen der Politikfähigkeit geht, ist allenfalls in ersten Ansätzen vorhanden. Für die informellen Sportaktivitäten gilt danach erst recht, was auch für die organisierten Sportaktivitäten mit ihrer besseren politischen Vertretung insgesamt zutrifft: Eine systematische kommunale Sportpolitik ist noch Desiderat.

Wo keine Interessen übergreifend formuliert werden, findet sich auch kein Anwalt. Zu konstatieren ist somit zunächst, dass es gegenwärtig keine systematische und grundlegende Auseinandersetzung mit dem Problem gibt. Vor diesem ernüchternden Hintergrund sollen aber gleichwohl insbesondere zwei Fragen verfolgt werden:

1. Gibt es unter dem Thema der Politikfähigkeit überhaupt eine seriöse Beschäftigung mit informellen Sportaktivitäten von Kindern und Jugendlichen, die über Einzelfälle hinausgeht? Hierbei geht es um konzeptionelle Grundlagen der Politikfähigkeit.

2. Wenn ja, gibt es auch Belege und Dokumente für eine konkrete Wahrnehmung der Interessen des informellen Sports bzw. auf welche Weise zeigen sich in praktischen Gestaltungsmaßnahmen Grade der Politikfähigkeit?

Im Folgenden soll gezeigt werden, dass es gegenwärtig am ehesten die Sportorganisationen des Deutschen Sportbundes (DSB) sind, die als Sachwalter des unorganisierten Sports auftreten, also jene Institutionen, die mit dem organisierten Sport zunächst den Gegenpart bzw. das Gegenbild zu den informellen Sportaktivitäten darstellen. Verantwortlich dafür ist der von den Sportorganisationen traditionell reklamierte Gemeinwohlbezug (Rittner & Breuer, 2000). Mit ihm kommt die Situation des gesamten Sports in den Blick, d. h. eine Zuständigkeit über den reinen Vereins- und Verbandssport hinaus.

2 Vorgehen

Die Ausführungen erfolgen in zwei Schritten:

- In einem ersten Schritt sind – im Sinne der Implementationsforschung (Jansen-Schulze, 1997) – das Selbstverständnis, die Zielsetzungen und die Problemwahrnehmungen der einschlägigen Sportorganisationen Gegenstand der Betrachtung. Sie sind zweifellos die zentrale Grundlage des politischen Handelns und der Politikfähigkeit. Analysiert werden primär Positionspapiere sowie Arbeitshilfen und Statements der Deutschen Sportjugend (dsj), d. h. Dokumente jener Dachorganisation, die sowohl für die organisierten Kinder und Jugendlichen in den Sportvereinen als auch für die Aktivitäten im informell-unorganisierten Bereich eine allgemeine Zuständigkeit reklamiert. Ergänzend hinzugezogen werden fallweise Programme und Dokumente anderer Dachverbände (DSB, Sportjugenden der Landessportbünde) mit eigenen Akzentsetzungen.

- In einem zweiten Schritt soll am Beispiel der sozialen Initiativen im Jugendsport geprüft werden, in welchem Maße in den Sportorganisationen Konzepte, Instrumente und Verfahrensweisen verfügbar sind, um entsprechenden Ansprüchen einer sportbezogenen Politik für Kinder und Jugendliche zu genügen. Gesichtspunkte der Programmimplementation sowie die Registrierung der Programmwirkung rücken in den Vordergrund. Dabei ist von vornherein ersichtlich, dass nur ein schmaler Ausschnitt der Problematik der Politikfähigkeit der Sportakteure beleuchtet werden kann.

3   Problemartikulation und Zieldefinitionen

Folgende Kriterien bzw. Fragen von Politikfähigkeit werden im Bereich der Problemartikulation sowie Zieldefinitionen verfolgt: (1) Existiert ein explizites Bekenntnis zur Wahrnehmung eines allgemeinen gesellschaftspolitischen Mandats? (2) Welche Bedeutung haben sportübergreifende Gesichtspunkte, speziell die Lebensweltperspektive und der Sozialraumbezug? (3) Inwieweit ist der Netzwerkgedanke ausgeprägt? Von den skizzierten Bereichen, so wie sie sich insbesondere in der Jugendhilfeforschung aber auch in den Präventionsstrategien der Gesundheitsförderung bewährt haben, kann angenommen werden, dass sie wichtige Voraussetzungen einer Interessenwahrnehmung informeller Sportaktivitäten darstellen. In dem Maße, als sie berücksichtigt werden, kann man davon ausgehen, dass es Chancen gibt, dass die Notwendigkeit geeigneter Voraussetzungen für informelle Sportaktivitäten in den sozialräumlichen Szenarien der Kommunen und Gemeinden erkannt wird.

3.1 Wahrnehmung eines allgemeinen gesellschaftspolitischen Mandats

Ein explizites Bekenntnis zu einem allgemeinen kinder- und jugendpolitischen Mandat sowie der Vertretungsanspruch für die „Bedürfnisse und Anliegen aller sporttreibenden jungen Menschen" findet sich in diversen Positionspapieren der Sportorganisationen. Sie begründen nahezu eine eigene Gattung bzw. Textsorte (u. a. dsj., oJ a u. b; dsj, 1993; dsj, 1996; dsj, 1998a, b u. c; dsj, 1999a u. b; dsj, 2000a u. b; dsj, 2001a, b u. c; dsj, 2002a u. b; weiterhin Sportjugend NRW, 2000, 2002 u. 2003a, b u. c). Herausgestellt wird die Identität von Jugendarbeit im Sport und Bildungsarbeit im Bereich der „Jugend- und Sportentwicklung". Es fehlt auch nicht das Bekenntnis zu Fragestellungen und Problemen des Gender Mainstreaming und der Frauenförderung. Praktische Momente empfängt die Zielsetzung, ein allgemeines „gesellschaftspolitisches Mandat" wahrzunehmen, durch einen Aufgabenkatalog, der Stellungnahmen zur Jugendgesetzgebung, Kontakte zu politischen Parteien und parlamentarischen Gremien sowie die Entwicklung von Argumentationshilfen für die Mitgliedsorganisationen beinhaltet.

Eine über verbandsegoistische Zielsetzungen hinausgehende allgemeine Orientierung an Gemeinwohlinteressen, die die Bekenntnisse zur gesellschaftspolitischen Bedeutung verstärkt und ihnen zugleich aber auch Auflagen einer spezifischen Politikfähigkeit macht, zeigt sich insbesondere bei Fragen der sozialen Integration von Kindern und Jugendlichen. Beiträge dazu haben nahezu enzyklopädischen Charakter. Dazu zählen u. a. die Förderung des Sports für körperlich und geistig Behinderte, die Integration von Ausländern, die Förderung des Sports in Jugendstrafanstalten, Heimen und anderen Einrichtungen der Jugendhilfe, Hilfe für Kinder und Jugendliche in sozial benachteiligten Familien sowie Existenzsicherungsprogramme für Straßenkinder. Dass nach Beendigung eines Modellprojekts zur Förderung eines Freiwilligen Sozialen Jahres (FSJ) und im Anschluss an die Enquetekommission „Bürgerschaftliches Engagement" des Deutschen Bundestages die Maßnahmen zur Unterstützung bürgerschaftlichen Engagements verstärkt werden, macht deutlich, dass sich die Sportakteure an der Gestaltung der veränderten Rahmenbedingungen der Sozialpolitik beteiligen. Die Beteiligung am „Bundesnetzwerk Bürgerschaftliches Engagement" (BBE) ist in diesem Sinn folgerichtig.

Politikfähigkeit setzt nicht nur den Willen zur Veränderung, sondern auch die Existenz von Werkzeugen und Instrumenten der Umsetzung sowie deren Nutzung voraus. Der Projektzusammenhang „Kinder mit mangelnden Bewegungserfahrungen" (Sportjugend NRW, 2003b) bezeichnet eine spezielle Fassette der Politikfähigkeit der Sportorganisationen im Bereich der Kinder- und Jugendpolitik. Im Rahmen des Versuchs einer landesweiten Umsetzung der Projektkonzeption geht es um die Förderung von Bewegungs-, Spiel- und Sportangeboten für Kinder mit mangelnden Bewegungserfahrungen in den Sportvereinen; um die Einrichtung von Kooperationen zwischen Sportvereinen und Kindertagesstätten und die Einrichtung von Kooperationen zwischen Sportvereinen und Schulen (Sportjugend NRW, 2003a, S. 6f.). Charakteristisch sind hierfür folgende Momente einer Strategie der Einflussnahme: (1) Die Ausweitung des Bezugsrahmens; (2) die Rezeption allgemeiner wissenschaftlicher Befunde; (3) der Versuch einer Bezugnahme auf die konkrete Situation von Kindern und Jugendlichen sowie (4) das Bemühen um die Weiterbildung der Mitarbeiter.

Auch der Projektzusammenhang „Jugend mit Zukunft ins nächste Jahrtausend – Bewegung, Spiel und Sport mit Mädchen und Jungen in Stadtteilen mit besonderem Erneuerungsbedarf", ein gemeinsames Projekt von Landessportbund NRW und Sportjugend NRW, dem Ministerium für Frauen, Jugend, Familie und Gesundheit sowie dem Ministerium für Arbeit, Soziales und Stadtentwicklung, Kultur und Sport des Landes NRW, erweist sich als Kombination von Instrumenten der Realitätseinwirkung und -veränderung. Insbesondere drei Merkmale sind charakteristisch: (1) Die Einbindung in einen größeren, ressortübergreifenden Projektzusammenhang, der seit 1993 realisiert wird. (2) Der Bezug zu einer komplexen sozialpolitischen Situation, in deren Rahmen die wirtschaftlichen, sozialen, städtebaulichen, infrastrukturellen Strukturen und die ökologische Situation Ausgangspunkt der Maßnahmen bzw. Interventionen sind. (3) Der „integrierte Politikansatz", in dem der Zusammenhang zwischen Arbeitsmarkt- und Strukturpolitik, Städtebau und Kulturförderung mit der Jugend- und Schulpolitik in einen Zusammenhang gebracht wird, eingeschlossen Maßnahmen zur Integration ausländischer Mitbürger.

Festhalten lassen sich folgende Punkte: (1) Die Problemdefinitionen und Zielsetzungen reklamieren explizit ein sozialpolitisches bzw. gesellschaftspolitisches Mandat. (2) Es wird Wirksamkeit weit über den engeren Bereich des Sports hinaus angezielt. (3) Es finden sich diverse Realitätsbezüge, ein spezifisch programmatischer Idealismus wird durch Hinweise auf Projekte und Initiativen gebändigt. (4) Identifizierbar sind weiterhin Ansätze zu einer spezifischen Implementationspolitik, in der sich sowohl Formen einer Aktoren- als auch Prozessimplementation erkennen lassen (Jansen-Schulze, 1997).

3.2 Lebensweltperspektive und Sozialraumbezug

Die Frage, inwieweit die Perspektive der Lebenswelt und des Sozialraumbezugs systematisch ins Spiel kommt, ist unter zwei Gesichtspunkten von grundlegender Bedeutung. Mit einer entsprechenden Ausrichtung verschiebt sich die Aufmerksamkeit von einem engeren Sportbegriff (beispielsweise im Sinne des Vereins- bzw. Wettkampfsports) und den damit verbundenen sozialpolitischen Handlungseinschränkungen auf außersportliche Problemkomplexe, die nunmehr die Handlungsmaximen und Zielsetzungen vorgeben. Die entsprechende Aufmerksamkeitsverlagerung zieht dann sofort das Anschlussproblem der Kompetenz nach sich, d. h. die Frage, inwieweit das Medium Sport und die Sportorganisationen überhaupt befähigt sind, in diesen „sportfremden" Situationen Problemlösungen und Konzeptionen zu entwickeln und zu realisieren.

Die strukturellen Besonderheiten der heutigen Kindheits- und Jugendphase (Hurrelmann, 1995) finden in zahlreichen Publikationen Erwähnung. Dabei stehen die personellen und sozialen Ressourcen von Kindern und Jugendlichen im Vordergrund, speziell die Frage des Körperkapitals, Copingmöglichkeiten sowie Ansätze zur Stärkung des Selbstwertgefühls. Sehr deutlich geschieht dies z. B. im Beitrag „Soziale Offensive im Jugendsport. Entwicklungen und Chancen junger Menschen in sozialen Brennpunkten", einem Papier des Beirats „Soziale Offensive" des Vorstands der dsj (1999a).

Deutlich zeigt sich die Bereitschaft zur Rezeption der einschlägigen Forschungsergebnisse der Sozialisationsforschung und der neueren Steuerungsansätze der Jugendhilfe (Apel, 1998; Bruner, 2000; Burkhardt & Danner, 2000). Der Sozialraumbezug wird in spezieller Weise thematisch durch die Beteiligung am Programm der „Sozialen Stadt" der Bundesregierung (Franke, Löhr &

Sander, 2000; Häußermann, 2000, 19-20). Ausgangspunkt ist die Überlegung, dass die Interaktion zwischen sozialer Lage, Wohnlage, Milieu, Arbeitsmarktschicksal und Versorgung mit sozialen Diensten zu Grunde gelegt werden muss, wenn Interventionen mit Aussicht auf Erfolg erfolgen sollen.

In Publikationen, die Models of good Practice referieren, kommt die Verpflichtung auf den Lebensweltansatz und den Sozialraumbezug besonders deutlich zur Geltung (vgl. Rittner & Breuer, 1999). So finden sich drei grundsätzliche Merkmale eines Lebensweltbezugs wieder: (1) Die Beziehung zu wechselnden Identitätsentwürfen von Kindern und Jugendlichen, (2) die Berücksichtigung des Milieus bzw. der Lebenslage und des Quartiers sowie (3) der Einbau des Mediums Sport in die kindspezifischen und jugendspezifischen Lebensstile.

Charakteristisch sind die Vielfalt der Angebote, der informelle Charakter, der Explorationscharakter der Interventionen sowie der – buchstäblich – mobile Charakter der Maßnahmen (Einsatz von Spielmobilen etc.). Im Sinne einer aufsuchenden Sozialpädagogik sind die Methoden und Verfahrensweisen instruktiv für die Berücksichtigung der Lebensweltperspektive. Die Bewegungs- und Stadtteilfeste, die Nightevents, die Mädchenkurse und Bauprojekte sowie die Angebote an Kooperationen von Schule, Jugendhilfe und Verein korrespondieren in ihrer Dynamik und mit ihren Gelegenheitsstrukturen mit den dynamischen Strukturen der Lebenswelten der Kinder und Jugendlichen sowie den entsprechenden Sozialräumen.

3.3 Netzwerkgedanke

Auch der Netzwerkgedanke wird in diversen Dokumentationen aufgegriffen. Die Intensivierung der Kooperation mit Trägern der freien Jugendhilfe, speziell dem Bundesjugendring, die annonciert wird, zeigt die Bereitschaft der Sportorganisationen zur Zusammenarbeit mit sportexternen Instanzen (von denen man sich in einer frühen Phase abgespalten hatte). Gleiches gilt für die Zusammenarbeit mit dem Deutschen Nationalkomitee für Internationale Jugendarbeit (DNK) (dsj, o.J.a u. 1999a).

Expliziter sind die Ausführungen zum Thema der Gestaltung von Kooperationen. Unter dem Stichwort „Kooperationsmöglichkeiten erschließen" gibt es Hinweise und Empfehlungen zur Selbst- wie auch Umweltbeobachtung. So finden sich Hinweise auf die Notwendigkeit regelmäßiger Kontakte, auf die Voraussetzung von Vertrauen und die Gleichberechtigung der Partner, auf die Vereinbarung von Regeln und die Notwendigkeit der Gleichverteilung der Gewinne. Für den Umsetzungswillen und die Bereitschaft zur Durchsetzung politischer Zielsetzungen im Rahmen von Netzwerken ist nicht zuletzt die Formulierung von Prüfsteinen zur Bewertung der eigenen Praxis instruktiv. Propagiert wird eine stärkere Öffnung der Sportorganisationen in das Gemeinwesen sowie weiterhin die Kooperation und Vernetzung mit anderen öffentlichen und freien Trägern der Jugendarbeit und Jugendhilfe im Feld einer sport-orientierten sozialen Arbeit. In diesem Zusammenhang wird die Zusammenar-beit mit Schulen, Jugendämtern, Jugendfreizeiteinrichtungen, aufsuchender Sozialarbeit herausgestellt (dsj, 1999a).

Auf der gleichen Linie der Einsicht, dass mit dem Aufbau von Netzwerken die Chancen der Zielverwirklichung steigen, stehen dann drei weitere Forderungen, die zugleich als Folgerungen aus den Zielsetzungen erscheinen:

(1) Die Kommunen und die örtlichen Jugendämter sollen die Sportorganisatio-nen bei konkreten Jugendhilfeprojekten stärker unterstützen und fordern.

(2) Die interdisziplinäre fachliche Zusammenarbeit mit unterschiedlichen Berufsgruppen und ehrenamtlichen Funktionsträgern soll intensiviert werden und schließlich

(3) erscheint es als wünschenswert, dass eine sportorientierte soziale Arbeit von einem kontinuierlichen politischen und fachlichen Dialog aller Beteiligten begleitet wird (dsj, 1999a).

4 Die sozialen Initiativen des deutschen Sports

Die informellen Sportaktivitäten, damit auch ein ganzes, über den organisierten und formellen Sport hinausgehendes Universum von erweiterten zeitgenössi-schen Bewegungs- und Sportaktivitäten, kommen überhaupt erst durch den reklamierten Gemeinwohlanspruch in das Blickfeld der Organisationen des DSB. Den sozialen Initiativen des deutschen Sports (Rittner & Breuer, 2000; Breuer, 2002) wiederum, denen – abgesehen von Trimm-dich-Aktionen mit Kampagnencharakter – die größte Systematik der Beschäftigung mit informellen Sportaktivitäten attestiert werden kann, kommt dabei aus drei Gründen ein seismografischer Stellenwert zu:

(1) Sie haben eine explizite sozialpolitische Zielsetzung, d. h., sie müssen an Möglichkeiten einer sehr praktischen Politikfähigkeit interessiert sein.

(2) Sie haben sich mit ihrer Arbeit in problematischen Handlungsfeldern zu behaupten, d. h. in Bereichen, in denen die Realität selbst für Tests der realen Politikfähigkeit sorgt.

(3) Sie besitzen ein explizites Verständnis sozialer Wirksamkeit und müssen deshalb an Techniken und Skills der praktischen Politikfähigkeit interessiert sein, d. h., die Überlegungen und Einschätzungen zur Politikfähigkeit sind von vornherein an ein spezifisches Verständnis gebunden, das sich nicht allein an programmatischen Aussagen orientieren kann.

Wo, d. h. in welchen inhaltlichen Problembereichen intervenieren die sozialen Initiativen und inwieweit kommt es zum Aufbau von kooperativen Netzwerken als einem wesentlichen Erfordernis nachhaltiger Arbeit? Antworten finden sich in den Daten einer bundesweiten Erhebung, die in den Jahren 2000-2002 durchgeführt wurde (N = 918, vgl. Breuer, 2002, S. 23).

Interventionsfelder der sozialen Initiativen

Die weitaus meisten Initiativen widmen sich Problemen der Integration. Es folgen Maßnahmen der Gewaltprävention, der sozialen Brennpunktarbeit, weiterhin Zielsetzungen der interkulturellen Arbeit, der Suchtprävention und die Interventionsbereiche Streetwork und Drogenentzug (vgl. Abb. 1).

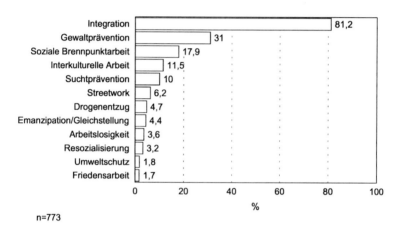

Abb. 1: Interventionsbereiche der sozialen Initiativen (Mehrfachnennungen)

Genannt sind damit die klassischen Interventionsbereiche der Programmatik. Bei den angegebenen Hauptzielgruppen stehen Jugendliche (63,9 %) und Kinder (43,7 %) im Vordergrund. Es folgen Aussiedler (41,1 %), Jungen (38,7 %), Mädchen (37,6 %), Migranten (35,7 %), sozial benachteiligte Jugendliche (29,2 %), sozial auffällige Jugendliche (22,6 %), Familien (16,1 %), Asylbewerber (12,7 %), Fußballfans/Hooligans (9,9 %), straffällige Jugendliche (9,5 %), Arbeitslose (7,3 %) und Behinderte (6,9 %).

Dass es primär informelle Sportaktivitäten und -dispositionen sind, die aufgegriffen werden, erklärt sich aus der Philosophie des Gesamtunterfangens. Der Sport erscheint als ein Medium, das den Zugang zu sonst nicht oder nur schwer zu erreichenden Gruppierungen vermitteln kann. Organisationssoziologisch ergibt sich bei den einschlägigen Projekten ein Paradox: Organisiert wird das Nichtorganisierte und Informelle, und es soll im Schwebezustand zwischen Organisation und Nichtorganisation bleiben. Deutlich wird zugleich auch der beschränkte Charakter, unter dem die informellen Sportaktivitäten von Kindern und Jugendlichen in den Blick geraten. „Nur" die Sonderfälle von marginalisierten Kindern und Jugendlichen, die als Problemgruppen „auffallen", werden thematisiert. Der Normalfall der informellen Sportaktivitäten, d. h. die Vielfalt der unendlich vielen Mikrohandlungen und Situationen des Alltags, bleibt ausgespart, damit ein ganz zentraler Bereich der Unterstützungs- und Förderungsbedürftigkeit von Kinder- und Jugendaktivitäten des Alltags.

Kooperationspartner

Die sozialen Initiativen stehen in einem intensiven Austausch mit anderen Akteuren. Dass zunächst andere Sportakteure die häufigsten Partner sind, kann nicht weiter überraschen; bemerkenswert hoch sind die Kooperationen mit dem Jugendamt, der Schule, dem Sportamt. Auch die Interaktionen mit Polizei, Wirtschaft und Sozialamt erreichen noch eine beachtliche Größenordnung (vgl. Abb. 2). Die Informationen zu den Kooperationspartnern der Projekte bestätigen die Annahme, dass eine spezifische Problemartikulation und Zieldefinition entsprechende Programmentwicklungen und -implementationen hervorgebracht hat. Der Bogen der Kooperationen ist ganz offensichtlich weit über das sportspezifische Terrain hinaus gespannt.

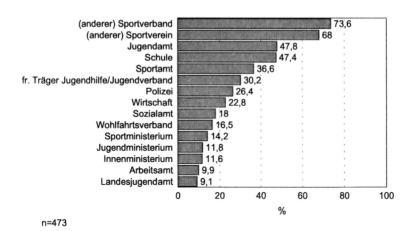

Abb. 2: Kooperationspartner der sozialen Initiativen

Festzuhalten ist, dass die informellen Sport- und Bewegungsaktivitäten von Kindern und Jugendlichen immer dann mit einer gewissen Systematik in den Blick kommen, wenn Zielsetzungen der sozialen Integration verfolgt werden. In der Kooperation mit anderen Akteuren und beim Aufbau von Netzwerken treten bemerkenswerte Leistungen einer konkreten Interventionspolitik und der Politikfähigkeit zu Tage. Die Eigenschaft des Mediums, Zugang zu Rand- und

Problemgruppen zu vermitteln, macht aus den diffusen und gewissermaßen „unschuldigen" Aktivitäten Instrumente politischer Zielsetzung. Auch in diesem Fall zeigt sich ein spezifisches Problem: Die informellen Sportaktivitäten verlieren in dem Maße, als sie Gegenstand in den Projekten werden, ihre Eigenschaft, „nur" informell und selbstorganisiert zu sein.

5 Resümee

Die informellen Sport- und Bewegungsaktivitäten von Kindern und Jugendlichen haben auf der Organisationsebene bislang keinen übergreifenden Interessenverband bzw. Akteur gefunden, der die damit verbundenen Interessen in spezieller Weise wahrnehmen könnte. Insofern stellt sich das Thema der Politikfähigkeit nur indirekt. Da andererseits der Deutsche Sportbund und speziell die Deutsche Sportjugend ein allgemeines Mandat der Interessenwahrnehmung des Sports in seiner Gesamtheit reklamieren, sind sie gegenwärtig die Institutionen mit der größten Nähe zum Problem bzw. zur politischen Interessenwahrnehmung.

Es lässt sich zeigen, dass die Interessen von Kindern und Jugendlichen tatsächlich und in zunehmendem Maße in den Blick der Sportorganisationen kommen. Dies betrifft zunächst die programmatische wie auch konzeptionelle Ebene. Die Potenziale von informellen Sport- und Bewegungsaktivitäten werden insbesondere für Zielsetzungen einer allgemeinen Integrations- und Präventionspolitik aufgegriffen. Ihren Schwerpunkt haben sie im kommunalen Bereich.

In einem sehr eng umrissenen Teilbereich der Aktivitäten der Sportorganisationen – den sozialen Initiativen des deutschen Sports – finden sich weiterhin Hinweise darauf, dass die informellen Sport- und Bewegungsaktivitäten tatsächlich auch Bestandteil praktischer Interventionspolitik geworden sind. Der Beitrag zeigt, dass in diesem Zusammenhang wichtige Kriterien einer zielgerichteten und systematischen Interventionspolitik gesehen und, so weit in einer Erhebung überprüfbar, auch erfüllt werden. Dies betrifft insbesondere die angestrebten Interventionsbereiche der Maßnahmen sowie die Bildung von Kooperationsnetzwerken.

Literatur

Apel, P. (1998). Wie kommen die Kinder an die Planung? Kinderfreundliche Stadtplanung – eine Herausforderung für Politik, Stadtplanung und Pädagogik. *Jugendpolitik, 24,* 24-27.

Breuer, Ch. (2002). *Das System der Sozialen Arbeit im organisierten Sport.* Köln: Sport und Buch Strauß.

Bruner, C.-F. (2000). Stadtpolitik mit Kindern und Jugendlichen gestalten. Studie untersucht Partizipationsmodelle. *Der Städtetag, 12,* 12-15.

Burkhardt, C. & Danner, S. (2000). *Partizipation von Kindern und Jugendlichen in der Kommune. Erwartungen und Handlungsmuster. Jugendhilfe, 4,* 204-211.

Deutsche Sportjugend (Hrsg.). (o.J.a.). *Politische Arbeit einer Jugendorganisation – ausgewählte Aspekte aus Sicht der deutschen Sportjugend.*

Deutsche Sportjugend (Hrsg.). (o.J.b). *News Deutsche Sportjugend.*

Deutsche Sportjugend (Hrsg.). (1993). *Thesen zum Politischen Mandat von Sportjugend – Organisationen.* Protokoll der Klausurtagung 04./05.12.93.

Deutsche Sportjugend (Hrsg.). (1996). *Kinderpolitische Konzeption der Deutschen Sportjugend.* Frankfurt am Main.

Deutsche Sportjugend (Hrsg.). (1998a). *dsj – Deutsche Sportjugend.* Frankfurt am Main.

Deutsche Sportjugend (Hrsg.). (1998b). *Deutsche Sportjugend.* Frankfurt am Main.

Deutsche Sportjugend (Hrsg.). (1998c). *Selbstverständnis und Visionen der Deutschen Sportjugend.* Ergebnisse der dsj-Vollversammlung 1998.

Deutsche Sportjugend (Hrsg.). (1999a). *Soziale Offensive im Kinder- und Jugendsport.* Frankfurt am Main.

Deutsche Sportjugend (Hrsg.). (1999b). *Kommunale Jugendpläne. Die Bedeutung kommunaler Jugendpläne für die Förderung des Sports auf den unteren Ebenen.* Frankfurt am Main.

Deutsche Sportjugend (Hrsg.). (2000a). *Geschlechtsbewusste Jugendarbeit im Sport.* Frankfurt am Main.

Deutsche Sportjugend (Hrsg.). (2000b). *Neue Partizipationsformen für Mädchen und junge Frauen im Sport.* Frankfurt am Main.

Deutsche Sportjugend (Hrsg.). (2001a). *Jugendarbeit im Sportverein.* Frankfurt am Main.

Deutsche Sportjugend (Hrsg.). (2001b). *Soziale Talente im Sport.* Frankfurt am Main.

Deutsche Sportjugend (Hrsg.). (2001c). *Jugendordnung.* Frankfurt am Main.

Deutsche Sportjugend (Hrsg.). (2002a). *Sportliche Jugendarbeit. Eine Frage der Qualität.* Frankfurt am Main.

Deutsche Sportjugend (Hrsg.). (2002b). *Die Jugendordnung.* Frankfurt am Main.

Dietrich, K. (Hrsg.) (2001). *Spiel- und Bewegungsräume im Leben der Stadt: sozial- und erziehungswissenschaftliche Untersuchungen und Projekte.* Butzbach/Griedel: Afra-Verlag.

Franke, T., Löhr, R-P. & Sander, R. (2000). Soziale Stadt. Stadterneuerungspolitik als Stadtpolitikerneuerung. In Deutsches Institut für Urbanistik (Hrsg.), *Archiv für Kommunalwissenschaften, 2.* (S. 243-68). Stuttgart: Kohlhammer.

Häußermann, H. (2000). Die Krise der „sozialen Stadt". In Bundeszentrale für politische Bildung (Hrsg.), *Aus Politik und Zeitgeschichte, 10/11.* (S. 13-21). Bonn.

Hurrelmann, K. (1995). *Lebensphase Jugend.* Weinheim: Juventa.

Jansen-Schulze, M.-H. (1997). *Soziologie und politische Praxis. Strategien zur Optimierung des Forschungs- und Umsetzungsprozesses.* Bielefeld: Kleine.

Landes Sport Bund & Sportjugend NRW (Hrsg.). (2002). *Jugendarbeit im Sportverein – Anspruch und Wirklichkeit.* Duisburg: Eigenverlag.

Rittner, V. & Breuer, C. (1999). Soziale Offensive im Jugendsport. In Deutsche Sportjugend (Hrsg.), Fachforum der Deutschen Sportjugend (E & C) *Entwicklung und Chancen junger Menschen in sozialen Brennpunkten.* Frankfurt am Main.

Rittner, V. & Breuer, C. (2000). Soziale Bedeutung und Gemeinwohlorientierung des Sports. In Bundesinstitut für Sportwissenschaft (Hrsg.), *Wissenschaftliche Berichte und Materialien, 13*. Köln: Sport und Buch Strauß.

Schemel, H.-J. & Strasdas, W. (1998). *Bewegungsraum Stadt: Bausteine zur Schaffung umweltfreundlicher Sport- und Spielgelegenheiten*. Aachen: Meyer & Meyer.

Sportjugend NRW (Hrsg.). (2000). *Bewegungserziehung im Kleinkind- und Vorschulalter*. Duisburg: Eigenverlag.

Sportjugend NRW (Hrsg.). (2002). *Jugendarbeit im Sportverein. Fakten – Ideen – Perspektiven*. Duisburg: Eigenverlag.

Sportjugend NRW (Hrsg.). (2003a). *Leitfaden. Kooperation Sportverein und Tageseinrichtung für Kinder*. Duisburg: Eigenverlag.

Sportjugend NRW (Hrsg.). (2003b). *Projekt: Landesweite Umsetzungsinitiative „Förderung von Kindern mit mangelnden Bewegungserfahrungen" 2000 bis 2002. Dokumentation*. Duisburg: Eigenverlag.

Sportjugend NRW (Hrsg.). (2003c). *Kindergärten kommen in Bewegung. Handlungsrahmen für ein bewegungspädagogisches Konzept*. Duisburg: Eigenverlag.

Warum Dorothee nicht mehr schwingt – Informelles Sportengagement von Mädchen

Andrea Menze-Sonneck

Die Vorstellung, beim Bau einer neuen Halfpipe oder Streetballanlage könnte zugleich ein Schild „Zutritt nur für Jungen" aufgestellt werden, erscheint uns absurd, ja geradezu rechtswidrig. Schließlich ist bekannt, dass Sport für Jungen und Mädchen zu den beliebtesten Freizeitbeschäftigungen gehört und der öffentliche Bewegungsraum für Mädchen und Jungen gleichermaßen geöffnet ist. Dieses Wissen ändert jedoch nichts an der Tatsache, dass Jungen auch im Bereich des informellen Sports in ihrer Freizeit häufiger aktiv sind als Mädchen und sich mehr öffentliche Bewegungsräume erschließen.

Diese geschlechterbezogenen Unterschiede sollen im folgenden Beitrag nicht noch einmal explizit dargestellt werden. Hierzu liegen bereits verschiedene „aktuelle" Darstellungen vor (vgl. Berndt & Menze, 1996; Brettschneider & Kleine, 2002; Gogoll et al., 2003; Kleine, 1998; Rose, 2002; Schwier, 2003). Der folgende Beitrag vertritt vielmehr die These, dass diese geschlechterbezogenen Unterschiede im informellen Sporttreiben von Mädchen und Jungen als Zeichen der Ungleichheit zwischen den Geschlechtern zu deuten sind. Den Ausgangspunkt der Argumentation bilden grundlegende Überlegungen zum informellen Sporttreiben im System der Zweigeschlechtlichkeit (1). Anschließend möchte ich meine These anhand einer dreischrittigen, sozialisationstheoretisch orientierten Interpretation der autobiografischen Darstellung eines Bewegungserlebnisses der 12-jährigen Dorothee Sölle entwickeln (2). Nach einer kurzen Zusammenfassung verdeutlicht der folgende Ausblick, dass nicht nur Unterschiede im informellen Sportengagement zwischen den Geschlechtern auftreten, sondern auch zwischen verschiedenen Gruppen von Mädchen bestehen. Der Beitrag endet mit abschließenden Bemerkungen zu weiter gehenden geschlechterbezogenen Forschungen im Bereich des informellen Sports (3).

1 Informelles Sporttreiben im System der Zweigeschlechtlichkeit

Sport und Bewegung unterliegen den Werten und Normen eines Systems der Zweigeschlechtlichkeit, das von polaren Männlichkeits- und Weiblichkeitsmustern geprägt ist. Diese in der Frauen- und Geschlechterforschung als *gender* bezeichneten Kategorien sind sozial konstruiert und institutionalisiert. Sie bestimmen die Ordnung des sozialen Lebens und geben den Individuen soziale Rollen und Identitäten vor. Die damit verbundenen Verhaltenserwartungen beeinflussen auch das Sportengagement von Mädchen und Jungen, Frauen und Männern nachhaltig (vgl. Pfister, 1999) und wirken auf den Prozess des *doing gender*.

Eine markante geschlechterstereotype Einteilung der Bewegungswelt in weiblich und männlich stellt die Unterscheidung von so genannten „weichen" und „harten" Sportarten dar. Während das Sporttreiben der Mädchen und Frauen typischerweise mit so genannten „weichen" Sportarten assoziiert wird, die sich durch expressive Bewegungsformen auszeichnen und wenig wettbewerbsorientiert sind, wird von Jungen und Männern das Engagement in so genannten „harten" Sportarten gefordert. Ziel ist die Herstellung von Männlichkeit durch die Betonung u. a. von Kraft, Körperkontakt und Durchsetzungsvermögen. Diese bipolaren geschlechterstereotypen Normen und Erwartungen sind auch heute noch – trotz aller Vielfalt der Geschlechterentwürfe - in westlichen Industriegesellschaften wirksam und nehmen somit auch Einfluss auf das informelle Sporttreiben von Mädchen und Jungen.

Dies gilt umso mehr, als die Konstruktion von Identität nicht unabhängig vom Körper erfolgen kann. In der Art und Weise, wie Mädchen und Jungen ihren Körper im Sport einsetzen und gestalten, präsentieren sie auch immer ein Stück ihrer Identität. Wichtig erscheint im vorliegenden Diskussionszusammenhang, dass diese Arbeit an der eigenen geschlechtlichen Identität auch dann stattfindet, wenn sich Jugendliche dafür entscheiden, ihren Körper zu ignorieren oder eben nicht in der Öffentlichkeit zu präsentieren. Der Körper bleibt immer das sichtbare Zeichen der Identität (vgl. Kleindienst-Cachay & Kunzendorf, 2003, S. 113).

Mit Beginn des Jugendalters müssen sich Mädchen und Jungen dabei verstärkt mit den gesellschaftlichen Erwartungen auseinander setzen, die an ihre Geschlechtlichkeit als soziale Kategorie geknüpft sind. Für Mädchen ist deshalb auch häufig mit der Pubertät die Zeit der potenziellen Grenzüberschreitung als „halber Junge" (tomboy) vorbei (vgl. Krüger, 1985). Von Eltern wie von Gleichaltrigen haben sie Sanktionen für zu jungenhaftes Verhalten zu erwarten. Mit Einsetzen der Pubertät sind bei Mädchen, wie sich anhand verschiedener empirischer Studien zur geschlechtsspezifischen Sozialisation im Jugendalter nachweisen lässt, verstärkt geschlechtsrollentypische Verhaltensweisen zu erkennen, die auf die Kriterien sozialer Akzeptanz und Attraktivität hinweisen, die an Mädchen mit Verlassen des Kindesalters immer deutlicher herangetragen werden.

Maßgeblich bedingt durch hochkomplexe Individualisierungs- und Pluralisierungsprozesse, wird die Verbindlichkeit von Geschlechtsrollen aber in den letzten Jahren zunehmend aufgelöst. Die Schärfe des Dualismus „männlich" –

„weiblich" schwäche sich ab, wie Bilden (1991, S. 299) pointiert formuliert. Es komme zu verschiedenen „Überlappungen und Grenzüberschreitungen", die darauf verweisen, „daß die rigiden Geschlechtsrollenstereotype wenigstens bei einigen Menschen aufgeweicht werden" (ebd.).

In dieses Bild passt, dass es im Bereich des informellen Sports, genauso wie im Bildungs- und Arbeitsbereich, keine formalen Zugangsbeschränkungen für Mädchen und Frauen mehr gibt, denn Mädchen wie Jungen, Frauen wie Männern stehen prinzipiell die gleichen Handlungs- und Bewegungsräume offen. Anders als im vorletzten Jahrhundert, ist ein Verbot des Fahrradfahrens für Mädchen und Frauen heute eben nicht mehr vorstellbar. Gerade der Blick auf die Straße als Bewegungsraum zeigt aber, dass Mädchen diese zwar mindestens genauso häufig wie Jungen zum Einkaufen oder Spazierengehen nutzen, jedoch deutlich seltener als diese die Straße für informelles Sporttreiben nutzen. Verschiedene Autoren charakterisieren die Straße in diesem Zusammenhang als einen der wenigen, in modernen Gesellschaften noch verbliebenen, sozial akzeptierten Orte, in denen Jungen beim Skaten oder beim Streetball hegemoniale Formen von Männlichkeit öffentlich demonstrieren können (vgl. u. a. Schwier, 2003, S. 195).

Vor dem Hintergrund dieser scheinbar diskrepanten Entwicklungsprozesse weisen nun differenztheoretische Überlegungen der Geschlechterforschung darauf hin, dass in dem Maße, wie formale Zugangsbarrieren zur Herstellung von Differenz fehlen, der aktiven Herstellung und symbolischen Bekräftigung geschlechtlicher Differenz eine zentrale Bedeutung zukommt. Darüber hinaus wird in diesem Zusammenhang zunehmend auf die „Kontextualisierung" der Geschlechterdifferenz hingewiesen. Diese besagt, dass nicht ein formales Zulassungskriterium, sondern der Kontext die Differenz zwischen den Geschlechtern aufrechterhält: „Anstatt die Geschlechter über formale Zugangskriterien voneinander zu separieren, muss die geschlechtliche Differenzierung heute vermehrt aktiv hergestellt und symbolisch bekräftigt bzw. über indirekte und auf den ersten Blick geschlechtsneutrale Regelungen hergestellt werden. Damit wird die Aufrechterhaltung der Geschlechterdifferenz in zunehmendem Maße von kontextspezifischen Bedingungen abhängig" (vgl. Heintz & Nadai 1998, S. 88).

Wie im Bereich des informellen Sports solche Prozesse der Herstellung von Differenz ablaufen können und wie sie vor dem Hintergrund gängiger sozialisationstheoretischer Ansätze der Geschlechterforschung zu erklären sind, möchte ich im Folgenden anhand der Interpretation einer kurzen, autobiografisch dargestellten Bewegungsszene aufzeigen. Die Interpretation wird verdeutlichen, dass in dem Maße, in dem Mädchen öffentliche Räume vorenthalten werden, ihnen auch immer wieder spezifische Chancen zur Identitätsentwicklung im Bereich des informellen Sports genommen werden.

2 Differenzen werden zu Ungleichheiten, oder Dorothee schwingt nicht mehr

Die enorme Bedeutsamkeit, die der Tatsache zukommt, ob man beim informellen Sporttreiben und Bewegen als Mädchen oder als Junge aktiv ist, wird durch das folgende Zitat von Dorothee Sölle eindrucksvoll deutlich. Es beschreibt, wie das Mädchen Dorothee in den 40er Jahren des letzten Jahrhunderts mit Einsetzen der Pubertät ihr bisheriges Bewegungsverhalten umdeutet und verändert und damit Differenz zwischen den Geschlechtern herstellt. Die Interpretation vor dem Hintergrund sozialisationstheoretisch orientierter Befunde der Geschlechterforschung weist dann darauf hin, dass mit dieser Herstellung von Differenz innerhalb des symbolischen Systems der Zweigeschlechtlichkeit nicht nur Unterschiede verdeutlicht werden, sondern vor allem auch Ungleichheiten perpetuiert werden.

„Als ich zwölf war, übte ich Schwingen an unserer Teppichstange. Plötzlich merkte, nein: sah ich, daß ich einen Busen bekam. Eine winzige Erhöhung, wo vorher alles glatt war. Es war ein Schock. Bis dahin hatte ich geglaubt, eines Tages könne ein Stück Gelenkknochen in mir aufspringen, so daß ich mit einemmal größer und stärker würde. Mit dem Brustansatz waren diese Wunschträume zerstoben. Es gab keine Transvestition, ich war zum Mädchen geboren und bestimmt. Anatomie, las ich später bei Freud, ist Schicksal; ein Satz aus der Sicht der Nichtbetroffenen, das bedeutet der Herrschenden. An der Teppichstange habe ich nicht mehr geschaukelt" (Sölle, 1986, S. 16).

Wie Dorothee Sölle unter der treffenden Überschrift „Ohnmacht" (ebd., S. 15) beschreibt, war die Zeit, in der sie als Mädchen ihren Körper turnend in der Öffentlichkeit präsentieren wollte, fest umgrenzt. Dementsprechend beendete sie ihr Schwingen an der Teppichstange an dem Tag, an dem ihr Körper für sie durch das Sichtbarwerden der Brüste eindeutig und, wie sie hervorhebt, unabänderlich, als weiblich identifizierbar war. Das Schwingen an der Teppichstange gehörte seit diesem Zeitpunkt für das Mädchen Dorothee nicht mehr zu ihrem Bewegungsalltag.

Den Grund hierfür sieht die Erwachsene Dorothee Sölle nicht etwa in körperlich bedingten Bewegungsproblemen, sondern in der sozial konstruierten Hierarchie der Geschlechter. Folgt man der Interpretation von Sölle, so verhindert das hierarchische System der Zweigeschlechtlichkeit, dass sie als Mädchen mit Einsetzen der Pubertät ihren Körper weiterhin schwingend in der Öffentlichkeit präsentieren wollte. Mit dem Sichtbarwerden der Brüste hatte das (kindliche) Schwingen an der Teppichstange offenbar eine andere Bedeutung innerhalb ihres Alltags erlangt. – Als Junge, so macht Sölle ebenfalls durch das Bild des geplatzten Wunschtraums deutlich, hätte sie diese Bedeutungsumschreibung nicht vornehmen müssen. Wie sind diese von Sölle geschilderten, geschlechtsspezifisch variierenden Bedeutungszuschreibungen von Bewegung zu deuten?

Wie ist zu erklären, dass sie scheinbar freiwillig das Schwingen aufgibt? Eine Beantwortung dieser Fragen erscheint lohnenswert, da vermutet werden kann, dass ein solches Verhalten auch für die Mehrzahl der heute heranwachsenden Mädchen typisch ist. Denn die Überschreitung von Geschlechterstereotypen wird nach wie vor sozial negativ sanktioniert und nur wenige Mädchen setzen sich darüber hinweg.

Eingeschränkte Räume – eingeschränkte Bewegungserfahrungen

Sicherlich ist es kein Zufall, dass Sölle für ihre Darstellung ausgerechnet das Schwingen als Bewegungsaktivität auswählt, das sie als Kind begeistert übte und mit dem Sichtbarwerden ihres Brustansatzes beendete. Denn Schwingen – ob im Langhang oder im Kniehang – ist eine weit ausladende, kraftvolle Bewegung. Anders als beispielsweise das Stützen oder Um- und Aufschwungbewegungen, ermöglicht und erfordert das richtige Schwingen – und genau das übte das Mädchen Dorothee als Kind ja noch – das Einnehmen von viel Raum. Dieses Raumeinnehmen ist für sie aber mit Sichtbarwerden ihres Brustansatzes nicht mehr vereinbar.

In der Diskussion um geschlechtstypische Verläufe der Körper- und Bewegungssozialisation steht immer wieder die geschlechtstypisch differenziell geprägte Aneignung von Bewegungsräumen und die damit einhergehende mögliche bzw. tatsächlich vorgenommene Raumaneignung über Spiel- und Sportaktivitäten im Mittelpunkt (vgl. u. a. Baur, 1989, S. 196-214; Pfister, 1994; Zinnecker, 1979, S. 733-735). Grundlegende Überlegungen zum Zusammenhang von Geschlecht und Raumaneignung finden sich bereits in den Arbeiten von Erikson (1964), der postuliert, dass „inner and outer body space are sex related, boys tending to think in terms of open, and girls in terms of closed space" (zit. n. Talbot, 1981, S. 44). Oder, wie Krüger (1985, S. 481) pointiert formuliert: „Schon Eisenbahn und Puppenstube verlangen einen unterschiedlich großen Aktionsradius." Während Jungen sich über ihr Spielzeug den ganzen Raum erobern, werden Mädchen dazu angehalten, sich auf „eher feinmotorische Aktivitäten zu konzentrieren, die in einer Zimmerecke oder auf einem Tisch stattfinden" (ebd.). Während Jungen darüber hinaus durch die von ihnen bevorzugten Sportspiele und -aktivitäten, zu denen im nichtorganisierten Sport im Kindes- und Jugendalter neben dem Fußball beispielsweise auch Streetball oder Skateboardfahren zählen, im öffentlichen Leben, d. h. auf Straßen, öffentlichen Plätzen oder Schulhöfen unmittelbar präsent sind und dort bereits von frühester Kindheit an lernen, sich über ihre sport- und bewegungsbezogenen Aktivitäten Räume zu erobern, fehlt Mädchen diese wertvolle Erfahrung der „Straßensozialisation" (Zinnecker, 1979) weit gehend, da „die Erziehung der Mädchen (...) nach wie vor die Bindung an die Familie, an intime und sozial gut kontrollierbare Lebensräume" betont (ebd., S. 733).

Neuere Studien zur Körper- und Bewegungssozialisation im Kindes- und Jugendalter heben ebenfalls hervor, dass Mädchen und Jungen zwar prinzipiell die sozialräumlichen Bedingungen ihres Wohnumfeldes in gleicher Weise zur Verfügung stehen, sie jedoch in geschlechtstypischer Art wahrgenommen und genutzt werden (vgl. Kleine, 1998, S. 51-56; Nissen, 1998). Obwohl davon auszugehen ist, dass Mädchen mehr Bewegungsräume zur Verfügung stehen als je zuvor, bleiben beträchtliche quantitative Unterschiede im informellen Sportengagement von Mädchen und Jungen feststellbar (Brettschneider & Kleine, 2002; Gogoll et al., 2003; Menze-Sonneck, 1998). Diese tragen dazu bei, dass sich die Körper- und Bewegungserfahrungen sowie, darauf aufbauend, die sportlichen Orientierungen und Fähigkeiten von Jungen und Mädchen auseinander entwickeln. Bilanzierend können diese wie folgt beschrieben werden: „Jungen eignen sich durch vielfältige motorische Aktivitäten die Umwelt an, sie erfahren ihre Leistungs- und Belastungsfähigkeit und lernen, ihren Körper instrumentell einzusetzen. Die von den Mädchen überwiegend gewählten Freizeitaktivitäten sind dagegen eher geeignet, ein affektives Verhältnis zum eigenen Körper zu fördern und die ästhetischen Qualitäten des Körpers und der Bewegung zu betonen" (Pfister, 1994, S. 82). Entsprechend wird Mädchen typischerweise auch die Erfahrung, dass Schmerzen vergehen und blaue Flecken verschwinden, im Rahmen ihrer Körper- und Bewegungssozialisation weit gehend vorenthalten.

Akzeptierte Schwäche und freiwillige Selbstbeschränkung

Nachdem für Dorothee Sölle mit Sichtbarwerden des Brustansatzes im Alter von 12 Jahren unabänderlich feststand, dass sie „zum Mädchen geboren und bestimmt war", hört sie freiwillig auf, das Schwingen an der Teppichstange zu üben. Sie akzeptiert, dass ihr Körper nicht, wie gehofft, „mit einemmal größer und stärker würde".

Das Phänomen der freiwilligen Selbstbeschränkung und akzeptierten Schwäche, das Dorothee Sölle anhand ihrer Biografie beschreibt, ist in verschiedenen sozialisationstheoretischen und entwicklungspsychologischen Arbeiten aufgearbeitet worden. Demnach gewöhnen sich Mädchen offenbar schon sehr früh daran, „ihren Körper im Rahmen ihres engeren Spielraumes und in einer Weise einzubringen, der ihnen zugestanden wird" (Krüger, 1985, S. 481). Anders als für Jungen scheint die eigene körperliche Kraft für Mädchen „kein Gradmesser für den eigenen Wert zu sein" (ebd.). Es handelt sich hierbei um eine Einschätzung, die sich mit zunehmendem Alter sogar noch festigt: Mädchen beginnen bereits im Kindesalter, die Jungen als körperlich Überlegene zu akzeptieren und ergeben sich als erwachsene Frauen nicht selten scheinbar willenlos der Gewalt von Männern. Die Akzeptanz der männlichen Überlegenheit dürfte noch dadurch verstärkt werden, dass das Leben der Mädchen und Frauen mit Beginn der Pubertät von idealisierten Körperbildern bestimmt wird. Diese Schönheitsideale werden einerseits im Handeln von Frauen hoch bewertet, beinhalten andererseits aber in hohem Maße – und nicht selten männliche – Fremddefinitionen und stehen somit nicht in eigener Verfügungsgewalt.

Die für den Schulsport beschriebene, vermeintlich „unkritische und ohnmächtige Anpassung" der Mädchen an männlich dominante Interaktionsstrukturen (vgl. Schmerbitz & Seidensticker, 1994, S. 205f.), die als solche nicht selten mit einem weitestmöglichen Rückzug vom Sportunterricht verbunden sein dürfte, ist vor dem Hintergrund dieser Überlegungen keineswegs als bequeme Form der „Leistungsverweigerung" zu bewerten. Vieles spricht vielmehr dafür, dass die vermeintlichen Formen der Anpassung die Unsicherheit vieler Mädchen widerspiegeln, im Sport in eine für sie ungewohnte Rolle zu schlüpfen, d. h., Stellung zu beziehen, sich auch einmal gegen den Willen anderer durchzusetzen und dabei möglicherweise auch noch die eigene Popularität außerhalb der Sporthalle zu riskieren (vgl. Alfermann, 1994).

Das erstmals von Horner (1968) speziell für weibliche Jugendliche beschriebene Motiv des „fear of success" drückt die spezifische Ambivalenz aus, mit der Erfolgsrückmeldungen in leistungsthematisch besetzten Situationen für Mädchen und Frauen verbunden sind: „Die Motivation, Erfolg zu vermeiden, ist ein stabiles Charakteristikum der Persönlichkeit, das früh im Leben zusammen mit Geschlechtsrollenstandards angenommen wird (...). Es wird als eine Neigung angesehen, a) sich unwohl zu fühlen, wenn man in Leistungskonkurrenzsituationen erfolgreich ist, weil ein solches Verhalten mit Feminität nicht übereinstimmt (ein interner Standard) und b) gesellschaftliche Ablehnung in solchen Situationen als Ergebnis von Erfolg zu erwarten oder zu befürchten" (Horner, 1968, zit. n. Horstkemper, 1987, S. 31).

Hier ins Bild passt der Befund, dass für Mädchen die positive Selbstbewertung insofern an einem seidenen Faden hängt, als sie maßgeblich auf externen Beurteilungen über die expressiven Fähigkeiten, wie etwa die Popularität, aufbaut. Für Jungen gilt dagegen, dass „instrumental components of the self such as academic achievement and athletic prowess appear to be relatively more important" (Bush & Simmons, 1987, p. 191). Für heranwachsende Mädchen sind diese geschlechtstypischen Formen der Selbstbewertung insofern problematisch, als „individuals may find that they have less control over who likes them than over attributes where practice and individual initiative influence success" (ebd.). Auch der Befund, dass Mädchen eine geringere internale Kontrollüberzeugung in Bezug auf die Beeinflussbarkeit ihrer körperlichen Verfassung aufweisen (vgl. dazu Brettschneider, 2003, S. 221f.), wird vor diesem Hintergrund verständlich.

Pubertät als sichtbarer Einschnitt innerhalb der Bewegungskarriere

Dorothee Sölle beendet das Schwingen an der Teppichstange, weil ihr Körper durch das Sichtbarwerden der Brüste eindeutig als weiblich identifizierbar ist. Das Schwingen an der Teppichstange, bei dem man nicht nur viel Raum einnimmt, sondern bei dem die Brüste auf Grund des geöffneten Arm-Rumpf-Winkels auch gut sichtbar sind, passt nicht zu dieser Entwicklung.

Auch in der Geschlechterforschung wird immer wieder darauf hingewiesen, dass die äußerlich wahrnehmbare Entwicklung der sekundären Geschlechtsmerkmale für heranwachsende Mädchen von besonderer Bedeutung ist. Mädchen müssen von nun an lernen, mit ihrem weiblich gewordenen Körper umzugehen. Sie müssen dabei auch lernen, wie sich in Anlehnung an Freedman (1989) pointiert formulieren lässt, „was Schönheit bedeutet", denn sie erfahren mit der Pubertät eine zunehmende Sexualisierung ihres Körpers. Sie geraten damit erstmals in eine für weibliche Lebensverläufe typische Problemlage: Die „Zwickmühle zwischen dem ‚Sich-Anbieten', bei dem immer auch die ‚Verwahrlosung' droht, und dem ‚Sich-Bewahren', bei dem immer auch das ‚Sitzenbleiben' droht" (Krüger, 1985, S. 480). Es scheint in diesem Kontext plausibel, „daß Mädchen in der Phase der Pubertät, der Identitätsfindung und Verunsicherung, ihrem Aussehen, dem Körper und seiner Präsentation gegenüber zunehmend sensibler werden und sich Sorgen machen – für sie geht es scheinbar ‚ums Ganze', nämlich um die ganze Person" (Hartmann-Tews, 1990, S. 158).

Hagemann-White (1992, S. 66-71) macht in diesem Zusammenhang explizit auf die physiologischen Besonderheiten der weiblichen Adoleszenz und ihre sozialen Konsequenzen aufmerksam. Sie betont, dass viele Mädchen schon bei der sich anbahnenden Pubertät erleben, dass ihre Körperveränderungen von der Umwelt bemerkt werden, ohne dass sie selbst aber das Einsetzen der Pubertät bewusst erlebten. Dass mit dem Einsetzen der Pubertät soziale Akzeptanz und Attraktivität von Mädchen verstärkt an ihre sexualisierte Körperlichkeit gebunden wird, bedeutet auch, dass ihre Körperlichkeit von nun an verstärkt unter dem Gesichtspunkt der „Gefahrenquelle Sexualität" wahrgenommen wird (vgl. Krüger, 1985, S. 480). Dementsprechend wird im Jugendalter eine unterschiedliche Behandlung von Mädchen und Jungen – insbesondere in Hinblick auf ihre Beaufsichtigung – häufig durch die mehr oder weniger starke Sorge um Gefahren des sexuellen Missbrauchs, aus Angst, dass „etwas passiert", motiviert und gerechtfertigt. Mädchen müssen sich eben nicht nur den entwicklungsbedingten Veränderungen der Pubertät, „sondern auch den Reaktionen der Gesellschaft auf diese Veränderungen" (Freedman, 1989, S. 169) anpassen.

3   Zusammenfassung und Ausblick – Differenzen abbauen

In der Gesamtschau lassen sich alle drei Interpretationsansätze, die ich unter den Überschriften: „Eingeschränkte Räume – eingeschränkte Bewegungserfahrungen", „Akzeptierte Schwäche und freiwillige Selbstbeschränkung" sowie „Pubertät als sichtbarer Einschnitt innerhalb der Bewegungskarriere" vorgestellt habe, dahin gehend zusammenfassen, dass sie auf das Herstellen von Differenz ausgerichtet sind und letztendlich zur Aufrechterhaltung von Hierarchien zwischen den Geschlechtern beitragen. Denn durch ihre Abwesenheit in öffentlichen Räumen treten Mädchen zugleich ihren „Machtanspruch" auf den öffentlichen Raum ab (vgl. Ahrend, 2002, S. 45-48; Spitthöver, 1989, S. 96).

Hinzu kommt, dass in dem Maße, in dem Mädchen öffentliche Räume vorenthalten werden, ihnen auch immer wieder spezifische Chancen zur Identitätsentwicklung im Bereich des informellen Sports genommen werden. Denn vieles spricht dafür, dass sich Mädchen mit der Erschließung öffentlicher Räume im Bereich des informellen Sports auch spezifische Chancen der Identitätsentwicklung erschließen könnten. Diese Chancen sowie die hierfür notwendigen Rahmenbedingungen zu untersuchen, erscheint deshalb besonders lohnenswert. Dies gilt umso mehr, als sich im Zuge gesellschaftlicher Individualisierungs- und Pluralisierungsprozesse auch die „möglichen Lebenswege und Lebenslagen von Frauen vervielfältigt und teilweise den Männern angeglichen" haben, sodass „die Bedeutung der Geschlechterdifferenz je nach Lebensphase und Lebenslage variiert" (Heintz & Nadai, 1998, S. 88).

Dass dies nicht zuletzt für den Bereich des informellen Sport zutrifft, soll abschließend anhand einer Interviewpassage aus dem Projekt „Männlicher" Sport – „weibliche" Identität (vgl. Kleindienst-Cachay & Kunzendorf, 2003) verdeutlicht werden. In dieser Interviewpassage schildert eine ehemalige Eishockeyspielerin der Nationalmannschaft, wie sie in ihrer Jugend über das informelle Sporttreiben zum Eishockey als Vereinssport gekommen ist:

„ (...) die Begeisterung für den Sport hatte ich eigentlich schon immer, wir sind viel Ski gelaufen, also jedes Jahr einmal zwei Wochen, und das war eigentlich bis dahin meine, meine Haussportart, so wo ich eigentlich gut war oder schon ziemlich gut, auch gerade so besonders für einen Norddeutschen. Und Eishockey fing dann eigentlich an, als wir im Winter, da sind die Teiche zugefroren, halt so auf den Teichen ein bisschen gespielt haben, so wie man das mal macht. Ich hatte so 'nen ganz alten Schläger, ich weiß nicht, 2,50 (DM) gekostet, also wirklich ganz billiges Ding, so 'n bisschen drauf rumgestockelt, und dann habe ich da halt welche spielen sehen, Jungs, und hab' da einfach mitgespielt. Und so haben wir uns dann halt den nächsten Tag verabredet und dann habe ich halt so ein bisschen gemerkt, das macht Spaß, aber mehr eigentlich nicht. Bis dann einer von den Typen gesagt hat: ‚Mensch, geh doch in 'nen Verein, Hannover hat doch einen Damenverein. (.....)' Und irgendwann (haben) meine Eltern das eingesehen und mir Schlittschuhe mitgebracht vom Flohmarkt, Eishockeyschlittschuhe für 5 DM. Und dann bin ich eigentlich nur noch mit den Eishockeyschlittschuhen gefahren, wenn wir Schlittschuhlaufen waren, die Eisbahn ist bei uns ganz in der Nähe" (vgl. Kleindienst-Cachay & Kunzendorf, 2003).

Die Interviewpassage belegt, dass Mädchen – oder wie hier junge Frauen – auch jenseits der herrschenden Weiblichkeitsstereotype informellen Sport treiben. Denn Eishockey gehört zweifellos zu den „harten" Sportarten, die einen kraftvollen Körpereinsatz fordern. Es geht um Sieg oder Niederlage und nicht um Schönheit oder Anmut.

Auch die Tatsache, dass von ihr selbst abgesehen ansonsten nur Jungen am Spiel teilnehmen, stört sie nicht. Es gibt hierfür auch offenbar keinen Grund, denn die Jungen akzeptieren sie nicht nur in dem Sinne, dass sie ihr das Mitspielen erlauben, sondern empfehlen ihr sogar auf Grund ihres offensichtlichen Talents, einem Eishockeyverein beizutreten. Auch die Eltern des Mädchen unterstützen ihr Engagement durch den Kauf von Eishockeyschlittschuhen. Obwohl die Eltern anfangs vom Eishockeyspiel ihrer Tochter nur wenig begeistert sind, lassen sie sich schließlich aber von deren Entschlossenheit überzeugen.

Anders als für das Mädchen Dorothee im ersten Beispiel heißt *doing gender* hier nicht *doing gender difference*, sondern *doing gender equality*. Es stellt sich deshalb die Frage, wie es zu erklären ist, dass sich ein Mädchen durch geschlechtsuntypische Formen des informellen Sporttreibens neue Räume öffnet und welche Chancen und Probleme der Identitätsentwicklung hiermit verbunden sind. Hierbei dürfte auch die Frage bedeutsam sein, inwieweit die Überwindung von Unterschieden auch zum Abbau von Ungleichheiten beiträgt. Gerade mit Blick auf die eingangs beschriebene „Kontextualität der Geschlechterverhältnisse" bedarf es weiterer Forschungen, um im Bereich des informellen Sports den Bedingungen nachzugehen, die zur Aufrechterhaltung oder Abschwächung der Geschlechterdifferenz führen. In diesem Zusammenhang müsste auch genauer danach gefragt werden, unter welchen Bedingungen bzw. in welchen Kontexten Geschlecht ein relevanter Faktor ist und wo sich die Unterschiede und die Ungleichheiten zwischen den Geschlechtern verringern (vgl. Heintz & Nadai, 1998, S. 77).

Literatur

Ahrend, C. (2002). *Mobilitätsstrategien zehnjähriger Jungen und Mädchen als Grundlage städtischer Verkehrsplanung*. Münster/New York/München/Berlin: Waxmann.

Alfermann, D. (1994). Geschlechterunterschiede im sozialen Handeln: Sozialpsychologische Anmerkungen zur Bedeutung des Geschlechts als soziale Kategorie. In U. Pühse (Hrsg.), *Soziales Handeln im Sportunterricht* (S. 210-225). Schorndorf: Hofmann.

Baur, J. (1989). *Körper- und Bewegungskarrieren. Dialektische Analysen zur Entwicklung von Körper und Bewegung im Kindes- und Jugendalter*. Schorndorf: Hofmann.

Berndt, I. & Menze, A. (1996). Distanz und Nähe – Mädchen treiben ihren eigenen Sport. In D. Kurz, H.-G. Sack & K.-P. Brinkhoff (Hrsg.), *Kindheit, Jugend und Sport in Nordrhein-Westfalen. Der Sportverein und seine Leistungen* (S. 361-430). Düsseldorf: Moll.

Bilden, H. (1991). Geschlechtsspezifische Sozialisation. In K. Hurrelmann & D. Ulrich (Hrsg.), *Handbuch der Sozialisationsforschung* (S. 279-301). Weinheim/Basel: Beltz.

Brettschneider, W.-D. & Kleine, T. (2002). *Jugendarbeit in Sportvereinen. Anspruch und Wirklichkeit.* Schorndorf: Hofmann.

Brettschneider, W.-D. (2003). Sportliche Aktivität und jugendliche Selbstkonzeptentwicklung. In W. Schmidt, I. Hartmann-Tews & W.-D. Brettschneider (Hrsg.), *Erster Deutscher Kinder- und Jugendsportbericht* (S. 211-231). Schorndorf: Hofmann.

Bush, D. M. & Simmons, R. (1987). Gender and coping with the entry into early adolescence. In R. C. Barnett, L. Biener & G. K. Baruch (eds.), *Gender and stress* (pp. 185-217). New York/London: The Free Press.

Freedman, R. (1989). *Die Opfer der Venus. Vom Zwang, schön zu sein.* Stuttgart: Kreuz.

Gogoll, A., Kurz, D. & Menze-Sonneck, A. (2003). Sportengagements Jugendlicher in Westdeutschland. In W. Schmidt, I. Hartmann-Tews & W.-D. Brettschneider (Hrsg.), *Erster Deutscher Kinder- und Jugendsportbericht* (S. 145-166). Schorndorf: Hofmann.

Hageman-White, C. (1984). *Sozialisation: Weiblich – männlich?* Opladen: Leske und Budrich.

Hartmann-Tews, I. (1990). Weibliche Körper-Verhältnisse – Wandel und Kontinuitäten. *Brennpunkt der Sportwissenschaft, 2,* 146-162.

Hartmann-Tews, I. & Luetkens, S.A. (2003). Jugendliche Sportpartizipation und somatische Kulturen aus Geschlechterperspektive. In W. Schmidt, I. Hartmann-Tews & W.-D. Brettschneider (Hrsg.), *Erster Deutscher Kinder- und Jugendsportbericht* (S. 297-317). Schorndorf: Hofmann.

Heintz, B. & Nadai, E. (1998). Geschlecht und Kontex. *Zeitschrift für Soziologie, 27* (2), 75-93.

Horstkemper, M. (1987). *Schule, Geschlecht und Selbstvertrauen. Eine Längsschnittstudie über Mädchensozialisation in der Schule.* Weinheim und München: Juventa.

Kleindienst-Cachay, Ch. & Kunzendorf, A. (2003). „Männlicher" Sport – „weibliche" Identität? Hochleistungssportlerinnen in männlich dominierten Sportarten. In I. Hartmann-Tews et al. (Hrsg.), *Soziale Konstruktion von Geschlecht im Sport* (S. 109-150). Opladen: Leske und Budrich.

Kleindienst-Cachay, Ch. & Kunzendorf, A. (2003). *„Männlicher" Sport – „weibliche" Identität? Hochleistungssportlerinnen in männlich dominierten Sportarten.* Abschlussbericht zum 31.3.2003. Interviewband.

Kleine, M.-L. (1998). Bewegungs- und Sporträume von Mädchen und Frauen. In MSKS NRW (Hrsg.), *Zwischen Utopie und Wirklichkeit: Breitensport aus Frauensicht* (S. 51-60). Düsseldorf: satz und druck gmbh.

Krüger, H. (1985). Weibliche Körperkonzepte – ein Problem für die Jugendarbeit. *Deutsche Jugend, 33,* 479-488.

Menze-Sonneck, A. (1998). *Mädchen und junge Frauen im Sportverein. Sportkarrieren und Fluktuation im Turnen.* Schorndorf: Hofmann.

Nissen, U. (1998). *Kindheit, Geschlecht und Raum. Sozialisationstheoretische Zusammenhänge geschlechtsspezifischer Raumaneignung.* Weinheim und München: Juventa.

Pfister, G. (1994). Körper-, Bewegungs- und Spielerfahrungen von Mädchen. Historische und aktuelle Entwicklungen. In R. Hildebrandt, G. Landau & W. Schmidt (Hrsg.), *Kindliche Lebens- und Bewegungswelt im Umbruch* (S. 72-88). Hamburg: Czwalina.

Pfister, G. (1999). *Sport im Lebenszusammenhang von Frauen*. Schorndorf: Hofmann.

Rose, L. (2002). Alles anders? Überlegungen zum Stellenwert des Sports in den modernen Mädchen- und Jungenwelten. *sportunterricht, 51* (6), 171-177.

Scheffel, H. & Sobiech, G. (1991). „Ene, mene, muh, aus bist du?" Die Pubertät – Brüche und Ambivalenzen in der Körper- und Bewegungsentwicklung von Mädchen. In B. Palzkill, H. Scheffel & G. Sobiech (Hrsg.), *Bewegungs(t)räume. Frauen – Körper – Sport* (S. 31-46). München: Frauenoffensive.

Schmerbitz, H. & Seidensticker, W. (1994). Zur Problematik der Interaktion von Jungen und Mädchen im koedukativen Sportunterricht an der Laborschule – Analysen, Ergebnisse, Perspektiven. In U. Pühse (Hrsg.), *Soziales Handeln im Sportunterricht* (S. 190-208). Schorndorf: Hofmann.

Schwier, J. (2003). Trendsportarten und ihre mediale Inszenierung. In W. Schmidt, I. Hartmann-Tews & W.-D. Brettschneider (Hrsg.), *Erster Deutscher Kinder- und Jugendsportbericht* (S. 195-197). Schorndorf: Hofmann.

Sölle, D. (1986). Kindheit. In C. Büttner & A. Ende (Hrsg.), *Die Rebellion der Mädchen. Jahrbuch der Kindheit. Band 3* (S. 15-17). Weinheim/Basel: Beltz.

Spitthöver, M. (1989). *Frauen in städtischen Freiräumen*. Köln: Pahl-Rugenstein.

Talbot, M. (1981). Women and sport – social aspects. *Journal of Biosocial Science Supplement, 7*, 33-47.

Zinnecker, J. (1979). Straßensozialisation. Versuch, einen unterschätzten Lernort zu thematisieren. *Zeitschrift für Pädagogik, 25*, 727-736.

Gesunde Städte – Bewegungsräume zum Aufwachsen

Karim Abu-Omar, Alfred Rütten und Jana Schröder

Grundlagen und Möglichkeiten informellen Sporttreibens von Kindern und Jugendlichen werden entscheidend durch deren Lebensraum bestimmt; genauer: durch die Quantität und Qualität des Raums für Bewegung, der sich ihnen bietet.

Der vorliegende Beitrag skizziert zunächst verschiedene Theorien und Konzepte, die sich mit Zusammenhängen von Lebensraum und Bewegung beschäftigen. Von besonderer Bedeutung ist dabei der Ansatz der Gesundheitsförderung.

Im zweiten Teil wird eine Reihe internationaler Studien vorgestellt, in denen die gesundheitlichen Auswirkungen von unterschiedlichen Bewegungsumwelten auf verschiedene Zielgruppen untersucht wurden.

Abschließend soll an einem Modellprojekt zur Aktionsraumforschung mit Kindern und Jugendlichen exemplarisch aufgezeigt werden, welche Möglichkeiten, aber auch Probleme sich bei der Gestaltung gesundheitsförderlicher Bewegungsräume ergeben können.

1 Theorien und Konzepte

Für die Erforschung von Wechselwirkungen zwischen der Umwelt und menschlichen Verhaltensweisen wurden verschiedene sozialökologische Ansätze entwickelt, wie sie z. B. durch die Sozialisationsforschung von Bronfenbrenner (1981) in die allgemeine psychologische und pädagogische Diskussion eingeführt (vgl. Oerter, 1987; Schulze, 1983) und sportwissenschaftlich z. B. von Baur (1993) für die Analyse motorischer Entwicklungsprozesse oder von Wopp (1995) hinsichtlich der Folgen von Urbanisierung für Spiel und Bewegung adaptiert wurden.

Im Kontext der sozialökologischen Theoriebildung ist für die Bewegungsraumforschung der Soziotopenansatz von Linde (1972), der die Dominanz von „Sachstrukturen" in Sozialbeziehungen betont, von besonderer Relevanz. So haben z. B. Zeiher und Zeiher (1994, S. 25f.) die prägenden „sozialen Vorgaben" des Habitats für Verhaltensweisen von Kindern und Jugendlichen an der räumlich-gegenständlichen Beschaffenheit eines Spielorts veranschaulicht:

Während ein speziell hergerichteter Spielplatz mit entsprechenden Geräten wie Schaukel und Rutschbahn bestimmte vorgedachte Handlungs- und Bewegungsabläufe nahe legt, bietet sich der verwilderte Garten um die Ecke als Ort an, dessen ursprüngliche Funktionsbestimmung außer Kraft ist und der zum Auskundschaften neuer Nutzungsmöglichkeiten einlädt. Gerade ein solches, von den Kindern selbst gestaltbares Umfeld zeichnet sich nach den Untersuchungen von Blinkert (1996; 1997) durch eine besondere „Aktionsraumqualität" aus, die zudem mit einem geringeren Bedarf an organisierter Betreuung einhergeht. In der Sportwissenschaft hat u. a. Dietrich (1989) im expliziten Rückbezug auf Linde die soziotypischen Charakteristika von Sporträumen im engeren Sinne hervorgehoben. Diese würden durch Parzellierung, Spezialisierung, Regulierung, Normierung und Technisierung bestimmte sportartenspezifische Handlungs- und Bewegungsabläufe fordern und fördern, andere mögliche Formen der Bewegungs-, Welt- und Sozialerfahrungen jedoch zugleich reduzieren.

Die von der sozialökologischen Forschung bereitgestellten Erkenntnisse über Wechselwirkungen zwischen Bewegungsverhalten und Bewegungsumwelt bilden gleichsam die Hintergrundfolie für die Diskussion verschiedener pädagogischer und gesundheitspolitischer Zielstellungen. Erzieherisch sind z. B. die in verschiedenen räumlichen Konstellationen selbst beinhalteten Lernpotenziale relevant: Während normierte Sporträume das Training sportartenspezifischer Fertigkeiten nahe legen, bieten sich naturbelassene Räume offensichtlich für vielfältige Bewegungserfahrungen an. Zudem werden auch im engeren sportpädagogischen Kontext die positiven Beziehungen zwischen motorischen, kognitiven und sozialen Lernerfahrungen und den Möglichkeiten zur eigenständigen Gestaltung von räumlich-situativen Bewegungsarrangements durch Kinder und Jugendliche herausgestellt (vgl. Dietrich & Landau, 1999).

Über die Analyse der pädagogischen Qualität von speziellen Sporträumen hinaus führt die Einsicht in den unauflösbaren Zusammenhang von menschlichem Aufwachsen und der schrittweisen Eroberung von Lebensräumen (Dietrich, 1998; Grupe, 1992) zur Forderung nach einer stärkeren Lebensweltorientierung des pädagogischen Zugriffs (Balz, 1992) – und damit hin zur Untersuchung und Bewertung der Bewegungsfreundlichkeit von modernen Wohnquartieren, Verkehrswegen, Schulen etc. – kurz: der Bewegungsfreundlichkeit der modernen Stadt. Während die Majorität der Sportpädagogen die grundlegenden Probleme der modernen Stadtentwicklung für die Bewegungsentwicklung von Kindern betont – beispielsweise durch Verbauung und Gefahren des Verkehrs den ökologischen Nahbereich (Straße und Quartier) als Bewegungsraum massiv eingeschränkt sieht, klassifizieren einige wenige, wie z. B. Bette (1997), die „Versportlichung urbaner Räume" durch Skater, BMX-Biker und andere jugendkulturelle Bewegungen als adäquate Antwort auf die Herausforderungen der modernen Lebenswelt. Allerdings sind die Potenziale sozialer und geschlechtsspezifischer Ungleichheit gerade bei solchen Trendsportarten nicht zu übersehen (vgl. Rusch & Thiemann, 1998).

Im Sinne gesundheitspolitischer Zielstellungen hängt das Thema „Bewegungsräume zum Aufwachsen" eng mit dem Konzept der „Gesunden Stadt" und dem dahinter stehenden Ansatz der Gesundheitsförderung zusammen. Versteht man unter „Gesundheitsförderung" einen „Prozess, der Menschen befähigt, die Kontrolle über die Determinanten für ihre Gesundheit zu erhöhen und dadurch ihre Gesundheit zu verbessern" (Nutbeam, 1998) – und fügt man hinzu, dass gesundheitsförderliches Handeln nach der Ottawa-Charta der WHO insbesondere eine gesamtpolitische (healthy public policy) und infrastrukturelle (supportive environment) Stoßrichtung verfolgt (WHO, 1986) – so ist das Thema „Bewegungsraum" insbesondere vor dem Hintergrund folgender Konzepte zu interpretieren:

(1) *Empowerment* (Befähigung) ist ein Schlüsselkonzept der Gesundheitsförderung, wenn es um die Kontrolle der Determinanten von Gesundheit geht, die sich z. B. in der Quantität und Qualität von Bewegungsräumen manifestieren. Partizipation ist ein wesentlicher Schritt, um dieses Ziel zu erreichen. Das bedeutet beispielsweise, dass die Entwicklung und der Betrieb von Bewegungsräumen für Kinder und Jugendliche gemeinsam mit den Heranwachsenden sowie möglichst weit gehend unter deren Kontrolle und in deren Verantwortlichkeit erfolgen sollten.

(2) *Lebenswelt* meint im Gegensatz zur systemfunktionalen Differenzierung von Räumen eine stärker ganzheitliche Betrachtung der alltäglichen Lebensführung, die für ein Kind z. B. das Leben zu Hause und in der Schule, den Weg zur Schule und zurück, das Spielen im Wohnumfeld etc. umfasst. Die Schaffung gesundheitsförderlicher Lebenswelten kann dementsprechend unter der Bewegungsraumperspektive nicht auf die Sportstätten im engeren Sinne beschränkt bleiben, sondern bezieht in besonderer Weise die alltäglichen Bewegungsgelegenheiten der Kinder und Jugendlichen mit ein.

(3) *Gesundheitsförderliche Gesamtpolitik* geht davon aus, dass die wichtigsten Determinanten sowohl für die Gefährdung als auch die Förderung von Gesundheit nicht im Gesundheitssektor, sondern in einer Reihe anderer Politikfelder, wie z. B. der Wirtschafts- und Arbeitsmarktpolitik, der Städtebau- und Verkehrspolitik oder der Umwelt- und Sozialpolitik zu finden sind. Auch die Gesundheitsförderung als Bewegungsraumförderung ist intersektoral anzulegen, d. h. möglichst in Partnerschaft mit Institutionen und Akteuren aus allen relevanten Politikfeldern zu entwickeln (vgl. Rittner in diesem Band).

Es gibt eine Reihe von praktischen Konzepten zur Gesundheitsförderung durch Gestaltung von Bewegungsräumen. Im Kontext der internationalen Gesunde Städte-Bewegung hatte sich schon Anfang der 1990er Jahre ein eigenes Projekt zur Bewegungsförderung von Kindern entwickelt, das jedoch noch primär auf die Stimulierung von Sportangeboten über die Förderung der Kooperation von Schulen, Sportvereinen und Kommunen und weniger auf räumliche Arrangements zur Bewegungsförderung ausgerichtet war (Logghe, 1994). Mit der weiteren gesundheitspolitischen Ausdifferenzierung der Gesundheitsförderung in verschiedenen Settingansätzen wurde das Thema *Bewegungsraum* vor allem im Netzwerk der gesundheitsförderlichen Schulen berücksichtigt (Paulus & Brückner, 2000). Gleichzeitig entstand mit der so genannten „bewegten Schule" (Regensburger Projektgruppe, 1999) aus dem Sportbereich heraus ein Ansatz, der mit dem Konzept der Gesundheitsförderung in hohem Maße kompatibel ist und z. B. mit speziellen Konzepten zur Schulhofgestaltung die alltagsräumliche Dimension der Bewegungsförderung in der Schule akzentuiert. Für eine umfassendere Behandlung von Bewegungsräumen und Gesundheitsförderung im städtischen oder sogar regionalen Kontext bieten sich wiederum neuere Konzepte zur Sportentwicklungsplanung an. Insbesondere kooperative Ansätze haben in diesem Bereich den Nachweis erbracht, dass sie dabei alle drei oben genannten Kernkonzepte der Gesundheitsförderung, d. h.

(1) intersektorale Politikentwicklung,

(2) Schaffung lebensweltlicher Bewegungsräume und

(3) Befähigung über Beteiligung von Betroffenen miteinander verbinden können (Rütten, 2002).

2 Empirische Ergebnisse

Betrachtet man die vorliegenden empirischen Ergebnisse zu der Beziehung zwischen dem Bewegungsverhalten von Kindern und Jugendlichen und den bestehenden Bewegungsräumen, so lässt sich insgesamt ein Mangel an hochwertigen Studien feststellen. Dies liegt vor allen Dingen daran, dass eine empirisch-analytische Auseinandersetzung mit diesem Thema erst in den letzten Jahren verstärkt stattgefunden hat und sich die bisher vorliegenden Studienergebnisse zumeist auf Erwachsene beziehen. Legt man allerdings diese Studienergebnisse zu Grunde, so lassen sich deutliche Hinweise auf einen Einfluss von Bewegungsräumen auf das Bewegungsverhalten nachweisen. Zu unterscheiden ist in diesem Zusammenhang zwischen Studien, die Bewegungsräume relativ eng über den Zugang zu Sportstätten oder ähnlichen infrastrukturellen Möglichkeiten zum Sporttreiben definiert haben, und Studien, die über die Einbeziehung von Naturräumen und allgemeinen Bewegungsgelegenheiten in der Stadt, einschließlich der sich in diesem Kontext ergebenden Gefährdungen z. B. durch Verkehr oder durch Kriminalität eine weitere Definition von Bewegungsräumen nutzen. Außerdem sollte zwischen Studien unterschieden werden, die Bewegungsräume über deren Perzeption operationalisieren, und Studien, die Bewegungsräume direkt erfassen.

Für die Perzeption von Möglichkeiten zum Sporttreiben haben verschiedene Studien nachgewiesen, dass eine positive Perzeption mit einem höheren Maß an sportlicher Aktivität verbunden ist (Rütten et al., 2001). Dies gilt sowohl für das Wissen über solche Möglichkeiten, z. B. das Vorhandensein eines Laufpfades (Brownson et al., 2000), der Zufriedenheit mit den Sport- und Freizeitangeboten in der Gemeinde, in der man lebt (MacDougall et al., 1997) als auch für die Wahrnehmung des Zugangs zu solchen Angeboten (Booth et al., 2000). Werden entsprechende infrastrukturelle Möglichkeiten breiter definiert, um auch andere Dimensionen von Bewegungsräumen zu beinhalten, so lassen sich auch hier positive Zusammenhänge zu dem Maß körperlicher Aktivität für Erwachsene nachweisen. So wurde aufgezeigt, dass sowohl die wahrgenommene Sicherheit in der eigenen Nachbarschaft (Centers for Disease Control and Prevention, 1998) als auch wahrgenommene günstige Bedingungen zum Spazierengehen (Brownson et al., 2001) mit dem Bewegungsverhalten im Zusammenhang stehen.

Darüber hinaus wurde in einigen Studien in der Zwischenzeit nachgewiesen, dass nicht nur die Perzeption, sondern auch der tatsächliche Bewegungsraum mit dem Bewegungsverhalten korreliert (Giles-Corti & Donovan, 2002). Betrachtet man z. B. die Anzahl von Sport- und Freizeiteinrichtungen, so hat ein internationaler Vergleich zwischen Finnland und Deutschland für Finnland eine höhere Dichte an diesen Einrichtungen und auch höhere Teilnahmezahlen an sportlicher Aktivität nachgewiesen (Stahl et al., 2002).

Auch wenn eine direkte Übertragung der skizzierten Ergebnisse auf Kinder nicht ohne weiteres möglich ist, so lassen sie doch nicht zuletzt im Hinblick auf diese Zielgruppe einen Einfluss von Bewegungsräumen auf das Bewegungsverhalten erwarten. Tatsächlich wird in ersten Studien über einen Zusammenhang zwischen Bewegungsräumen, dem Bewegungsverhalten und der Gesundheit von Kindern berichtet. Rütten et al. (2003a) konnten zeigen, dass für Kinder im fünften und neunten Schuljahr positive Korrelationen zwischen den wahrgenommenen Bewegungsräumen im eigenen Wohnumfeld, der körperlichen Fitness (Ausdauerleistung) und dem subjektiven gesundheitlichen Wohlbefinden bestehen. Kinder, die über eine bessere Gesundheit berichteten, hatten in dieser Untersuchung auch eine positivere Wahrnehmung des eigenen Wohnumfeldes und eine bessere Ausdauerleistung. Im Hinblick auf den gesundheitlichen Nutzen bleibt in diesem Kontext allerdings zu beachten, dass nicht jede Art von Sport und Bewegung automatisch gesund ist, sondern dass spezifische gesundheitliche Effekte an spezifische Qualitäten der jeweiligen Bewegungsaktivitäten gebunden sind (Sygusch et al., 2003).

An die empirisch-analytische Betrachtung der Zusammenhänge von Bewegungsräumen, Bewegungsverhalten und Gesundheit schließt sich unter dem Aspekt gesundheitsförderlicher Interventionen die Frage an, ob durch eine gezielte Förderung von Bewegungsräumen eine Steigerung von körperlicher Aktivität unter Kindern erreicht werden kann. International werden in diesem Zusammenhang verschiedene Empfehlungen abgegeben. Die Centers for Disease Control and Prevention (CDC) halten auf der Grundlage einer Metaanalyse vorliegender Interventionsstudien Maßnahmen zur Förderung von körperlicher Aktivität, die eine Verbesserung der Bewegungsräume (Infrastrukturen) beinhalten, für sehr geeignet (Kahn et al., 2002). Darüber hinaus werden vom CDC zwar keine ausreichenden Beweise für die Förderung von körperlicher Aktivität durch eine Gesundheitserziehung im Schulunterricht gesehen, wohl aber im Hinblick auf die Quantität sowie die gesundheitsförderliche Qualität des Sportunterrichts. Dass die direkte Bereitstellung von Bewegungsinfrastrukturen positiv auf das Bewegungsverhalten von Kindern wirken kann, wurde für die USA beispielsweise von Sallis et al. (2001) aufgezeigt. Andere Studien haben in der Zwischenzeit demonstriert, dass durch eine Verbesserung der schulischen Bewegungsräume und eine gezielte Unterstützung der Lehrkräfte bei der Durchführung des Sportunterrichts z. B. eine Steigerung der koordinativen Fähigkeiten bei Kindern erreicht werden kann (van Beurden et al., 2003).

Die vorliegenden empirischen Befunde deuten also insgesamt darauf hin, dass durch eine Verbesserung der Bewegungsräume das Bewegungsverhalten von Kindern positiv beeinflusst werden kann. Allerdings wird ein abschließender Nachweis aus evidenzbasierter Sicht dadurch erschwert, dass eine Verbesserung von Bewegungsräumen, besonders wenn diese auf einen gesamten städtischen Bereich bezogen ist, nur schwer in ein kontrolliertes Studiendesign zu integrieren ist. Ein solches Studiendesign wird aber auch von Institutionen wie der WHO in der Zwischenzeit für Maßnahmen der Gesundheitsförderung angestrebt (WHA, 1998). Ob eine evidenzbasierte Methodik überhaupt auf kommunale Maßnahmen zur Gesundheitsförderung übertragen werden kann, ist allerdings im Public Health-Bereich nicht unumstritten (Raphael, 2000). Daher erscheint es angebracht, bei der Erbringung des Nachweises von Zusammenhängen zwischen Bewegungsräumen und Bewegungsverhalten auch auf andere Studiendesigns und qualitativ orientierte Methoden des Erkenntnisgewinns zurückzugreifen (Rootman et al., 2001).

3 Handlungsansätze

Es gibt eine Reihe partizipativer Ansätze zur Verbesserung des Lebens- und Wohnumfeldes von Kindern und Jugendlichen. So konnten Verfahren wie die Zukunftswerkstatt (Jungk & Müller, 1997), die Zukunftskonferenz (Weisbord, 1996), der Planungszirkel (Stange, 1998), die Planungszelle (Dienel, 1992) und andere Verfahren auch für Kinder und Jugendliche fruchtbar gemacht werden (Brunsemann et al., 1997). Im Folgenden soll auf der Grundlage der bisher erörterten Konzepte und empirischen Befunde ein Projekt zur partizipativen

Aktionsraumforschung und -gestaltung vorgestellt werden, in dem Überlegungen zur „bewegten Schule" und „kinderfreundlichen Stadt" (Hess. Ministerium f. Landesentwicklung, 1992) ebenso berücksichtigt wurden wie Ansätze zu einer „Gesunden Stadt" und „Bewegten Kommune" (Woll et al., 2002). Dieses Projekt war wiederum Teil der Maßnahmenumsetzung im Rahmen einer integrierten Sportentwicklungsplanung in einer sächsischen Kommune (Rütten et al., 2003b). Ein vorrangiges Ziel der integrierten Sportentwicklungsplanung (ISEP) ist es, ein empirisch fundiertes Bild über den Sportbedarf sowie die Sportstätten- und Bewegungsraumsituation in einer Gemeinde zu ermitteln und auf dieser Grundlage – sowie im Dialog mit allen Interessengruppen – eine Prioritätensetzung hinsichtlich möglicher Verbesserungsmaßnahmen vorzunehmen.

Die Aktionsraumforschung und -gestaltung mit Kindern in einer Grundschule und mit Mädchen der neunten Klasse soll im Weiteren im Mittelpunkt der Betrachtung stehen. Bei diesen Zielgruppen hatten die vorangegangenen Untersuchungen in der Modellkommune festgestellt, dass gute bzw. schlechte Bewegungsinfrastrukturen einen signifikanten Einfluss auf die gesundheitliche Selbsteinschätzung haben (Rütten et al., 2003a). Der Sportunterricht in allen Schultypen spielt dabei eine geringere Rolle als eine bewegungsfreundliche Lebenswelt. Insgesamt konnten diese Untersuchungen auch andere empirische Befunde bestätigen (s. o.), welche signifikante Zusammenhänge zwischen der Qualität der Bewegungsinfrastruktur, z. B. den Bewegungsmöglichkeiten im Wohnumfeld, den verschiedenen Sportangeboten in einer Kommune und dem tatsächlichen Bewegungsverhalten von Erwachsenen als auch von Kindern und Jugendlichen aufzeigen: Schlechte Bedingungen implizieren offensichtlich mehr Inaktive, wobei Frauen und Mädchen insbesondere negativ betroffen sind (Rütten et al., 2000).

Der zu gestaltende Aktionsraum der Kinder in der Grundschule wurde im Rahmen des Projekts auf das Territorium der Schule, des Schulhofs und des Schulwegs beschränkt. Am Teilprojekt Grundschule wurden ca. 25 Kinder im Alter zwischen sechs und 10 Jahren beteiligt. Für die anfangs ca. 30 Mädchen der Klasse 9 im Teilprojekt Mädchen wurde als Aktionsraum die Schule als auch ihr näheres Wohnumfeld definiert. In einem ersten Schritt wurde bei beiden Zielgruppen im Rahmen der Aktionsraumgestaltung eine Kennenlern- und Motivationsphase durchgeführt. Diese erste Phase stand im Besonderen unter der Zielstellung der Erkundung der Gruppen, der Informationsgewinnung zum Bewegungs- und Freizeitverhalten der Kinder und Mädchen sowie der Einführung in und Motivation für das Projekt. Außerdem wurden die Ziele des Projekts mit den Kindern und Mädchen in dieser Phase gemeinsam erarbeitet. Im Weiteren sollen beide Teilprojekte separat voneinander vorgestellt werden, um Unterschiede im Vorgehen und vor allem bei den erzielten Ergebnissen deutlich zu machen.

An die Kennenlern- und Motivationsphase schloss sich eine Bestandsaufnahme und Analyse des Aktionsraums an (siehe Abbildung 1). Diese hatte die Erkundung der Bewegungsräume und eine Ideensammlung zur Verbesserung dieser Bewegungsräume zum Ziel. Dazu wurden Foto- und Videostreifzüge sowie Interviews in Kleingruppen mit den Kindern durchgeführt. Die Kinder haben dabei

(1) Orte thematisiert, an denen sie sich gern bewegen,

(2) Orte, an denen sie sich nicht gern bewegen und

(3) Orte, an denen sie sich gern bewegen würden, aber nicht dürfen.

Nach der Sortierung der Fotos und Materialien ist eine Reihe von Ideen zur Verbesserung und Gestaltung des eigenen Aktionsraums mit den Kindern entwickelt worden. In diesem Zusammenhang wurden die Fotos und Videoeinstellungen gemeinsam mit den Kindern in einer Diskussionsrunde in Kleingruppen ausgewertet und der mögliche Realisierungsaufwand einer Maßnahme wurde abgeschätzt. Von allen gesammelten Ideen sind dann auf Grund einer Prioritätensetzung mithilfe der Methode der Mehrpunkteentscheidung folgende Ideen für die konkrete Maßnahmenplanung und -umsetzung ausgewählt worden:

- (Sicheren) Zugang zum Bach auf dem Schulgelände für die Kinder schaffen.

- Kletterwand an der Turnhallenwand.

- Häufigere Turnhallennutzung.

- „Tier-(Hunde-)verbotsschild" für den Sandkasten.

- Schaffung eines Balancebalkens.

- „Sichere Straße" vor der Schule (Tempo-30-Zone).

- Anbringung eines Basketballkorbs auf dem Schulhof.

- Weitere in Zukunft: Hüpfbilder im Schulhaus; Pezzibälle in Klassenräumen.

Abb. 1: Vorgehensweise in der Aktionsraumgestaltung mit Hortkindern im Grundschulalter

Zielgruppe	Aktionsraum		Vorgehensweise	Durchführung in der:	Schwerpunkte der Sitzung
Kinder	Schule	P R O Z E ß E V A L U A T I O N	Erkundung des Aktionsraums	1./2. Sitzung 17.04./ 19.04.00	Projektinformation an die Hortkinder; Kennenlernspiele; Videointerviews; Erfindungsspiel; Schulhausrundgang; Malen; Fotostreifzug; Ideensammlung
			Bestandsaufnahme des Aktionsraums	3./4. Sitzung 28.04./ 12.05.00	Auswertung der Video- und Fotostreifzüge; Prioritätensetzung; Besprechung erster Maßnahmen
			Prioritätensetzung durch die Zielgruppe	5./6./7. Sitzung 26.05./16.06. / 30.06.00	Maßnahmenformulierung; 1. Aktion: Unterschriftensammlung zur Tempo-30-Zone vor der Schule; Informations-
			Maßnahmenentwicklung durch die Zielgruppe	8.Sitzung 07.07.00	gespräche mit Elternbeirat, der Stadtverwaltung und Sponsoren Auswertung Unterschriftensammlung; Organisation eines Aktionstages
			Maßnahmenumsetzung durch die Zielgruppe und Verantwortlichen	9./10. Sitzung 25.08./ 10.10.00	Auswertung des Aktionstages; Pressegespräche; Vorstellung des Projekts im Ortschaftsrat
			Ergebnisevaluation	2001	Ergebnisevaluation (Befragung der Kinder, der Studenten und Rahmenakteure)

In der anschließenden Phase der Maßnahmenplanung und -umsetzung wurden verschiedene Aktionen mit den Kindern entwickelt und realisiert. Hierzu zählen z. B. eine Unterschriftenaktion für das Einrichten einer Geschwindigkeitszone 30 vor der Schule, das Entwerfen der Beschilderung für ihren Spielplatz („Tier-(Hund-)verbotsschild"), die Standortbestimmungen für Basketballkorb und Balancierbalken sowie Informationsgespräche mit dem Elternbeirat sowie dem Ortschaftsrat. Die meisten der geplanten Maßnahmen konnten tatsächlich umgesetzt werden. So wurde der Hausmeister für den Bau bzw. das Anbringen des Balancierbalkens und des Basketballkorbs gewonnen. Leider wurde der Balancierbalken am Ende nicht realisiert. Ebenso wurde aus Sicherheits- und Hygienegründen den Kindern kein Zugang zum Bach im Schulgelände gewährt. Die erweiterte Nutzung der Turnhalle durch die Kinder wurde dagegen täglich von 12-15.00 Uhr ermöglicht. Ebenso konnte eine Tempozone 30 vor der Schule und in der gesamten Straße (Schulweg der Kinder) eingerichtet werden. Die Beschilderung des Schulhofs bzw. Spielplatzes (Hundeverbot) konnte ebenso realisiert werden wie die Ausstattung der Klassenräume der ersten Klasse mit Pezzibällen als Sitzgelegenheiten.

Ein Projekt mit Mädchen der Klasse 9 zeigt exemplarisch auf, dass partizipative Aktionsraumgestaltung auch ganz anders und weitaus weniger erfolgreich verlaufen kann. Hier hatten sich anfangs fast 30 Mädchen dafür interessiert, ihre

Aktionsräume in Schule und Wohnumfeld zu gestalten. Bis zum Ende des Projekts war die Anzahl der Teilnehmerinnen auf fünf geschrumpft. Nach der Kennenlern- und Motivationsphase teilten sich die Mädchen zunächst in zwei Arbeitsgruppen auf. Eine Arbeitsgruppe (AG) sollte sich mit dem direkten Schulumfeld auseinander setzen. Diese AG bestand hauptsächlich aus Mädchen, die nicht unmittelbar in der Gemeinde wohnten. Die Mädchen aus der Gemeinde selbst stellten die andere AG, welche das weitere Umfeld der Schule, d. h. zugleich ihr eigenes Wohnumfeld, zum Thema hatte. In einem weiteren Treffen wurde eine Bestandsaufnahme des Schul- und Wohnumfeldes mithilfe einer „Klagewand – was stinkt mir?" vorgenommen. Auf der Klagewand wurden auf Zuruf verschiedene Ideen zur Verbesserung des Umfeldes festgehalten. Diese Ideen wurden gemeinsam thematisch geordnet. Ideen der Mädchen waren z. B. die Einrichtung eine Volleyballplatzes, die Schaffung von Tischtennisplatten und Sitzgelegenheiten auf dem Schulhof, ebenso ein Basketballkorb und das Angebot von Aerobickursen für Frauen. Nach dieser Ideensammlung wurde mit einer verringerten Anzahl an Mädchen ein Videostreifzug unternommen. Während des Streifzugs sollten sowohl positive als auch negative Beispiele für Bewegungsräume in der Schule und in deren Umfeld dargestellt werden. Die Auswertung des Videos wurde mithilfe eines Ortsplans unterstützt. Mit verschiedenfarbigen Klebepunkten haben die Mädchen dabei die aufgenommenen Bewegungsräume auf dem Ortsplan markiert und klassifiziert:

(1) Negatives Beispiel Bewegungsraum,

(2) nicht optimaler, aber akzeptabler Bewegungsraum und

(3) positives Beispiel Bewegungsraum.

In der anschließenden Diskussion wurden auf der Grundlage der Bestandaufnahme drei vorrangige Maßnahmenpakete entwickelt:

☐ Kegelbahn: Möglichkeit zu kegeln zu ermäßigten Preisen innerhalb bzw. außerhalb des ortsansässigen Kegelvereins. Die Mädchen führten Gespräche mit dem Kegelbahnbetreiber sowie dem Vereinsvorstand.

☐ Wiese: Suche nach einem Standort für einen ausgedienten Bauwagen, der den Mädchen als Treffpunkt dienen soll. Die Mädchen führten Gespräche mit den Eigentümern der Wiese (Gemeinde, Bauer).

☐ Schulhof: Der Schulhof der Schule stand unmittelbar vor der Sanierung. Hier gab die Schulleiterin den Mädchen die Möglichkeit, sich noch in die Planung einzubringen und ihre Wünsche und Bedürfnisse engagiert anzumelden.

Jeder einzelne Maßnahmenblock wurde von den Mädchen zunächst bearbeitet. Auf Grund der dabei gemachten negativen Erfahrungen, insbesondere hinsichtlich der mangelnden Unterstützung durch die Entscheidungsträger der Gemeinde, die Lehrer an der Schule und das technische Personal der Schule und entsprechender Misserfolge in der Maßnahmenumsetzung stellte sich bei den Mädchen jedoch bald eine deutliche Frustration ein. Zudem scheiterten weitere Treffen an Abstimmungsproblemen zwischen dem Projektteam, den Mädchen selbst und der Schulleitung. Am Ende gaben die noch verbliebenen Mädchen zu verstehen, kein Interesse mehr an der Fortsetzung des Projekts zu haben. Das Teilprojekt musste ohne erfolgreiche Maßnahmenumsetzung beendet werden.

4 Schlussfolgerungen

Gerade das zuletzt skizzierte Beispiel einer wenig erfolgreichen partizipativen Aktionsraumgestaltung ist aufschlussreich im Hinblick auf die notwendigen Bedingungen für gelungene Handlungsansätze in diesem Bereich. Offensichtlich stellt sich Empowerment im Sinne der eingangs erörterten Befähigung von Zielgruppen zur Kontrolle der Determinanten für ihre Bewegung und ihre Gesundheit nicht automatisch durch die Beteiligung von betroffenen Zielgruppen an der Gestaltung ihrer bewegungsbezogenen Lebenswelt ein. Im Gegenteil: Partizipative Aktionsraumgestaltung kann ähnlich wie schülerzentrierter, offener Unterricht nur gelingen, wenn ein besonderes Augenmerk auf die notwendigen organisatorischen, politischen und planerischen Rahmenbedingungen gelegt wird. Konkret bedeutet dies beispielsweise, dass das jeweilige Projektteam professionell auf seine Rolle als Moderator, besser „Ermöglicher" (facilitator), des gesamten Prozesses vorbereitet sein muss und im Sinne eines umfassenden Qualitätsmanagements jede einzelne Phase adäquat steuert. Wenn zudem das „policy environment" in diesem Sinne nicht stimmt bzw. nicht stimmig gemacht werden kann, sind partizipative Gesundheitsförderungsansätze im Kleinen wie im Großen kaum erfolgreich und nachhaltig umzusetzen (vgl. Rütten, 2001). Im Mittelpunkt des Erfolgs einer partizipativen Vorgehensweise steht insofern das Einbeziehen aller stakeholder; d. h. nicht nur die Beteiligung der Zielgruppe als Betroffene selbst, sondern auch die Partizipation der Entscheidungsträger und Verantwortlichen sollte in dem jeweiligen Bereich gegeben sein. Bezieht man Entscheidungsträger, Experten und Verantwortliche von Beginn an in einen solchen Gestaltungsprozess ein, kann einerseits von einer größeren Wahrscheinlichkeit der Realisierung geplanter Maßnahmen ausgegangen werden und wird andererseits eine größere Akzeptanz der Maßnahmenplanung und -umsetzung auf allen Ebenen geschaffen.

Literatur

Balz, E. (1992). Spiel- und Bewegungsräume in der Stadt. *sportpädagogik, 16* (4), 22-27.

Balz, E. (1998). Sportgelegenheiten. *sportpädagogik, 22* (6), 4-9.

Baur, J. (1993). *Motorische Entwicklung in kulturellen Kontexten.* Bericht zum Forschungsprojekt „Sozialökonomische Präformationen der motorischen Entwicklung im Kindes- und Jugendalter". Paderborn, Potsdam: Sport und Buch Strauß.

Bette, K.-H. (1997). Asphaltkultur: zur Versportlichung und Festivalisierung urbaner Räume. In H.-J. Hohm (Hrsg.), *Straße und Straßenkultur: Interdisziplinäre Beobachtungen eines öffentlichen Sozialraumes in der fortgeschrittenen Moderne*. Konstanz: Uni.-Verlag.

van Beurden, E., Barnett, B., Zask, A., Dietrich, U. C., Brooks, L. O. & Beard, J. (2003). Can we skill and activate children through primary school physical education lessons "Move it Groove it" – a collaborative health promotion intervention. *Preventive Medicine, 36*, 493-501.

Blinkert, B. (1996). *Aktionsräume von Kindern in der Stadt*. Eine Untersuchung im Auftrag der Stadt Freiburg, FIFAS-Schriftenreihe Bd. 2. Pfaffenweiler: Centaurus-Verl.-Ges.

Blinkert, B. (1997). *Aktionsräume von Kindern auf dem Land*. Eine Untersuchung im Auftrag der Stadt Freiburg, FIFAS-Schriftenreihe Bd. 5. Pfaffenweiler: Centaurus-Verl.-Ges.

Booth, M. L., Owen, N., Bauman, A., Clavisi, O. & Leslie, E. (2000). Social-cognitive and perceived environment influences associated with physical activity in older Australians. *Preventive Medicine, 31*, 15-22.

Bronfenbrenner, U. (1981). *Die Ökologie der menschlichen Entwicklung: natürliche und geplante Experimente*. Stuttgart: Klett.

Brownson, R. C., Housemann, R. A., Brown, D. R., Jackson-Thompson, J., King, A. C., Malone, B. R. & Sallis, J. F. (2000). Promoting physical activity in rural communities. *American Journal of Preventive Medicine, 18*, 235-241.

Brownson, R. C., Baker, E. A., Housemann, R. A., Brennan, L. K. & Bacak, S. J. (2001). Environmental and policy determinants of physical activity in the United States. *American Journal of Public Health, 91*, 1995-2003.

Brunsemann, C., Stange, W. & Tiemann, D. (1997). *Mitreden – Mitplanen – mitmachen. Kinder und Jugendliche in der Kommune*. Deutsches Kinderhilfswerk und Aktion Schleswig-Holstein „Land für Kinder" (Hrsg.). Berlin, Kiel: Leck.

Centers for Disease Control and Prevention. (1998). Neighborhood safety and the prevalence of physical inactivity – selected states, 1996. *Morbidity and Mortality Weekly Report, 48*, 143-146.

Dienel, P. C. (1992). *Die Planungszelle*. 3. Aufl. Opladen: Westdeutscher Verlag.

Dietrich, K. (1989). Raumarrangements in Sportinszenierungen. In K. Dietrich & K. Heinemann (Hrsg.), *Der nichtsportliche Sport. Beiträge zum Wandel im Sport* (S. 186-198). Schorndorf: Hofmann.

Dietrich, K. (1998). Spielräume zum Aufwachsen. *sportpädagogik, 22* (6), 14-25.

Dietrich, K. & Landau, G. (1999). *Sportpädagogik*. Reinbek: Rowohlt.

Giles-Corti, B., & Donovan, R. J. (2002). The relative influence of individual, social and physical environment determinants of physical activity. *Social Science & Medicine, 54*, 1793-1812.

Grupe, O. (1992). Zur Bedeutung von Körper-, Bewegungs- und Spiel-Erfahrungen für die kindliche Entwicklung. In H. Altenberger & F. Maurer (Hrsg.), *Kindliche Welterfahrung in Spiel und Bewegung* (S. 9-38). Bad Heilbrunn: Klinkhardt.

Hess. Ministerium f. Landesentwicklung (Hrsg.) (1992). *Stadt für Kinder – Planungshilfe für die städtebauliche Planung*. 3. Aflg. Reihe: Städtebau in Hessen. Frankfurt/M.

Jungk, R. & Müller, N. (1997). *Zukunftswerkstätten*. München: Heyne.

Kahn, E. B., Ramsey, L. T., Brownson, R. C., Heath, G. W., Howze, E. H. & Powell, K. E. (2002). The effectiveness of interventions to increase physical activity. *American Journal of Preventive Medicine, 22* (4S), 73-107.

Linde, H. (1972). *Sachdominanz in Sozialstrukturen.* Tübingen: Mohr.

Logghe, K (1994). *Evaluation protocols for multi-city action plans (MCAPS).* RHC Monograph Series. Maastricht.

MacDougall, C., Cooke, R., Owen, N., Willson, K., & Bauman, A. (1997). Relating physical activity to health status, social connections and community facilities. *Australian and New Zealand Journal of Public Health, 21*, 631-637.

Nutbeam, D. (1998). *Health Promotion Glossary.* (WHO/HPR/HEP/98.1). Geneva: WHO.

Oerter, R. (1987). Kultur, Ökologie und Entwicklung. In R. Oerter & L. Montada, *Entwicklungspsychologie* (S. 85-127). Weinheim: Psychologie-Verl.-Union.

Paulus, P. & Brückner, G. (Hrsg.) (2000). *Wege zu einer gesünderen Schule.* Tübingen: Dgvt Verlag.

Raphael, D. (2000). The question of evidence in health promotion. *Health Promotion International, 15* (4), 355-367.

Regensburger Projektgruppe (1999): Die bewegte Schule – Anspruch und Wirklichkeit. *sportpädagogik, 23* (1), 3-10.

Rootman, I., Goodstadt, M., Hyndman, B., McQueen, D. V., Potvin, L., Springett, J. & Ziglio, E. (Hrsg.) (2001). *Evaluation in health promotion. Principles and perspectives.* WHO Regional Publication, European Series Nr. 92. Kopenhagen: WHO.

Rütten, A. (2001). Evaluating Healthy Public Policies in community and regional contexts. In I. Rootman, M. Goodstadt, B. Hyndman, D. V. McQueen, L. Potvin, J. Springett & E. Ziglio (edit.), *Evaluation in health promotion. Principles and perspectives* (S. 341-363). WHO Regional Publication, European Series Nr. 92. Kopenhagen: WHO.

Rütten, A. (2002). Kommunale Sportentwicklung als Beitrag zur kommunalen Gesundheitsförderung. In A. Woll, D. Illmer & K. Bös (Hrsg.), *Bewegte Kommune – Gesunde Kommune* (S. 36-47). Schorndorf: Hofmann.

Rütten, A., Ziemainz, H., Abu-Omar, K. & Groth, N. (2003a) Residential area, physical education, and the health of school aged children. *Health Education, 103* (5), 264-271.

Rütten, A., Lüschen, G., Lengerke, T. von, Abel, T., Kannas, L., Rodríguez Diaz, J. A., Vinck, J., & van der Zee, J. (2000). *Health Promotion Policy in Europe: Rationality, impact and evaluation.* München: Oldenbourg.

Rütten, A., Abel, T., Kannas, L., von Lengerke, T., Lüschen, G., Rodriguez Diaz, J. A., Vinck, J., & van der Zee, J. (2001). Self reported physical activity, public health, and perceived environment: results from a comparative European study. *Journal of Epidemiology and Community Health, 55*, 139-146.

Rütten, A., Schröder, J. & Ziemainz, H. (2003b). *Handbuch der kommunalen Sportentwicklungsplanung.* Bd. 14 der Reihe Zukunftsorientierte Sportstättenentwicklung. Frankfurt/M: Landessportbund Hessen.

Rusch, H. & Thiemann, F. (1998). Straßenspiel im Wandel. *sportpädagogik, 22* (6), 10-12.

Sallis, J. F., Conway, T. L., Prochaska, J. J., McKenzie, T. L., Marshall, S. J. & Brown, M. (2001). The association of school environments with youth physical activity. *American Journal of Public Health, 91* (4), 618-20.

Schulze, T. (1983). Ökologie. In D. Lenzen (Hrsg.), *Enzyklopädie Erziehungswissenschaft*, Bd.1 (S. 262-279). Stuttgart: Klett.

Stahl, T., Rütten, A., Nutbeam, D., & Kannas, L. (2002). The importance of policy orientation and environment on physical activity participation – a comparative analysis between Eastern Germany, Western Germany, and Finland. *Health Promotion International, 17*, 235-246.

Stange, W. (1998). *Planen mit Phantasie.* Zukunftswerkstatt und Planungszirkel für Kinder und Jugendliche. Deutsches Kinderhilfswerk e.V. 3. Aflg. Berlin.

Stone, E. J., McKenzie, T. L., Welk, G. J. & Booth, M. L. (1998). Effects of physical activity interventions in youth. *American Journal of Preventive Medicine, 15* (4), 298-312.

Sygusch, R., Brehm, W. & Ungerer-Röhrich, U. (2003). Gesundheit und sportliche Aktivität bei Kindern und Jugendlichen. In W. Schmidt, I. Hartmann-Tews & W.-D. Brettschneider (Hrsg.), *Erster Deutscher Kinder- und Jugendsportbericht* (S. 63-84). Schorndorf: Hofmann.

Weisbord, M. (1996). Zukunftskonferenzen. *Organisationsentwicklung, 1,* 4-23.

Woll, A., Illmer, D. & Bös, K. (Hrsg.). (2002). *Bewegte Kommune – Gesunde Kommune.* Schorndorf: Hofmann.

Wopp, C. (1995). Aspekte der Sportstättenentwicklungs-Planung aus sportpädagogischer Sicht. *Sportwissenschaft, 1,* 9-26.

World Health Assembly (WHA). (1998). *Resolution WHA 51.12 on Health Promotion.* Agenda Item 20, 16 Mai 1998. WHO: Geneva.

World Health Organization (WHO). (1986). *Ottawa Charter for Health Promotion.* Ottawa: WHO.

Zeiher, H.J. & Zeiher, H. (1994). *Orte und Zeiten der Kinder: soziales Leben im Alltag von Großstadtkindern.* Weinheim, München: Juventa.

Die Straße als Spielfeld jugendlicher Sportszenen

Jürgen Schwier

1 „Just do it" – umsonst und draußen

Ganz offensichtlich sind unsere Innenstädte seit einiger Zeit wieder zum selbstverständlichen Bewegungsraum für sehr unterschiedliche Sportkulturen geworden. Was vor mehr als zwei Jahrzehnten mit der Joggingbewegung eher unauffällig begann, erreicht mit der anhaltenden Konjunktur von Stadtmarathons, dem Boom der Inlinernächte, der Inszenierung von Beachvolleyballturnieren auf Marktplätzen oder Iceclimbingevents in Parkhäusern seinen vorläufigen Höhepunkt. Neben solchen spektakulären Ereignissen fallen im städtischen Raum ebenfalls jene vorwiegend von Jugendlichen hervorgebrachten Bewegungspraktiken auf, die unter dem Stichwort „Streetstyle" oder „Urban Style" die Straßen und Plätze als alltägliche Bewegungsgelegenheiten und als Versuchslabore für eigenwillige Modi der Selbstsetzung nutzen. Diese Tendenz findet nicht nur in der Popularität des BMXings, Inlineskatings, Skateboardings oder des Streetballs ihren Niederschlag, sondern wird auch durch aktuelle empirische Befunde zum informellen Sportengagement von Heranwachsenden bestätigt. Unter Berücksichtigung der entsprechenden Ergebnisse derartiger Studien kann angenommen werden, dass zwischen einem Drittel und der Hälfte der Jugendlichen sich in der Freizeit regelmäßig an Orten bewegt und Sport treibt, die man im weiteren Sinne unter dem schillernden Begriff der *Straße* zusammenfassen kann (vgl. Baur et al., 2002, S. 114-116; Brettschneider & Kleine, 2002, S. 126-129; Kurz & Tietjens, 2000, S. 393-395).

Wenn im Folgenden also von der Straße gesprochen wird, sind damit zugleich öffentliche und vermehrt auch privatisierte Plätze, Fußgängerzonen, Einkaufspassagen und -zentren, Parkplätze, Bürgersteige, Baunischen und dergleichen mehr gemeint. Als urbaner Bewegungsraum umfasst die Straße in dieser Sicht alle Formen des informellen Sporttreibens im Freien, die nicht in naturnahen Arealen stattfinden. Die Straßen der Stadt verlangen von den sich auf ihnen bewegenden Menschen einerseits ein gewisses Maß an Disziplin und legen dabei bestimmte Bewegungshandlungen nahe, während sie andere Formen – wie das normierte Sporttreiben – eher ausblenden. Andererseits können die Leute nahezu jeden Ort und auch viele der eigentlich dem Verkehr vorbehaltenen Nichtorte durch ihr Tun umdeuten und temporär in Besitz nehmen. Eine Straße

kann so zum Fußballfeld oder zur Technotanzfläche werden, einen Bahnhofs-
vorplatz eignen sich jugendliche Skateboarder flüchtig an und Crossgolfer
definieren auf einem stillgelegten Industriegelände für heute den Platzstandard.
Innerhalb gewisser Grenzen bildet der öffentliche Raum ein Terrain, auf dem
wir uns selbst darstellen oder sogar listenreich mit der Macht spielen können,
ohne Spuren zu hinterlassen.

Am Beispiel des Gehens in der Stadt hat De Certeau (1988, S. 179-208) die
urbanen Praktiken der sich in Bewegung setzenden Akteure als eine von situati-
ven Taktiken geprägte „Kunst des Handelns" charakterisiert. Die in das gewöhn-
liche Alltagshandeln eingelassenen Tricks, Taktiken und glücklichen Einfälle
der sozialen Akteure bilden für ihn ein der Logik von Unordnung und Differenz
folgendes Netz der Antidisziplin, das sich in der kreativen Nutzung von Frei-
heitsspielräumen, Kontrolllöchern oder günstigen Gelegenheiten bewährt: „Die
wirkliche Ordnung der Dinge besteht genau in diesen ‚populären' Taktiken, die
die Dinge zu ihren eigenen Zwecken umändern, ohne sich darüber Illusionen zu
machen, daß sich in Kürze etwas ändern wird" (De Certeau, 1988, S. 73).
Während die dominanten Kräfte z. B. Plätze einrichten, mittels derer sie ihre
Macht vorführen können (Städte, Einkaufszentren, Fabriken, Verwaltungszent-
ralen usw.), erzeugen die Menschen ihre eigenen Räume, indem sie solche
Plätze eigensinnig nutzen und über ihr produktives Tun für den Moment in
Besitz nehmen. Gerade die Praktiken von Jugendlichen, wie die innerstädtischen
Raumaneignungen der Skater-, BMX- oder Crossgolfszenen, das „Abhängen",
Breakdancen oder Musizieren auf öffentlichen Plätzen, die verbreitete Nutzung
von Einkaufspassagen als Versammlungspunkt oder das Graffitti-Spraying
können diese Denkfigur exemplarisch illustrieren (vgl. Ehni, 1998; Schwier,
1998). Raumerschließend wirken dabei die „be-deutenden" Handlungen der
Akteure, die unter anderem einen Mauervorsprung oder ein Geländer erst zu
Skategelegenheiten machen. Vor allem Borden (2001) hat nachgezeichnet, wie
die geschätzten 40 Millionen Skateboarder weltweit alternative Lesarten der
Stadt herstellen und diese – jenseits ihrer Funktion als reine Arbeits- und
Konsumstätte – gleitend, rollend oder springend als Ort des Vergnügens (im
Sinne von „Pleasure") entwerfen.

Vor diesem Hintergrund hat nicht nur die anhaltende und von der Logik der
Spezialisierung bestimmte Parzellierung der Orte und Räume dazu beigetragen,
dass sich heute unterschiedliche Sichtweisen von Straße gegenüberstehen. Im
entsprechenden sportwissenschaftlichen Diskurs finden sich verschiedenartige
Positionen, die das ursprüngliche (Verkehrs-)Konzept der Straße neu interpretieren und die dort aktiven Sportszenen porträtieren. Einige dieser Sichtweisen
sollen im Folgenden vorgestellt werden.

2 Die Straße als Projektionsfläche

Eine Sehnsucht nach dem kindlichen Spielen und Sichbewegen auf der Straße ist bei einigen Fraktionen der deutschsprachigen Sportpädagogik unübersehbar. Das im Rahmen zahlreicher Veröffentlichungen zum Wandel der Kindheit wiederkehrend postulierte „Ende der Freizügigkeit", die „Verinselung" oder der „Verlust an Eigentätigkeit" werden so zumeist mit den vermeintlich stark rückläufigen Möglichkeiten zur Aneignung des Spielorts Straße in Verbindung gebracht. Mit Bezug auf einen vor rund 25 Jahren von Jürgen Zinnecker (1979) verfassten Beitrag zum Thema Straßensozialisation – und häufig unter Verkürzung dessen Argumentationsgangs – verschmelzen dann Leitbilder einer gelingenden Kindheit und Jugend mit dem Mythos der Straße.

Im romantisierenden sportpädagogischen Rückblick stellen die Straßen der 50er und 60er Jahre letztendlich das erlebnisintensive, spannende und kindgemäße Spielparadies schlechthin dar. Das freie Spiel- und Bewegungshandeln im urbanen Raum erscheint quasi als Garant motorischer und sozialkognitiver Entwicklungsprozesse, da es mit seinen „natürlichen Lernsituationen" (Dietrich & Landau, 1974, S. 68) nahezu unausweichlich eine zwanglose Schulung der Bewegungs-, Spiel- und Interaktionsfähigkeit sowie eine Weitergabe der Spieltraditionen und gleichzeitige Hinführung zum Sport stimuliert. In der Sportpädagogik ist vor allem Schmidt (1998, S. 115-120) als Chronist der bewegungsintensiven Straßenkindheit vergangener Jahrzehnte hervorgetreten, wobei er die Selbsttätigkeit, das Spielen im Freien, die Auseinandersetzung mit den motorischen Anforderungen, das Aushandeln von Spielregeln und die sinnliche Raumausnutzung als deren primäre Merkmale identifiziert. Hinsichtlich der Lebensphase Kindheit besteht sein Hauptanliegen insgesamt darin, die entwicklungslogischen Vorteile eines erfahrungsoffenen Bewegungsraums Straße gegenüber einem eindimensionalen und trainingszentrierten Sportzugang im Verein zu verdeutlichen. Im Vergleich zum gemeinschaftsstiftenden und bewegungsfördernden Lernort Straße sind normierte und zugleich normierende Sportplätze und -hallen für ihn daher defizitär. Mit seinem Schlagwort „Kinder werden trainiert, bevor sie spielen können" läuft Schmidt jedoch Gefahr, sowohl die Ambivalenzen der Straße als auch die Fähigkeiten der Heranwachsenden zur Herstellung eigensinniger öffentlicher Sphären zu unterschätzen.

Dies gilt in zugespitzter Form sicherlich auch für die sozialökologische Betrachtungsweise von Dietrich und Landau (1990, S. 244-248), die auf der Grundlage einer Sport- und Zivilisationskritik pädagogische Kompensationsstrategien benennen. Den aus ihrer Sicht fragwürdigen Veränderungen der Lebens- und Bewegungswelten von Kindern sollen von Pädagogen geschaffene Inszenierungen urbaner Bewegungsräume entgegengesetzt werden. Der Mythos der Straßenkindheit mutiert hier zur Gebrauchsanweisung für die bewegungsorientierte Nutzung innerstädtischer Areale, wobei die Erwachsenen die Rolle der Spiellei-

ter übernehmen. Wo aber Sportpädagogen wie Dietrich und Landau die Vertrei-
bung aus dem urbanen „Spielparadies" durch künstliche Bewegungslandschaf-
ten rückgängig machen wollen, haben Jugendliche sich mit ihrer bedeutungsbil-
denden Aktivität nicht selten schon selbstständig Wege im subkulturell ausgelegten „Asphaltdschungel" deutscher Städte angeeignet. Grundsätzlich spricht
einiges für die Annahme, dass die auf die Straße bezogenen Projektionen von
Heranwachsenden und sozialökologisch imprägnierten Sportpädagogen äußerst
unterschiedliche Bilderwelten, Körperideale und Wertorientierungen bemühen.

3 Die Straße als Aktionsraum

BMX-Räder, Skateboards und Inlineskates materialisieren als Symbole des In-
Bewegung-Seins gewissermaßen das Lebensgefühl der heutigen Jugend. Sie
dienen als schnelle Fortbewegungsmittel, mit denen man in der Stadt auf der
Suche nach „Action" diverse Szenetreffpunkte anfahren kann. Sie sind zugleich
Sportgeräte, mit denen man Räume fahrend strukturieren, artistische Tricks
realisieren und über hohe Geschwindigkeit Momente des Risikos erleben kann.
Unter günstigen Umständen kann sogar das Gefühl entstehen, dass die Skates
mit dem Körper „verwachsen". Das Spielen mit dem Ball auf den Korb verweist
beim Streetball, neben dem für alle Spiele charakteristischen Aufbau einer
Spannungsbalance, ebenfalls auf die Leichtigkeit des Sichbewegens, die hier
aber dezidiert an das Konzept der Coolness gekoppelt wird.

Im Vergleich zu traditionellen Sportdisziplinen sind viele der auf Beton und den
Straßen angesiedelten jugendkulturellen Bewegungspraktiken geradezu hyper-
aktiv, wobei die Temposteigerungen häufig mit dem Moment des Tiefen- und
Drehschwindels gekoppelt werden. Der Begriff *Tempo* steht dann in der Wahrnehmung der Akteure für Situationen, die auf eine „Wiederentdeckung des
Augenblicks" (Bette, 1999, S. 217) abzielen und unter günstigen Bedingungen
ein rauschhaftes Aufgehen im Tun ermöglichen. Die Dynamik des Sichbewegens, die hohe Aktionsdichte und den abrupten Wechsel der Anforderungen
bewerten die Protagonisten als Merkmale des Skateboardings, des Streetballs
oder Aggressive Skatings (vgl. Schwier, 1998, S. 39-65). Die Steigerung der
Rasanz des Bewegungshandelns folgt im jugendkulturellen Kontext einer
Strategie der außersprachlichen Selbstvergewisserung und des Aufzeigens von
kulturellen Differenzen. Die Beschleunigung des Sichbewegens macht so
Unterschiede zur Sportwelt der Erwachsenen sichtbar. Die tempogeladenen
Bewegungsformen sind „Amalgams of Skills and Thrills" (Rinehart, 2000,
S. 506), ihre Beherrschung setzt zeitintensive und zum Teil schmerzvolle Lern-
und Übungsprozesse voraus, bei denen man sich auf Ungewohntes einlassen,
Widerstände überwinden, Wagnisse eingehen und mit Verletzungsrisiken
umgehen muss. Der Aspekt der Beschleunigung unterstreicht also die Notwen-
digkeit einer echten Hingabe an die Sache, für die genau jene Ressourcen zentral

sind, über die Heranwachsende normalerweise reichlich verfügen: Körperkapital und freie Zeit (vgl. Brettschneider & Brandl-Bredenbeck, 1997, S. 209-214).

Selbstvertrauen zieht die „gleitende Generation" (Loret, 1995) auf den Straßen jedoch nicht nur aus ihrem Bewegungskönnen, sondern auch aus der Stilsicherheit ihres Auftretens und dem ihnen von ihrer Szene gewährten „Respect". Sie vergewissern sich handelnd, dass ihre persönliche Form der Inszenierung eine legitime Variante der Gruppenidentität ist (vgl. Schwier, 1996). Pointiert formuliert ist im Bewusstsein der Akteure die gesamte Stadtlandschaft voll von potenziellen Aktionsräumen, die nur darauf warten, für das Skateboard, die Inlineskates oder den Streetball entdeckt zu werden. Vor allem für Skater ist die kreative Nutzung und rituelle Inbesitznahme von Fußgängerzonen, Parks und öffentlichen Plätzen ein originärer Aspekt ihres subkulturellen Selbstverständnisses. Betonkanten und Geländer werden so zu „Curbs" und „Rails". Das Bestreben zur Umfunktionalisierung von ursprünglich der Repräsentation und dem Konsum vorbehaltenen innerstädtischen Räumen hat immer das flüchtige Abenteuer im Auge, dient der Darstellung der eigenen Coolness, der jugendlichen Vitalität und Dynamik sowie des In-Bewegung-Seins. Die Stadt ist vor allem für Skater ein Ort, der sowohl soziale Anerkennung als auch Abgrenzung verspricht. Der städtische Raum macht es einerseits möglich, dass man die Virtuosität des eigenen Bewegungskönnens öffentlich präsentiert, und bietet andererseits ausreichend Gelegenheit zur Bestätigung des eigenen subkulturellen Selbstverständnisses. Konflikte mit Passanten, Geschäftsleuten und Hausmeistern können so die Attraktivität eines Standorts noch steigern, da man sich hier als hartnäckiger „Widerstandskämpfer" gegen die Regeln der Erwachsenenwelt profilieren kann. Die Streetszenen orientieren sich dabei an den Mythen des „Asphaltdschungels" und des „Gesetzes der Straße", mit denen die Kultivierung einer avantgardistischen Außenseiterrolle und der Entwurf eines ironisch-verzerrten Bildes der Stadt als „gefährliches Terrain" einhergehen.

Die in der Skaterszene verbreitete Bevorzugung von Einkaufspassagen und Fußgängerzonen ist zumindest latent durch Formen des nonverbalen Protests und des bewegungsgesteuerten Widerstands gekennzeichnet. Im kommerziellen Zentrum der Stadt ignorieren die Skater z. B. die schleichende Privatisierung ehemals öffentlicher Räume und stören ganz bewusst die klinisch saubere Ordnung der gläsernen Einkaufspaläste. Die Jugendlichen zieht es eben magisch dorthin, wo die Konsumgesellschaft sich selbst hemmungslos zu inszenieren sucht. Sie machen so den urbanen Raum zum Schauplatz symbolischer Auseinandersetzungen.

4 Die Straße als Bühne

Heranwachsende eignen sich den Streetstyle handelnd an und nutzen das Umfeld der Straße dabei als Bühne, auf der man die latent subversive Philosophie des Trendsports mit ganzem Körpereinsatz aufführt (vgl. Beal, 1995; Borden, 2001; Loret, 1995; Schwier, 1998). Die im öffentlichen Raum lokalisierbaren Bewegungsformen sind in der Selbstwahrnehmung der Akteure eben kein bloßes Sporttreiben, sondern Ausdruck eines urbanen Lebensstils, der mit einem antiinstitutionellen, rebellischen und subversiven Sportsgeist verbunden ist. Man geht nicht einfach zum Mountainbiken, Crossgolfen oder Skateboarden, sondern führt – wenn auch in der Regel als Teilzeitstylist – das Leben eines Bikers, Crossgolfers, Boarders oder „Underground Skate Punks" (Humphreys, 1997, S. 150). Die entsprechenden Studien stimmen darin überein, dass die Formen des Sichbewegens, die Rituale, Sprach- und Dresskodes im Rahmen der jugendkulturellen Trendsportarten aufeinander bezogen werden und eine symbolische Einheit bilden, die unter günstigen Umständen ein Aufzeigen von Identität und Distinktion ermöglicht. Auf dem schmalen Grat zwischen „Selbstermächtigung und Selbsttrivialisierung" (Telschow, 2000, S. 251) bleibt das Herstellen und Leben von (sub-)kultureller Identität immer eine Sache des Tuns, während die Sportgeräte zu „mythischen Objekten" (Wheaton, 2000, S. 262) dieser nonkonformistischen Haltung avancieren.

Die Inszenierung des Körpers und des urbanen Raums impliziert darüber hinaus eine – zumeist als „Coolness" verstandene – Gelassenheit gegenüber der Aktivität und dem eigenen Handeln, die sich von der „Ernsthaftigkeit" des formellen Wettkampfsports unterscheiden will (vgl. Ehni, 1998; Loret, 1995; Wenzel, 2001, S. 136-140). Diesen Sachverhalt illustriert exemplarisch die folgende Selbstbeschreibung aus der Szene des Crossgolfens: „revolution kontra konvention: spontaneität statt spießigkeit; coolness statt karomuster, kreativität statt regeln, crosscountry statt country club, gruppendynamik statt handicap ..." (www.naturalborngolfers.com/idea.html).

Das von jugendlichen Bewegungskulturen entwickelte subversive Konzept, den Körper und das Sichbewegen auf den Straßen zum Schauplatz des Wettstreits um Stil zu machen, ist inzwischen in die Alltagspraxis des gesellschaftlichen Mainstreams eingedrungen. Gerade weil für zahlreiche Qualitätskriterien aktueller Lebensstile – wie Einzigartigkeit, Flexibilität, Kreativität oder Vitalität – noch keine allgemein gültigen Kodes und legitimen Ausdrucksmittel vorliegen, ergeben sich über die Hinwendung zum Asphaltsport für die Akteure vor allem dann günstige Chancen zur Selbstinszenierung, wenn jene Differenzen angesprochen werden, die zumindest für den Augenblick einen fühlbaren Unterschied machen. Die Vieldeutigkeit der Straße und der dort praktizierten Bewegungsformen mit ihrer nicht nur für Heranwachsende attraktiven Aura der „fetten Action" eröffnet dann Möglichkeiten, mit der Wichtigkeit von (Bedeutungs-)Unterschieden explorativ umzugehen und entsprechende Ideen, Imaginationen und Gefühle im Medium der Bewegung auszuleben (vgl. Bette, 1999, S. 199-203; Schwier, 2000, S. 42-57). Die städtischen Innenbezirke geraten daher längst nicht nur im Sommer als eine allgemein zugängliche Bühne für die körperbetonte und sportive Selbstdarstellung in den Blick. Vor dem Hintergrund ähnlicher Überlegungen hat Bette (1999, S. 209-217) die Straße als „imaginierten Interaktionsraum" bezeichnet, wobei er hervorhebt, dass die breite Straßenöffentlichkeit zur „Erlebnissteigerung" eingesetzt werden kann und die dort praktizierten Bewegungsformen eine zeitweilige „Auszeit" jenseits der von der gesellschaftlichen Modernisierung ausgehenden Zwänge ermöglichen.

5 Die Straße als Ort des Bewegungslernens

Mit der Nutzung innerstädtischer bzw. wohnnaher Flächen und Orte kommt es beim sportiven Streetstyle auch zur Ausbildung kollektiv eingebundener, aber von den Heranwachsenden selbst organisierter Lernprozesse, die in ihrer unaufgeregten und schlichten „Trial and Error"-Mentalität mit der „Einfachheit" der Straße korrespondieren und diese zum Ort des lustvoll-kreativen Auslebens von Körperlichkeit, Emotionen und Energie machen. Die Skateboard- oder Streetballszenen üben so vorwiegend keine Techniken im traditionellen Sinn ein, sondern setzen sich experimentell und mimetisch mit Bewegungskunststücken und Tricks auseinander. In seinem Porträt der „gleitenden Generation" (Génération glisse) konstatiert Loret (1995, S. 219-252), dass die innovativen Bewegungspraktiken mit ihrer Nähe zu Bewegungskunst, Mimikry, Rausch und Spaß insgesamt eher Individualismus als Athletentum aufführen, wobei das Motto „just for fun" an die Stelle des „just for win" tritt.

Das Streben nach sportlichem Erfolg wird in solchen Kontexten der kreativen Auseinandersetzung mit der Bewegungsaufgabe nachgeordnet bzw. in diesen Prozess eingeordnet. Bei BMXing, Mountainbiking, Inlineskating, Skateboarding oder beim Streetball steht ganz offensichtlich die Virtuosität des Sichbewegens im Zentrum. Diese Szenen zeigen in der Öffentlichkeit, dass man auch ohne vorrangige Orientierung an der Überbietungsperspektive dem Ideal des „Besserwerdens" folgen, sich mit ganzer Leidenschaft dem Einüben von spektakulären Tricks hingeben und „gleitend" neue Fertigkeiten erfinden kann. Vorliegende Studien heben übereinstimmend hervor, dass die Jugendlichen an ihrer Bewegungspraxis den Aspekt der Selbstgestaltung und damit das Fehlen von „belehrenden" und Kontrolle ausübenden Erwachsenen schätzen (vgl. Rinehart, 2000, S. 513-514; Telschow, 2000, S. 244-247). In diese Richtung weisen ebenfalls die Befunde von Brettschneider und Kleine (2002, S. 120-126), die vor allem die drei Faktoren „Für einen anderen Sport und gegen Wettkämpfe", „Sport in der Gruppe, aber ohne soziale Kontrolle durch Erwachsene" sowie

„Autonomie und flexible Sportgestaltung" als vorherrschende Motivkonfigurationen für die Teilhabe an informellen Sportengagements benennen. Die jugendkulturellen Sportpraktiken im Umfeld der Straße begünstigen bewegungsgesteuerte Selbstausbildungsprozesse, da das individuelle Bewegungskönnen und -repertoire auf eigene Weise spielerisch entwickelt wird. Die heranwachsenden Akteure setzen bei der Aneignung innovativer Bewegungsformen jedenfalls vorwiegend die eher eigensinnigen Lernstrategien des Ausprobierens, Bastelns, Navigierens und Nachahmens ein. Der Wunsch, den Augenblick des Gelingens immer wieder neu zu erleben, treibt die Akteure in diesem Zusammenhang offensichtlich an und trägt dazu bei, dass die Szene fortlaufend noch anspruchsvollere Bewegungskunststücke hervorbringt (vgl. Schwier, 1996). Die Betonung der Virtuosität des Sichbewegens setzt zugleich an der im Feld des Sports jederzeit prekären Balance von Ordnung und Unordnung, von Regelhaftigkeit und Improvisation an und leistet über Prozesse der Selbstermächtigung in gewissen Grenzen Widerstand gegen die Ausdehnung der sozialen Kontrolle des Körpers. Im Vergleich zum Basketball stellen beispielsweise die Streetballszenen zwischen Ausgelassenheit, Spontaneität und Normierung eine neue Balance her (vgl. Schwier, 2000, S. 77). Mit der Orientierung an persönlichen Herausforderungen und Könnenserlebnissen sowie den Momenten der Improvisation und Ausgelassenheit scheinen zahlreiche Trendsportarten dem Spiel (*play*) ohnehin näher zu stehen als dem Sport (*game*).

6 Die Straße als Ort der Selbstermächtigung

Wenn junge Menschen aus den vom System geschaffenen Plätzen „ihre" Räume machen, mit dessen Sprache „ihre" Bedeutungen kommunizieren oder im Rahmen des vorgefundenen Sportkonzepts „ihre" Körperlichkeit ausleben, erweisen sich Streetstyle und Asphaltsport als eine zwischen Produktion und Konsum gelebte Handlungspraxis, als eine „Kunst des Dazwischens" (De Certeau, 1988). Als Bewegungskultur kann der Streetstyle also niemals „authentisch" sein, er wird vielmehr durch Wechselbeziehungen zwischen den jeweiligen Protagonisten und der Stadtentwicklung sowie der Medien- und Sportbranche prozessiert. Die Praxis des Asphaltssports ist in dieser Perspektive für alternative Modi der Selbstsetzung offen und lässt sich als ein Schauplatz symbolischer Auseinandersetzungen zwischen den Interessen des Systems und denen bestimmter sozialer Gruppen begreifen.

Die Entwicklung des Asphaltsports vollzieht sich also im Widerstreit zwischen den Kräften der Disziplinierung, der sozialen Kontrolle und denen der Antidisziplin, der Subversion, des populären Vergnügens (vgl. Schwier, 2000, S. 37-46). An dieser Stelle deutet sich zugleich an, warum die auf der Straße beheimateten innovativen Bewegungsformen gerade für Heranwachsende attraktiv sind: Sie können selbstgesteuert in Gleichaltrigengruppierungen ausgeübt werden und

versprechen mit ihrem Avantgardismus und Guerillaimage lustbetonte Möglichkeiten zum Sichunterscheiden sowie zur Identifikation und „sind mit einer
Vielzahl von (sportartspezifischen) Attributen besetzt, die passgenau auf individuelle Orientierungen und Präferenzen bezogen werden können" (Telschow,
2000, S. 25). Aus der Sicht der Szeneangehörigen lassen sich die Bewegungsformen des Streetstyles wohl noch immer als ein Experimentierfeld für unkon-
ventionelle Formen körperlichen Ausdrucks und als eine geeignete Plattform für
eigenwillige Bedeutungsprozesse nutzen (vgl. Beal, 1995, S. 266).

Die Frage, ob derartige Potenziale des jugendkulturellen Asphaltsports zur
Hervorbringung von alternativen sportlichen Handlungsmustern oder sogar zur
Selbstermächtigung (im Sinne von „Empowerment") beiden Geschlechtern in
ähnlichem Umfang zugänglich sind, wird seit einiger Zeit kontrovers diskutiert.
Unlängst haben so unter anderem Baur, Burrmann und Krysmanski (2002,
S. 114-117) darauf hingewiesen, dass zwischen Mädchen und Jungen hinsicht-
lich der für informelle Sportaktivitäten gewählten Räume und Sozialpartner
generell nach wie vor Unterschiede bestehen.

Gerade die jugendkulturellen Praktiken des Aggressive Skatens, Skateboardens,
Streetballs oder Crossgolfens erweisen sich in dieser Hinsicht als eigenartig
ambivalent. Einerseits stellen diese Bewegungsformen ausnahmslos männliche
Domänen dar, in denen sich die Heranwachsenden u. a. spielerisch mit dem
nach wie vor wirksamen polaren Modell der Geschlechterbeziehungen (ak-
tiv/passiv; dominant/dominiert; stark/schwach usw.) auseinander setzen und
derartige Polaritäten zelebrieren: Jungen gleiten virtuos auf dem Board oder
kämpfen unter dem Korb um jeden Ball; Mädchen schauen dabei zu, werden
zudem beispielsweise als „Skate Betties" etikettiert und als Teilnehmerinnen nur
bei ausgeprägtem Bewegungskönnen akzeptiert (vgl. Schwier, 1998, S. 62-65;
Wenzel, 2001, S. 140-144). Aber auch unabhängig vom konkreten Verhalten
männlicher Jugendlicher lässt allein schon das „Machoimage" des Skateboardens, Streetballs oder Surfens diese Praktiken für zahlreiche Mädchen wenig
attraktiv erscheinen. Die Akteure des Streetstyles stellen durchaus eine zeitgemäße Variante jenes Typus des Straßenjungen dar, wie ihn Zinnecker (1979,
S. 733) für zurückliegende Jahrzehnte beschrieben hat: Straßenjungen „demonstrieren männliche Tugenden und Haltungen: Wagemut, körperliche Ge-
wandtheit und Kraft, sie stecken voller Kriegslist (und) kennen alle Tricks". Auf
den Faszinationsgehalt hegemonialer Männlichkeitsbilder und auch die zeitweilige Tendenz zur Übertypisierung tradierter Geschlechtsrollenklischees hat Kolb
(1996) im Rahmen seiner Untersuchung von Streetballszenen hingewiesen.
Nach seiner Ansicht sind in der heutigen Gesellschaft kaum noch sozial akzeptierte Orte für juvenile Männlichkeitserprobungen vorhanden und vor diesem
Hintergrund erkennt er den Inszenierungen von Maskulinität beim Streetball
eine vorwiegend explorierende Funktion zu. Gerade die Straßen des vermeintli-

chen „Asphaltdschungels" bleiben ein Ort, an dem Männlichkeit von Heranwachsenden mit Körper und Bewegung konstruiert wird.

Andererseits berührt die Affinität einiger innovativer Bewegungsformen zum städtischen Terrain das Verhältnis von Mädchen- und Jungenwelten. Während der öffentliche Raum den Jungen traditionell besser zugänglich war (vgl. Nissen, 1998, S. 179-193), geht nun u. a. Rose (2002, S. 176-177) davon aus, dass sich mittels Inlineskates und Cityroller immer mehr Mädchen (unabhängig von den genannten Szenen) auf der Straße bewegen und auf diese Weise urbane Areale aneignen. Einzelne Befunde zum Skaten und Windsurfen deuten des Weiteren an, dass die zur Szene zählenden Mädchen und jungen Frauen von diesem Engagement und der subkulturellen Solidarität erheblich profitieren, da sie mit Eigenschaften, Körperfahrungen und Verhaltensformen konfrontiert werden, die konventionelle Weiblichkeitsideale und -normen überschreiten. Nach Wheaton (2000) kann die Windsurfkultur so zu einer Arena für die Entfaltung selbstbewusster weiblicher Körpervorstellungen werden.

In einer postindustriellen Gesellschaft, die kaum noch prägnante Statuspassagen von der Kindheit zum Erwachsensein kennt, können die Streetszenen durchaus als von den Jugendlichen eigenständig entwickelte Übergangsrituale interpretiert werden. Bewegungsorientierte Jugendkulturen stellen gewissermaßen Versuchslabore dar, in denen die Heranwachsenden über die Expressivität ihrer Körperlichkeit sowie über subversive bzw. für Außenstehende befremdliche Handlungsmuster, widerspenstige Rituale und Kodes ihren Anspruch auf einen eigenen Stil anzeigen. Hinsichtlich der Entfaltung der Stile des Aggressive Skatings, des Streetballs, des Skateboardings oder Crossgolfens bilden dabei das Herstellen bzw. Bewusstmachen von kulturellen Differenzen zum Ordnungssystem der Stadt und des Sports sowie das Schaffen eigener Bewegungstechniken und -bedeutungen einen einheitlichen Prozess. Als eigenständige Stile schreiben diese Bewegungsformen quasi Drehbücher für die alltägliche Lebensführung, unterliegen dabei selbst einem permanenten Wandlungsprozess und bieten den jugendlichen Insidern soziokulturelle Orientierung und Bindung.

Literatur

Baur, J., Burrmann, U. & Krysmanski, K. (2002). *Sportpartizipation von Mädchen und jungen Frauen in ländlichen Regionen*. Köln: Strauß.

Beal, B. (1995). Disqualifying the official: An exploration of social resistance through the subculture of skateboarding. *Sociology of Sport Journal, 12*, 252-267.

Bette, K.-H. (1999). Asphaltkultur. Zur Versportlichung und Festivalisierung urbaner Räume. In K.-H. Bette, *Systemtheorie und Sport* (S. 192-220). Frankfurt/Main: Suhrkamp.

Borden, I. (2001). *Skateboarding, space and the city*. New York: Berg.

Brettschneider, W.-D. & Brandl-Bredenbeck, H. P. (1997). *Sportkultur und jugendliches Selbstkonzept*. Weinheim, München: Juventa.

Brettschneider, W.-D. & Kleine, T. (2002). *Jugendarbeit in Sportvereinen. Anspruch und Wirklichkeit.* Schorndorf: Hofmann.

De Certeau, M. (1988). *Die Kunst des Handelns.* Berlin: Merve.

Dietrich, K. & Landau, G. (1974). Handballspielen und Fußballspielen im freien Bewegungsleben der Kinder und Jugendlichen. In K. Dietrich & G. Landau (Hrsg.), *Beiträge zur Didaktik der Sportspiele.* Teil I (S. 57-71). Schorndorf: Hofmann.

Dietrich, K. & Landau, G. (1990). *Sportpädagogik.* Reinbek: Rowohlt.

Ehni, H. (1998). Den Skatern auf der Spur. In J. Schwier (Hrsg.), *Jugend – Sport –Kultur. Zeichen und Codes jugendlicher Sportszenen* (S. 109-123). Hamburg: Czwalina.

Humphreys, D. (1997). „Shredheads" go mainstream? Snowboarding and alternative youth. *International Review for the Sociology of Sport, 32,* 147-160.

Kolb, M. (1996). Streetball als jugendkulturelle Bewegungsform. *Sportunterricht, 45,* 412-422.

Kurz, D. & Tietjens, M. (2000). Das Sport- und Vereinsengagement der Jugendlichen. *Sportwissenschaft, 30,* 384-407.

Loret, A. (1995). *Génération glisse. Dans l'eau, l'air, la neige ... la révolution du sport des « années fun ».* Paris: Édition Autrement.

Nissen, U. (1998). *Kindheit, Geschlecht und Raum.* Weinheim, München : Juventa.

Rinehart, R.E. (2000). ~~Emerging~~ Arriving sport: Alternatives to formal sports. In J. Coakley & E. Dunning (Eds.), *Handbook of sport studies* (pp. 504-519). London: Sage.

Rose, L. (2002). Alles anders? Überlegungen zum Stellenwert des Sports in den modernen Mädchen- und Jungenwelten. *sportunterricht, 51,* 6, 171-177.

Schmidt, W. (1998). *Sportpädagogik des Kindesalters.* Hamburg: Czwalina.

Schwier, J. (1996). Skating und Streetball im freien Bewegungsleben von Kindern und Jugendlichen. In W. Schmidt (Hrsg.), *Kindheit und Sport – gestern und heute* (S. 71-83). Hamburg: Czwalina.

Schwier, J. (1998). *Spiele des Körpers. Jugendsport zwischen Cyberspace und Streetstyle.* Hamburg: Czwalina.

Schwier, J. (2000). *Sport als populäre Kultur.* Hamburg: Czwalina.

Telschow, S. (2000). *Informelle Sportengagements Jugendlicher.* Köln: Strauß.

Wenzel, S. (2001). *Streetball. Ein jugendkulturelles Phänomen aus sozialwissenschaftlicher Perspektive.* Opladen: Leske & Budrich.

Wheaton, B. (2000). „Just do it": Consumption, commitment, and identity in the windsurfing subculture. *Sociology of Sport Journal, 17,* 254-274.

Zinnecker, J. (1979). Straßensozialisation. Versuch, einen unterschätzten Lernort zu thematisieren. *Zeitschrift für Pädagogik, 25,* 727-746.

Zur Nutzung informeller städtischer Bewegungsräume – Erkenntnisse aus aktuellen Sportverhaltensstudien

Horst Hübner, Michael Pfitzner & Oliver Wulf

1 Einleitender Problemaufriss

Wenn es um die urbanen Spielmöglichkeiten, um die Beschaffenheit und die Qualität der räumlichen Kontexte für die nachwachsende Generation ging, war in den vergangenen 20 Jahren oftmals ein vehementes Lamento zu hören über die „kleinsträumigen Bewegungsghettos" (Becker, 1991, S. 8), über die „häßliche" städtische Bewegungsumwelt (Balz, 1992, S. 23), über die „Ausgliederung der Bewegungsspiele aus dem Kinderalltag (in den institutionalisierten Sport)", ihre „Verhäuslichung" (Landau, 1992, S. 55) und über die zunehmende Dominanz institutionalisierter Freizeitangebote, zu denen die Kinder „meist neben der Mutter im Auto sitzend" transportiert werden (Schmidt, 1993, S. 24).

Nachdem insbesondere Zinnecker (1979) die „Straßenkindheit" als historisch überlebte Lebensform markierte und Zeiher (1983) auf die wachsende Bedeutung pädagogisch inszenierter Spezialräume hinwies, die, wie „Rauminseln" über die Stadt verteilt, zeitgenaue elterliche PKW-Transporte erforderten, und seit Thiemann (1988) auf seiner Spurensuche die Kinder nicht an den unkontrollierten Orten fand, an denen er sie als Projektion eigener Kindheitserfahrungen der 1950er Jahre gesucht hatte, da begann auch für viele sportwissenschaftliche Kindheits- und Jugendforscher eine Phase verklärter Rezeption.

Der interessierte Leser fühlte sich bisweilen auf eine Zeitreise geschickt, in der die „Städte", Wohnort von drei Viertel der bundesdeutschen Bevölkerung, pauschal und fernab ihrer nicht nur historisch erwiesenen Emanzipationsfunktionen und enormen Raumpotenziale generell kulturpessimistisch charakterisiert wurden. Zeichnete sich hinter den vorgetragenen Metaphern von „umzäunten Bewegungsghettos", den „fehlenden Freiräumen", den „Zurichtungsinstanzen für Bewegungskontrolle" und den „Institutionen für die Verhinderung von Freiwüchsigkeit" etwa eine unreflektierte Anleihe an Rousseau ab, der in seinem großen Erziehungsroman den von ihm erdachten Zögling Émile absichtlich auf dem Lande aufwachsen ließ, „fern von den verderblichen Einflüssen der /../ so verpönten Großstadt" (Holmstein, 1983, S. 109)? Oder wurden – anstelle eigener valider Erhebungen zur Qualität städtischer Bewegungsräume – die sozialphilosophisch überhöhten Ziele der Jugendbewegung adaptiert, die „aus grauer Städte Mauern" hinauszogen „in Wald und Feld"? Vielleicht hatten auch die eigenen Erfahrungen im Kinder- und Jugendzeltlager des Sportbundes, die in reizvoller Landschaft fernab der „Unwirtlichkeit unserer Städte" (Mitscherlich, 1970) stattfanden, Pate gestanden.

Vielfach sind die in einer Gebietskörperschaft vorhandenen Sportstätten, Sport-gelegenheiten, Spiel- und Bewegungsräume hinsichtlich ihrer Zahl und Ausstat-tung nicht präzise erfasst sowie ihre Frequentierung, Nutzung und produktive Umnutzung von Seiten der Kinder und Jugendlichen nicht empirisch anspre-chend untersucht worden. Zudem sind die vorhandenen, zum Teil repräsentati-ven Analysen zur Ausstattung, Qualität und Frequentierung von Sport-, Spiel- und Bewegungsräumen nicht zur Kenntnis genommen worden. Noch heute finden sich an prominenter Stelle Aussagen, die das einseitige und pauschale Festhalten an den Bezügen der 1980er Jahre markieren und eine verkürzte Argumentationsfolie aus den Bausteinen „misslungene Stadtentwicklung – fehlende Freiräume – eindimensionale Institutionalisierung" weiterhin zur Grundlage ihrer Arbeiten erklären:

„/../ das informelle und selbstorganisierte Sportspiel in der ‚peer-group' auf städtischen Freiflächen kann nicht mehr durchgeführt werden, weil der zuneh-mende Straßenverkehr sowie die Bebauung und Zubetonierung freier Flächen die Kinder (vor allem in städtischen Ballungsräumen) von der Straße vertrieben haben" (Schmidt, 1999, S. 146).

„Angesichts der Verstädterung, der stetigen Zunahmen des Straßenverkehrs und der Technologisierung des Alltags werden die Spiel- und Bewegungspotenziale im wohnnahen Umfeld immer geringer" (Schmidt, Hartmann-Tews & Brett-schneider, 2003, S. 409).

In diesem Beitrag werden ausgesuchte Aspekte der Nutzung informeller städti-scher Bewegungsräume von Kindern und Jugendlichen empirisch hinterfragt. Dazu werden aktuelle Ergebnisse repräsentativer Sportverhaltensstudien, die von den Autoren an der Forschungsstelle „Kommunale Sportentwicklungspla-nung" (FoKoS)[1] im Zeitraum der Jahre 2000 bis 2003 in neun westdeutschen Mittel- und Großstädten durchgeführt wurden, sekundäranalytisch aufbereitet.

---

[1] Nähere Hinweise zur Forschungsstelle „Kommunale Sportentwicklungsplanung" der Bergischen Universität Wuppertal und zu den Studien finden sich auf der Homepage http://www.uni-wuppertal.de/FB3/sport/sportsoziologie/sportsoziologie.htm.

Tab. 1: Hinweise zur Zusammensetzung der Gesamtstichprobe „Kinder- und Jugendsport Westdeutschland" (FoKoS)

	Jahr der Erhebung	Einwohnerzahl 10–70 Jahre (gesamt)	Stichprobengröße gesamt (n)	Stichprobengröße 10-26 Jahre (n)
Sechs Großstädte (> 100.000 EW) (Bottrop, Bremen, Mannheim, Mülheim, Münster, Paderborn)	2000-2003	1.210.800 (1.559.000)	5.364	3.046
Drei Mittelstädte (50-100.000 EW) (Konstanz, Rheine, Wetzlar)	2001-2002	161.900 (200.389)	14.300	1.216
Gesamt	2000-2003	1.372.700 (1.759.400)	19.664	4.262

In diesen Städten, die insgesamt über 1,76 Mio. Einwohner (Hauptwohnsitz) verfügen, wurden auf der Basis der Einwohnmelderegister Stichproben aus der Gruppe der 10- bis 70-jährigen Bürgerinnen und Bürger gezogen.

Die nachfolgenden Ausführungen bieten zuerst einen Überblick über das Ausmaß und die Organisationsformen der Nutzung informeller städtischer Bewegungsräume von Seiten 10- bis 26-Jähriger; es folgen Befunde zu Entfernung, Verkehrsmittelwahl und Zeitbedarf für die Anfahrt zu den Sportstätten und Bewegungsräumen. Ehe in einer Fallstudie der „Prototyp informellen Sporttreibens", der so genannte *Straßenfußball* fernab des vereinsorganisierten Spiels auf normierten Sportstätten, detaillierter beleuchtet wird, soll zuvor noch der „Reichtum" der in den untersuchten Mittel- und Großstädten vorfindbaren Sport- und Spielgelegenheiten illustriert werden.

2 „Spotlights" zur Nutzung informeller Bewegungsräume

Unter die Kategorie *Nutzung informeller Bewegungsräume* werden im Folgenden diejenigen Sport-, Spiel- und Bewegungsaktivitäten subsummiert, die nicht auf bzw. innerhalb von normierten Kernsportstätten stattfinden. Damit wird der *Ort des Sporttreibens*, die Wahl einer nicht normierten Sportanlage, einer Sportgelegenheit oder eines anderen geeigneten Bewegungsraums, zum Abgrenzungskriterium. Nur Aktivitäten, die auf Bolz- und Kickplätzen oder Park- und Marktplätzen, aber nicht auf genormten Kampfbahnen und Sportplätzen, die in Flüssen und Seen, aber nicht in Hallen- und Freibädern, die an überdachten Orten, aber nicht in den nach DIN-Normen gebauten Turn- und Sporthallen stattfinden oder die auf Straßen und Wegen, in Parks und auf Wiesen sich vollziehen, werden den informellen Bewegungsräumen zugerechnet.[2]

---

[2] Das zu Grunde gelegte Begriffsverständnis von „normierten Kernsportstätten" und „informellen Bewegungsräumen" ist exakt zu operationalisieren und gut zu erfassen. Die „Orte des Sporttreibens" sind in den überwiegend postalisch durchgeführten, schriftlichen

Nutzung informeller Räume von Kindern und Jugendlichen

Insgesamt finden 58,0 % der gesamten Sport- und Bewegungsaktivitäten, die von 10- bis 70-jährigen Bürgerinnen und Bürgern westdeutscher Mittel- und Großstädte genannt werden, auf bzw. in informellen Bewegungsräumen statt. Dabei werden insbesondere Park, Wald, Wege und Straßen als Orte angegeben, auf denen die Sport- und Bewegungsaktivitäten betrieben werden.

Eine altersspezifische Differenzierung verdeutlicht allerdings, dass bei den unter 18-Jährigen ein Großteil der Sport- und Bewegungsaktivitäten auf normierten (Kern-)Sportstätten stattfindet (10-14 Jahre: 61,4 % / 15-18 Jahre: 53,7 %). Bei den 19- bis 26-Jährigen kehrt sich das Verhältnis erstmals zu Gunsten der informellen Bewegungsräume um (52,4 %).

Wird der zu Grunde liegende „weite" Sportbegriff, der z. B. Rad fahren, Tanzen, Wandern und Inlineskaten ebenso umfasst wie traditionelle (Vereins-)Sportarten, auf die wichtigsten Ballspiele (Fußball, Handball, Volleyball, Basketball, Tennis, Badminton) eingegrenzt, so finden sich deutlich andere Ergebnisse. Bei dieser Sichtweise zeigt sich, dass der Ballsport im weitaus höheren Maße auf normierten Sportstätten ausgeübt wird als die übrigen Sport- und Bewegungsaktivitäten. Trotzdem ist der Anteil des Ballsports, der auf Sportgelegenheiten stattfindet, gerade in der Altersgruppe der 10- bis 14-Jährigen mit knapp 20 % recht hoch, zumal in dieser Altersgruppe bei der Organisation der Ballsportarten die höchste Vereinsquote (53,3 %) und das größte Ausmaß des Sporttreibens in festen Wettkampfmannschaften (47,6 %) zu verzeichnen ist. In Bezug auf die anderen Altersgruppen zeigt sich das Phänomen, dass die Nutzung informeller Bewegungsräume mit steigendem Alter wachsende Bedeutung erfährt, jedoch beim Ballsport deutlich an Anteilen verliert, je älter die Aktiven werden.

Massenbefragungen durch entsprechend differenzierte, für jede Sport- und Bewegungsaktivität gesondert erhobene Items reliabel und valide gemessen worden. Darüber hinaus wurde auch die jeweilige Organisationsform abgefragt, sodass auch weitergehende Aussagen zum „informellen Sporttreiben" (auf der Basis der Variablen „Anlagenart/Ort" und „Organisationsform") möglich sind, in diesem Beitrag aber weit gehend unterbleiben.

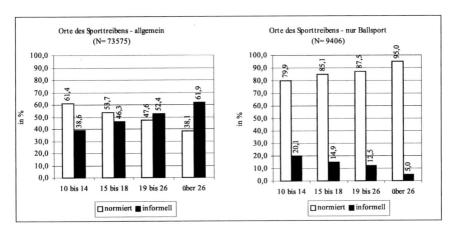

Abb. 1: Orte des Sporttreibens (allgemein und nur Ballsport)

Tab. 2 verdeutlicht die breite Palette der Sport- und Bewegungsaktivitäten, die in informellen Bewegungsräumen stattfinden, wobei nur Sportarten berücksichtigt wurden, die jeweils mindestens 20 Nennungen (0,5 %) aufweisen. Insbesondere „Park, Wald, Wege" (20,3 %) und „Straßen" (16,4 %) bieten den Heranwachsenden die Möglichkeit, eine Vielzahl sportlicher Aktivitäten auszuführen. Von großer Bedeutung scheint auch das Sporttreiben in häuslicher Umgebung zu sein. Dabei handelt es sich sowohl um Aktivitäten, die im Haus (Aerobic, Bodybuilding, Gymnastik etc.), als auch im wohnortnahen privaten Umfeld, also z. B. vor dem Haus bzw. im Garten (Basketball, Fußball, Skateboard etc.) stattfinden.

Tab. 2: In informellen Bewegungsräumen betriebene Sportarten

	Von den 10- bis 26-Jährigen angegebene Sportarten
Park, Wald, Wege (20,3 %)	Badminton, Ballspiele, Baseball, Basketball, BMX, Federball, Fitnesstraining, Fußball, Handball, Gymnastik, Hockey, Inlineskating, Joggen, Mountainbiking, Rad fahren, Reiten, Schach, Skateboard, Spazieren, Tennis, Tischtennis, Turnen, Volleyball, Walking, Wandern
Straßen (16,4 %)	Badminton, Basketball, BMX, Fußball, Hockey, Inlineskating, Joggen, Rad fahren, Skateboard, Tennis, Trickrad fahren, Volleyball, Walking
Offenes Gewässer (3,5 %)	Angeln, Kanu, Rudern, Schwimmen, Segeln, Tauchen, Wasserski, Windsurfen
Zu Hause (4,1 %)	Aerobic, Basketball, Bodybuilding, Fitnesstraining, Fußball, Gymnastik, Krafttraining, Tanzen, Tischtennis, Skateboard, Yoga
Schulhof (0,2 %)	Basketball, Fußball, Inlineskating, Rad fahren, Skateboard, Tischtennis
Spielplatz (0,1 %)	Basketball, Fußball, Handball, Tischtennis

Sport- und Bewegungsaktivitäten wie der Radsport, Inline/Rollsport oder das
Joggen/Laufen werden quer durch alle Altersgruppen fast ausschließlich bzw.
größtenteils auf Sportgelegenheiten durchgeführt. Überraschend hoch ist jedoch
der Anteil in einigen Ballsportarten, der in informellen Bewegungsräumen
stattfindet. So wird z. B. das Fußballspiel, das – durch den herausragenden
Stellenwert bei den Jungen – unter allen Sport- und Bewegungsaktivitäten Rang
2 bei den 10- bis 14-Jährigen einnimmt, zu fast einem Viertel auf Sportgelegenheiten wie Parks, Straßen oder im Garten gespielt. Beim Basketball finden sich
sogar noch höhere Anteile für die informellen Bewegungsräume. In der Altersgruppe „10 bis 14 Jahre" liegt der Wert bei nahezu einem Drittel. In den anderen
Altersgruppen fällt in dieser Sportart der Wert zwar zunehmend ab, liegt bei den
19- bis 26-Jährigen aber immer noch bei fast einem Fünftel.

Bei den Heranwachsenden finden Aktivitäten im Bewegungsfeld Fitnesstrai-
ning/Gymnastik (hierzu zählen neben den klassischen Formen der Gymnastik
und des Fitnesstrainings auch aktuelle Trendsportarten, wie z. B. Tae-Bo oder
Capoeira) zu einem nicht unerheblichen Anteil in bzw. auf informellen Bewegungsräumen statt. In der Altersgruppe „15 bis 18 Jahre" beläuft sich der Anteil
sogar auf zwei Fünftel (40,9 %). Gerade in dieser Altersgruppe besitzt die
Sportausübung im häuslichen Umfeld – eventuell auf Grund fehlender finanziel-
ler Mittel für den Besuch eines Fitnessstudios – eine sehr hohe Bedeutung.

Entfernung und genutzte Verkehrsmittel zu den Sport- und Bewegungsräumen

Wie gelangen nun die Kinder und Jugendlichen zu ihren Sportstätten und
Bewegungsräumen und welche Entfernungen müssen sie dafür zurücklegen?

Tabelle 3 zeigt, dass rund 40 % der 10- bis 18-Jährigen ihre Sportstätten und
Bewegungsräume mit dem Fahrrad und 20 % zu Fuß erreichen. Erst bei den 19-
bis 26-Jährigen erhalten Motorräder und Autos einen großen Stellenwert. Von
einer „Transportkindheit" kann bei den 10- bis 14-Jährigen nicht gesprochen
werden, da deutlich weniger als 25 % aller Anfahrten mit dem Auto bzw.
Motorrad stattfinden. Auch bei den 15- bis 18-Jährigen erfolgt fast 80 % der
Anfahrten zu den Anlagen selbst (60,4 %) bzw. mit dem ÖPNV (17,2 %).
Sobald der Führerschein erworben ist, erhöht sich sprunghaft die Bedeutung des
PKWs und wird bei den über 19-Jährigen zum dominanten Verkehrsmittel.

Tab. 3: Entfernung, Dauer und genutzte Verkehrsmittel zu den Sportanlagen

	10 bis 14		15 bis 18		19 bis 26		über 26		Gesamt	
	ø	N	ø	N	ø	N	ø	N	ø	N
Strecke in KM	4,0	1.907	5,3	2.099	4,7	4.042	6,7	17.304	6,1	25.352
Zeit in Min.	14,3	2.140	14,4	2.167	13,5	3.002	13,6	18.779	13,7	26.092
	in %	N	in %	N	in %	N	in %	N	in %	N

Zu Fuß	21,6	1.063	22,0	1.106	21,8	1.578	23,0	9.752	22,7	13.499
Fahrrad	39,6	1.947	38,4	1.928	20,3	2.194	32,8	13.892	33,5	19.964
Auto/Motorr.	23,1	1.135	20,6	1.038	36,6	2.646	38,7	16.414	35,6	21.237
Bahn/Bus	15,0	737	17,2	867	10,6	766	5,3	2.253	7,8	4.626

Sportinfrastruktur in westdeutsche Kommunen

In den meisten der für die Auswertungen herangezogenen Kommunen wurden so genannte *Sportstättenatlanten* erstellt.

Tab. 4: Normierte Kernsportstätten und informelle Sportgelegenheiten in ausgewählten bundesdeutschen Kommunen

Stadt / Stand	Sportstätten und Sportgelegenheiten	N	%	Stadt / Stand	Sportstätten und Sportgelegenheiten	N	%
Münster 2000	Freizeitspielf., Bolzplätze	97	7,7	Bremen 2004	Freizeitspielf., Bolzplätze	90	5,7
	Spielplätze	250	20,0		Spielplätze	184	11,7
	Informelle Bew.-Räume	153	12,2		Informelle Bew.-Räume	106	6,7
	Norm. Kernsportstätten	752	60,1		Norm. Kernsportstätten	1.197	75,9
Bottrop 2004	Freizeitspielf., Bolzplätze	39	7,6	Wetzlar 2002	Freizeitspielf., Bolzplätze	22	7,9
	Spielplätze	137	26,8		Spielplätze	69	24,9
	Informelle Bew.-Räume	35	6,8		Informelle Bew.-Räume	24	8,7
	Norm. Kernsportstätten	300	58,7		Norm. Kernsportstätten	162	58,8
Rheine 2001	Freizeitspielf., Bolzplätze	37	6,3	Konstanz 2001	Freizeitspielf., Bolzplätze	19	5,4
	Spielplätze	138	23,4		Spielplätze	60	17,0
	Informelle Bew.-Räume	65	11,0		Informelle Bew.-Räume	40	11,4
	Norm. Kernsportstätten	350	59,3		Norm. Kernsportstätten	233	66,2
Mannheim 2000	Freizeitspielf., Bolzplätze	73	5,3	Gesamt	Freizeitspielf., Bolzplätze	377	6,3
	Spielplätze	237	17,1		Spielplätze	1.075	18,1
	Informelle Bew.-Räume	41	3,0		Informelle Bew.-Räume	464	7,8
	Norm. Kernsportstätten	1.034	74,7		Norm. Kernsportstätten	4.028	67,8

Sie geben Aufschluss über die Anzahl, Größe und sportfunktionalen Merkmale der Anlagen, die die Kommunen ihren Bürgerinnen und Bürgern für Sport- und Bewegungsaktivitäten zur Verfügung stellen. Bei der Aufzählung sind ein Teil der informellen Bewegungsräume, wie z. B. Parks, Wald, Wege, Wiesen, Parkplätze, Spielstraßen und wohnortnahe Bewegungsräume, nicht erfasst worden. Berücksichtigt wurden unter den informellen Bewegungsräumen insbesondere entsprechend ausgestattete Schulhöfe, Skateanlagen, Beachfelder und Streetballplätze.

Im Folgenden wird an einem geradezu prototypischen traditionellen Bereich informellen Sporttreibens, dem „Straßenfußball", der Frage nachgegangen, inwieweit heute noch auf Straßen, in Parks und auf nicht normierten Plätzen Fußball gespielt wird.

3 „Der Straßenfußball ist tot! – Es lebe das informelle Fußballspiel?"

Balz und Dietrich hatten Mitte der 90er Jahre konstatiert:

„Der ‚Straßenfußball' ist tot: Mit diesem Begriff ist jenes früher verbreitete, von den Jugendlichen selbst organisierte Spielen gemeint, das auf Straßen, auf Hinterhöfen, Bolzplätzen und Schulhöfen stattfand [...] Heute hat das Auto die Straße endgültig erobert – nicht nur in den Städten, auch in den ländlichen Wohngebieten. [...] Eine früher recht geschlossene Spielkultur mit einer gewissen regionalen Breite, die auch Verbindungen zwischen verschiedenen Altersstufen schuf, ist auseinander gebrochen. Selbst dort, wo Bolzplätze bereitgehalten werden, scheint deren Reaktivierung nicht zu gelingen. Auch vorhandene Spielplätze stehen leer, die typischen Spuren des Fußballspiels sind nicht auszumachen" (Balz & Dietrich, 1996, S. 21).

Gibt es aber empirische Befunde, die diese Feststellungen begründen?

Schmidt, der die These des aussterbenden Straßenfußballs seit Jahren vehement vertritt, postuliert verschiedene Gründe für den Untergang des „Straßenfußballspiels". Während sich die Kinder in den 1950er Jahren „möglichst jeden Nachmittag, Sommer wie Winter" (Schmidt, 2004, S. 9) draußen aufgehalten hätten, sei dies heute kaum noch der Fall. Folgende Hauptgründe für den Rückgang des „Straßenfußballs" führt er an:

a)   Es bestehe Konkurrenz zum informellen Spiel einerseits in Form medialer Angebote der Freizeitgestaltung, die „den Zugang zum Sportspiel Fußball auf einem natürlichen und kontinuierlichen Weg, vom Allgemeinen zum Speziellen: Vom Spiel- und Lernort Straße" (Schmidt, 2004, S. 8) zurückgedrängt habe. Andererseits durch institutionalisierte Formen der Sportausübung, bei „denen Kinder von Experten [..] bereits im Alter von 4, 5, 6 Jahren angeleitet und betreut werden, ohne über eigene und selbstgeregelte Spielerfahrung in der Peer-Group zu verfügen" (Schmidt, 2004, S. 8). Dieses führe zu einer negativen Frühspezialisierung.

b)   Darüber hinaus seien die für das informelle Sporttreiben zu nutzenden Flächen heute nicht mehr verfügbar; zudem seien Anreize für die Nutzung der noch vorhandenen Räume verloren gegangen, da viele Wege von Kindern heute nicht mehr zu Fuß zurückgelegt werden (vgl. Schmidt, 2004, S. 8-11).

Den genannten Argumenten zur Situation des informellen Fußballspiels ist nicht zuzustimmen, auch wenn der tägliche Blick in unsere Umwelt wohnnahe Spielräume begrenzt erscheinen lässt und auf Flächen für informelles Spiel zum Teil Verbote das Fußballspiel verhindern. Schätzen wir die Kreativität der Kinder und Jugendlichen und ihre produktive Suche nach selbstorganisierten

Bewegungsräumen auch für das Fußballspiel nicht zu gering ein und geben wir uns nicht vielfach ungeprüft den Argumentationen einer bewegungsarmen Kinder- und Jugendzeit hin?

Repräsentative Erkenntnisse über den Status quo des so genannten Straßenfuß-balls liegen bisher kaum vor. Auf der Basis der Befragungen der Wohnbevölke-rung in neun westdeutschen Kommunen und den Erkenntnissen zur Sportstätten-infrastruktur in sieben dieser neun Kommunen soll nun ein wenig Licht in die Situation des „Straßenfußballs" gebracht werden.

Welchen Stellenwert hat das Fußballspiel im Altersverlauf?

Von den 19.664 Befragten wird die Sportart Fußball, unabhängig von Häufigkeit und Dauer des Spiels, egal, ob wettkampfsportlich oder nicht, rund 1.600 x als Sport- und Bewegungsaktivität benannt; dies entspricht einem Präferenzfaktor von 5,1 %. In der Hitliste der Sportarten der befragten Bevölkerung in der Altersgruppe von 10-70 Jahren rangiert das Fußballspiel auf Platz 8. Durch-schnittlich spielen die Befragten knapp 8 x im Monat Fußball, jeweils mit einer Dauer von rund 97 Minuten.

Tab. 5: Relevante Kennziffern zur Sport- und Bewegungsaktivität Fußball

	10-14 Jahre	15-18 Jahre	19-26 Jahre	> 26 Jahre	Ge-samt
Nennungen in der Stichprobe (N)	319	349	283	649	1.600
Rang in der Hitliste der Sportarten	2	2	5	8	7
Anteil an allen Sportarten der jew. Altersgr.	15,3%	14,5%	8,1%	2,7%	5,1%
Anzahl der Einheiten im Monat	10,7	9,4	7,6	6,6	7,9
Umfang je Einheit in Min.	94,7	104,0	102,0	90,7	97,4
Stunden je Woche	3,9	3,8	3,0	2,3	3,0

In der Altersgruppe der 10- bis 18-Jährigen genießt das Fußballspiel den höchs-ten Stellenwert. Es rangiert auf Platz 2 in der Liste der beliebtesten Sport- und Bewegungsaktivitäten nach dem Schwimmsport. Die fußballspielenden Kinder und Jugendlichen (rund 31 %) in dieser Altersgruppe wenden im Durchschnitt fast vier Stunden ihrer wöchentlichen Zeit dafür auf. In der Gruppe der Erwachsenen reduzieren sich die Umfänge deutlich. Jede sechste bis siebte sportliche Aktivität (15,3 %) der 10- bis 14-Jährigen, aber nur noch jede 12. (8,1 %) der jungen Erwachsenen entfällt auf die Sportart Fußball. Rang 2 in der „Hitliste" der betriebenen Sportarten verdeutlicht die hohe Bindung an das Fußballspiel in den jüngsten Alterskohorten, die mit dem Ende der Jugendzeit deutlich nachlässt.

In welchem Umfang wird Fußball in informellen Bewegungsräumen gespielt?

Eine detaillierte Betrachtung des Fußballsports in den verschiedenen Altersgruppen begründet starke Zweifel an der These des „ausgestorbenen" informellen Fußballspiels. Die jüngsten Befragten geben an, in knapp einem Viertel der Fälle, in denen sie Fußball als Sport- und Bewegungsaktivität genannt haben, nicht auf normierten Sportplätzen oder in Turn- und Sporthallen zu spielen. Sie suchen Parks oder Bolzplätze auf und spielen auf Straßen und Wegen. Der Anteil der in informellen Bewegungsräumen Spielenden zeigt auch in der Gruppe der jungen Erwachsenen, dass jede siebte Fußballaktivität (14 %) auf Flächen stattfindet, die nicht originär für dieses Spiel gedacht ist.

Die Spielumfänge dieser „informellen" Fußballspieler liegt mit insgesamt 86,8 Minuten je Übungseinheit um 9,3 % unter derjenigen, die normierte Sportstätten für ihr Spiel nutzen. In der Häufigkeit des Spiels differieren die Angaben der Befragten nicht. In der Gruppe der Jüngsten unterschieden sich die Umfänge des Spiels auf normierten Spielflächen bzw. informellen Bewegungsräumen um lediglich sechs Minuten. Aus der Häufigkeit, mit der Angaben zum Ort des Fußballspiels in der jüngsten Gruppe der 319 Fußballer gemacht wurden, ist zu erkennen, dass jeder Befragte im Durchschnitt 1,5 Orte angegeben hat. Jedes zweite fußballspielenden Kind spielt somit *auch* in informellen Bewegungsräumen.

Tab. 6: Umfänge des Fußballspiels in den Altersgruppen auf normierten Sportstätten bzw. in
informellen Bewegungsräumen

10-14 Jahre	Rang 2 (31,9 %)	Normierte Sportstätten	9,8 x im Monat/je 98,1 min./3,9 Std. je Wo.
		Inform. Bew.-Räume (24,3 %)	11,5 x im Monat/je 85,5 min./3,8 Std. je Wo.
15-18 Jahre	Rang 2 (30,7 %)	Normierte Sportstätten	9,7 x im Monat/je 104,4 min./3,9 Std. je Wo.
		Inform. Bew.-Räume (15,6 %)	7,6 x im Monat/je 102,0 min./3,0 Std. je Wo.
19-26 Jahre	Rang 5 (17,8 %)	Normierte Sportstätten	8,0 x im Monat/je 101,5 min./3,1 Std. je Wo.
		Inform. Bew.-Räume (14,0 %)	5,3 x im Monat/je 102,0 min./2,1 Std. je Wo.
Gesamt	Rang 7	Normierte Sportstätten	8,1 x im Monat/je 95,7 min./3,0 Std. je Wo.
		inform Bew.-Räume	8,1 x im Monat/je 86,8 min./2,7 Std. je Wo.

Die bei uns vorherrschenden, jahreszeitlich bedingten Witterungsunterschiede führen dazu, dass sich bei den 10-14-Jährigen im Winterhalbjahr das Fußballspiel auf informellen Bewegungsräumen halbiert.

Sind in informellen Bewegungsräumen spielende „Fußballer" im Verein aktiv?

Der These eines verdrängten informellen Fußballspiels durch Einbindung in die verengten Bewegungs- und Sportinteressen der Vereine soll über die Zugehörigkeit der Befragten zu einem Verein untersucht werden. Die Antworten nach der Vereinsmitgliedschaft sagen allerdings – streng genommen – nicht aus, ob diejenigen, die Fußball als Sport- und/oder Bewegungsaktivität angeben, Mitglied in einer Sparte Fußball eines Vereins sind, da diese Frage nicht auf die ausgeführten Sportarten der Befragten bezogen gestellt wurde.

Tab. 7: Sportvereinsmitgliedschaft der „informellen" Fußballer

		Vereinsmitglied		Nichtvereinsmitglied		Gesamt	
	Sportanlage	N	%	N	%	N	%
10-14	Normiert	446	84,3	83	15,7	529	100,0
Jahre	Informell	109	63,4	63	36,6	172	100,0
15-18	Normiert	508	78,0	143	22,0	651	100,0
Jahre	Informell	83	61,0	53	39,0	136	100,0
19-26	Normiert	310	62,8	184	37,2	494	100,0
Jahre	Informell	32	41,0	46	59,0	78	100,0
Gesamt	Normiert	2155	77,4	629	22,6	2784	100,0
	Informell	280	58,0	203	42,0	483	100,0

Mehrfachnennungen

Festzustellen ist, dass die fußballspielenden Aktivitäten auf informellen Bewegungsräumen in der Alterskohorte der 10- bis 14-Jährigen zu fast zwei Dritteln mit Vereinsmitgliedschaften einhergehen. Bis zur Altersgruppe der jungen Erwachsenen reduziert sich dieser Anteil auf rund zwei Fünftel. Im Umkehrschluss ist zu konstatieren, dass es in der Gruppe der Kinder und Jugendlichen in einem hohen Maße eine *Parallelität* fußballsportlicher Aktivitäten im Verein und damit auf normierten Sportstätten und zusätzlich auch in informellen Bewegungsräumen gibt.

Entfernung, Anfahrtszeit und genutzte Verkehrsmittel zum Ort des Fußballspiels

Auf Grund der geringen Anzahl ausschließlich informell fußballspielenden Befragten kann die Analyse der Streckenlänge und Dauer bis zum Erreichen der genutzten Anlagen nicht getrennt berechnet werden. Die Strecke, die die Fußballer zurücklegen, beträgt im Mittel 4,7km. Die Jüngsten legen 2,3 km zurück und benötigen dafür einen ähnlichen Zeitaufwand (11,5 Minuten), wie die anderen Altersgruppen. Dieses vordergründige Missverhältnis erklärt sich bei einer Betrachtung der verwendeten Verkehrsmittel der Jüngsten. Sie nutzen zu zwei Fünftel das Fahrrad und gehen in 30 % zu Fuß (vgl.

Tab. 8), um ihre Anlage zu erreichen. Ein Vergleich der fußballsportlich aktiven Kinder und Jugendlichen mit den sportlich anders ambitionierten Alterskohorten zeigt, dass die fußballsportlich genutzten Flächen und Anlagen deutlich wohnortnäher angeordnet sind.

Tab. 8: Entfernung, Anfahrtszeit, Verkehrsmittel zum Ort des Fußballspiels

	10 bis 14 Jahre		15 bis 18 Jahre		19 bis 26 Jahre		Gesamt	
Strecke in KM	2,3	313	3,8	296	5,2	261	4,7	1.430
Zeit in Min.	11,5	346	*12,2*	318	*14,2*	278	*13,0*	1.531
	in %	N	in %	N	in %	N	in %	N
Zu Fuß	29,4	253	23,3	184	17,8	118	19,0	686
Fahrrad	41,0	353	40,5	320	24,9	165	34,4	1.242
Auto/Motorrad	17,0	146	19,1	151	45,2	299	35,6	1.288
Bahn/Bus	12,2	105	15,2	77	11,6	77	10,1	365

Resümee und Ausblick

Auf der Basis einer Reanalyse konnten in diesem Beitrag Befunde zur informellen Nutzung städtischer Bewegungsräume eruiert werden, die einen Teil der klassischen Annahmen der Kindheits- und Jugendforschung widerlegen. Zu bedenken ist dabei, dass alle in diesem Beitrag vorgetragenen Befunde eine zurückhaltende Position markieren, da die Definition „informeller Bewegungsräume" über die Orte des Sporttreibens erfolgte. Die darüber hinausgehenden informellen Aktivitäten auf normierten Kernsportstätten sind nicht berücksichtigt:

- Art und Umfang der Nutzung informeller städtischer Räume für Sport- und Bewegungsaktivitäten wandeln sich im Altersverlauf und korrelieren stark mit der betriebenen Sportart. Der große Umfang vereinsorganisiert und in normierten Kernsportstätten betriebener Ballsportarten führt dazu, dass „nur" rund zwei Fünftel der Sport- und Bewegungsaktivitäten der 10- bis 18-Jährigen „informell", d. h. auf nicht normierten Sportanlagen und Bewegungsräumen stattfindet.

- Die singuläre Beobachtung, dass Kinder und Jugendliche die Straßen und traditionellen Plätze für Sport und Spiel nicht nutzen, konnte in Kenntnis der großen Zahl kommunaler Anlagen, die für Sport- und Bewegungsaktivitäten zur Verfügung stehen, hinterfragt werden. Die heutigen Städte ermöglichen Kindern und Jugendlichen eine Vielzahl von Sport- und Bewegungsaktivitäten in kommunal verantworteten informellen Bewegungsräumen.

- Das Bild der „Transportkindheit", der „taxifahrenden" Mütter und Väter, prägt die Sport- und Bewegungsaktivitäten der 10- bis 14-Jährigen und der 15- bis 18-Jährigen nicht. Rund 60 % der Wege zu den Sportstätten und Bewegungsräumen werden zu Fuß oder mit dem Fahrrad bewältigt;

der Anteil des Autos oder Motorrads liegt mit 20-23 % etwas über der Größenordnung des öffentlichen Personennahverkehrs.

- Die Untersuchung des Fußballspiels, der, insgesamt gesehen, populärsten Sportart der 10- bis 18-Jährigen, hat gezeigt, dass die These einer Verdrängung des informellen Fußballspiels, auf Grund einer Frühspezialisierung im Sportverein, nicht haltbar ist. Die Erkenntnisse verweisen auf ein starkes Nebeneinander von Fußballaktivitäten auf normierten Sportstätten und im vereinsorganisierten Spielbetrieb einerseits und dem Fußballspiel auf vielfältigen Sportgelegenheiten andererseits.

Die Reanalyse umfangreicher und aktueller Datensätze zum Sport- und Bewegungsverhalten in neun westdeutschen Mittel- und Großstädten konnte zeigen, dass einige singulär beobachtete und normativ geprägte Grundannahmen, die von Seiten profilierter Vertreter der sportwissenschaftlichen Kindheits- und Jugendforschung über die Nutzung informeller städtischer Bewegungsräume vertreten werden, nicht haltbar sind und auch in den Bezugsdisziplinen kaum noch vertreten werden (Zinnecker, 2001). Eine übergreifende Zusammenarbeit mit dem sich seit Mitte der 1990er Jahre entwickelnden Bereich der empirisch arbeitenden kommunalen Sportstättenentwicklungsplanung kann hier künftig fruchtbare Perspektiven bieten.

Literatur

Balz, E. (1992). Spiel- und Bewegungsräume in der Stadt. *sportpädagogik, 16*, 22-27.

Balz, E. & Dietrich, K. (1996). Fußball – ein Spiel in Spannungen. *sportpädagogik, 20*, 20-28.

Becker, P. (1991). Das Skateboard als Instrument der Rückeroberung verlorener Stadträume? *Olympische Jugend, 36*, 8f.

Braicks, M. & Wulf, O. (2004) (i. V.). *Sporttreiben in Paderborn*. Münster: Lit.

Holmstein, G. (1983). *Jean-Jacques Rousseau, mit Selbstzeugnissen und Bilddokumenten*. Reinbek: Rowohlt.

Hübner, H. (1994). *Spielen in der modernen Stadt*. In D. H. Jütting & P. Lichtenauer (Hrsg.), *Bewegungskultur in der modernen Stadt* (S. 35-58). Münster: Lit.

Hübner, H. (2001). *Das Sporttreiben in Mannheim – Ergebnisse der empirischen Studien zum Sportverhalten*. Münster: Lit.

Hübner, H. & Kirschbaum, B. (2004) (i.V.). *Sporttreiben in Münster 2003*. Münster: Lit.

Hübner, H. & Pfitzner, M. (2001). *Grundlagen der Sportentwicklung in Konstanz – Sporttreiben, Sportstättenatlas, Sportstättenbedarf*. Münster: Lit.

Hübner, H., Pfitzner, M. & Wulf, O. (2002a). *Grundlagen der Sportentwicklung in Rheine – Sporttreiben, Sportstättenatlas, Sportstättenbedarf*. Münster: Lit.

Hübner, H., Pfitzner, M. & Wulf, O. (2003). *Grundlagen der Sportentwicklung in Wetzlar – Sporttreiben, Sportstättenatlas, Sportstättenbedarf*. Münster: Lit.

Hübner, H. & Wulf, O. (2003). *Sporttreiben in Mülheim – Zwischenbericht*. (hektogr. Manuskript, 8 S.). Wuppertal.

Hübner, H. & Wulf, O. (2004a) (i.v.). *Grundlagen der Sportentwicklung in Bottrop – Sporttreiben, Sportstättenatlas, Sportstättenbedarf.* Münster: Lit.

Hübner, H. & Wulf, O. (2004b) (i.v.). *Grundlagen der Sportentwicklung in Bremen – Sporttreiben, Sportstättenatlas, Sportstättenbedarf.* Münster: Lit.

Landau, G. (1992). Kindliche Spielerfahrung in der Lebenswelt, In H. Altenberger & F. Maurer (Hrsg.), *Kindliche Welterfahrung in Spiel und Bewegung, Sportpädagogische Perspektiven* (S. 53-64). Bad Heilbrunn: Klinkhardt.

Mitscherlich, A. (1970). *Die Unwirtlichkeit unserer Städte, Anstiftung zum Unfrieden.* Frankfurt: Suhrkamp.

Schmidt, W. (1993). Kindheit und Sportzugang im Wandel, Konsequenzen für die Bewegungserziehung? In W.-D. Brettschneider & M. Schierz (Hrsg.), *Kindheit und Jugend im Wandel – Konsequenzen für die Sportpädagogik?* (S. 24-32). St. Augustin: Academia Verlag.

Schmidt, W. (1993). Kindheit und Sportzugang im Wandel, Konsequenzen für die Bewegungserziehung? *sportunterricht, 42,* 24-32.

Schmidt, W. (1999). Einführung, Bewegungsräume im Wandel. In K. Roth et al. (Hrsg.), *Dimensionen und Visionen des Sports.* St. Augustin: Academia Verlag.

Schmidt, W. (2004). *Fußball. Spielen – Erleben – Verstehen.* Schorndorf: Hofmann.

Schmidt, W., Hartmann-Tews, I & Brettschneider, W.-D. (2003). Sportliche Aktivität von Kindern und Jugendlichen. Zusammenfassung, Ausblick und Empfehlungen In W. Schmidt, I. Hartmann-Tews & W.-D. Brettschneider (Hrsg.), *Erster deutscher Kinder- und Jugendsportbericht* (S. 401-410). Schorndorf: Hofmann.

Thiemann, F. (1988). *Kinder in den Städten.* Frankfurt: Suhrkamp.

Zeiher, H. (1983). Die vielen Räume der Kinder. Zum Wandel räumlicher Lebensbedingungen seit 1945. In U. Preuss-Lausitz et al. (Hrsg.), *Kriegskinder, Konsumkinder, Krisenkinder.* Weinheim: Beltz.

Zinnecker, J. (1979). Straßensozialisation, Versuch, einen unterschätzten Lernort zu thematisieren. *Zeitschrift für Pädagogik, 25,* 727-746.

Zinnecker, J. (2001). Erlebnis und Abenteuer – Die Straße als Lebensraum. In J. Zinnecker (Hrsg.). *Stadtkids. Kinderleben zwischen Straße und Schule* (S. 81-103). Weinheim: Juventa.

Informelles Sportengagement gestern und heute

Werner Schmidt und Jessica Süßenbach

1 Einleitung

Zweifellos zählen Sport- und Bewegungsaktivitäten gestern wie heute zu den wichtigsten Freizeitbeschäftigungen für Kinder und Jugendliche. Jedoch sind gravierende Veränderungen des Bewegungsalltags und des Sportzugangs von Heranwachsenden zu konstatieren. Sportive Praxen gehören zu den Selbstverständlichkeiten des Alltags, die Zinnecker (1989) als „Versportlichung des jugendlichen Alltags" beschrieben hat. Das veränderte Sportengagement von Kindern und Jugendlichen findet Ausdruck in einem breiten und vielschichtigen Spektrum der betriebenen Sportarten – im Verein, bei kommerziellen Anbietern und in informellen Kontexten.

Im vorliegenden Beitrag werden die Entwicklungen des informellen Sportengagements im historischen Vergleich beschrieben, erklärt und gedeutet. Die Darstellung folgt dem zeithistorischen Trend. Zunächst erfolgt eine Skizzierung der so genannten *Straßenspielkultur* in den 50er und 60er Jahren, um daran anschließend einen Überblick über gegenwärtige sportive Praktiken von Kindern und Jugendlichen jenseits des institutionellen Engagements in Vereinen oder kommerziellen Einrichtungen zu geben.

2 Gestern

Der zeithistorische Vergleich zeigt, dass die Freizeitgestaltung der 50er Jahre stark vom „Straßenspiel" dominiert wurde und die sportiven Vereinspraxen im Kontext von Konkurrenz und Wettkampf erst im Alter von 11-12 Jahren einsetzten. Die Bewegungs- und Sportsozialisation der Heranwachsenden fand in der Regel in altersheterogenen Nachbarschaftsgruppen statt, die möglichst jeden Nachmittag, Sommer wie Winter draußen im Freien unter der Anführerschaft der Ältesten den sozialen Nahraum erkundeten (vgl. Schmidt, 1993). Im Vordergrund stand die selbstständige, sinnliche Erschließung (Primärerfahrungen) des nahen Umfeldes – ein selbsttätiges Spielen und Tun ohne die Kontrolle von Erwachsenen, Erziehungspersonen oder Institutionen.

Für das freie Bewegungsleben der Kinder und Jugendlichen bedeutete dies, dass auf der Straße oder in Wohnnähe gelegene Spielmöglichkeiten aufgesucht wurden und selbstständig Spielfeldausmaße, Spielregeln und Zielobjekte jeweils der Anzahl der Spieler, ihren Vorkenntnissen und der zur Verfügung stehenden Zeit angepasst wurden (vgl. Schmidt, 2002, S. 85f.). Geulen und Schütze beschreiben die Nutzung von Räumen, die Gruppenzusammensetzung und einfache Spielformen so:

„Zunächst einmal, daß ausgenutzt wurde, was vorhanden war. Nämlich Trümmer. Es war ein herrliches Gebiet, wo man sich verstecken konnte, wo man Indianer spielen konnte, wo man sich der Beobachtung der Eltern, der Erwachsenen entzog (....) Zum Spielen könnte ich noch sagen, also wenn wir in der Stadt gespielt haben, da war also 'ne ganze Horde, die sich also aus den umliegenden Häusern zusammensetzte (...) Als Kind fand man es auch gut, wenn man Kreide fand, damit man auch Hopse spielen, sich was aufzeichnen konnte, danach suchte man immer" (Geulen & Schütze, 1989, S. 34).

Dieses gemeinsame Spielen – meist unabhängig vom Geschlecht – war die wichtigste Form außerfamilialer Freizeitgestaltung. Nach Zinnecker (1979) eröffnete die Straße den Kindern neben Elternhaus und Schule ein Erfahrungsfeld, in dem die Kinder lernten, als Gleicher bzw. Gleiche mit Gleichen zu verkehren. Aus entwicklungstheoretischer Perspektive ist es nun von Interesse, wie sich Mädchen und Jungen in den 50er und 60er Jahren ihre Bewegungsumwelt aneigneten.

Ausgehend von Bronfenbrenners sozialökologischer Theorie (1981), können gelingende Entwicklungsprozesse als aktives Explorieren und Erkunden von nah nach fern, vom ökologischen Zentrum (= der Wohnung) über kindgerechte soziale Nahräume (wohnortnahe Straßen, Plätze und Freiflächen) und ökologische Ausschnitte (= Fahrradwege, Sportplätze, Schulhöfe) bis hin zu Bewegungsräumen in der ökologischen Peripherie (z. B. Erlebnisschwimmbad, Kletterparks) beschrieben werden. Diesem sich in konzentrischen Kreisen ausdehnenden Entwicklungs- und Erfahrungsprozess liegt die Annahme zu Grunde, dass die subjektive und selbstinitiierte Raumaneignung auch Grundlage für Entwicklungsfortschritte im kognitiven, sozialen und emotionalen Bereich ist.

Für die Betrachtung des Bewegungs- und Sportkontextes bedeutet dies, dass die Heranwachsenden über das Medium Bewegung ein spezifisches Verhältnis zu sich selbst, ihrem Körper und ihrer Umwelt entwickeln. Je nach Alter, Geschlecht, Geschicklichkeit und Bewegungskönnen wuchsen die Kinder in den 50er und 60er Jahren wie von selbst in eine Spiel-, Regelspiel- und Sportspielkultur hinein. Die Spiele nahmen mit voranschreitendem Alter, Bewegungskönnen und der Anzahl der Teilnehmer an Komplexität zu. Dem Straßenspiel können somit folgende sportpädagogische Funktionen zugeordnet werden:

- Motorischer Aspekt: Ausbildung der Grob- und Feinmotorik durch tägliche Auseinandersetzung mit den motorischen Anforderungen.

- Sozialer Aspekt: Entwicklung des Regelbewusstseins und des moralischen Urteils durch Übernahme, Umgestaltung und Einhaltung von Vernunftregeln.

- Kognitiver Aspekt: Erwerb von sinnvollen Strategien, um die übernommenen Spielerrollen anwenden und ausgestalten zu können (vgl. Schmidt, 2003a, S. 110f.).

Charakteristisch für die Erschließung der nahen Umwelt in den 50er Jahren waren die Merkmale Selbsttätigkeit, Spiel im Freien und Primärerfahrungen. Im Gegensatz dazu nahm der institutionelle Sportzugang einen zeitlich begrenzten Raum ein. Der Turnverein organisierte für Kinder im Alter von 6-8 Jahren 1 x wöchentlich ein vielfältiges Tummeln, Spielen und Sichbewegen an Geräten inklusive kleiner Wanderfahrten in die nahe Umgebung (vgl. Schmidt, 2002). Der spezifische Zugang zu Sportfachverbänden erfolgte erst im Alter von 11-12 Jahren, da es dort auch keine jüngeren Altersklasseneinteilungen (Wettkampfordnungen) und Sportangebote gab. Das Spektrum der angebotenen Sportarten beschränkte sich im Wesentlichen auf fünf traditionelle Sportarten: Fußball, Handball, Schwimmen, Leichtathletik und Turnen.

Betrachtet man die aktiv ausgeübten Sportarten im Verein und in der Freizeit, waren deutliche geschlechtsspezifische Unterschiede zu verzeichnen (vgl. Tab. 1). Mit Ausnahme des Turnens wurden vorwiegend Jungen erfasst; die den Kampfspielen (Fußball, Handball, Rückschlagspiele) innewohnenden Werteorientierungen Leistung, Konkurrenz und Wettkampf korrespondierten eng mit einer allgemeinen „arbeitsorientierten Lebensauffassung", die sich im dominierenden Modell einer „puritanisch-arbeitsbezogenen Sportausübung" widergespiegelt haben (vgl. Tab. 1).

Tab. 1:. Aktiv ausgeübte Sportarten 12- bis 14-jähriger Kinder im Jahr 1954, Angaben in Prozent (nach Zinnecker, 1987, S. 230-232; Schmidt, 2002, S. 87).

	Alle	Jungen	Mädchen
Fußball	13	26	0
Schwimmen/Baden	13	11	15
Turnen	7	4	11
Leichtathletik	5	6	4
Handball	3	4	2
Rückschlagspiele (Tennis, Tischtennis)	4	6	2

Kraftsport (Boxen, Ringen)	2	4	0

Die quantitativen Erhebungen zeigen, dass vor einem halben Jahrhundert nur jedes fünfte Mädchen (19 %) Sport als liebste Freizeitbeschäftigung favorisierte, während 45 % der Jungen im Jahr 1954 Sport als liebste Freizeitbeschäftigung bezeichneten (Zinnecker, 1987, S. 217). Jedoch darf nicht übersehen werden, dass der Sportbegriff von 1954 wesentlich enger gefasst war und primär Leistungsvergleiche beinhaltete, wohingegen alltägliche Bewegungsaktivitäten (z. B. Rad fahren) nicht unter dem Begriff „Sport" subsumiert wurden.

3 Heute

Im modernen Lebensalltag von Kindern nimmt das aktive Bewegungs- und Sportengagement eine bedeutende Rolle ein. Auf die Frage nach ihrer liebsten Freizeitbeschäftigung geben 79 % der 10- bis 14-jährigen Kinder sportbezogene Hobbys an (Schmidt, 2003a, S. 51). Diese Bedeutungsaufwertung betrifft:

- die Integration sportlicher Aktivitäten und Hobbys in die kindliche Lebenswelt,

- das aktive Engagement im Sportverein,

- die Ausdifferenzierung kindlicher Bewegungsszenen,

- die Beliebtheit des Schulfachs Sport,

- das informelle Sporttreiben in der Freizeit.

„Die noch vor einigen Jahrzehnten als kindliches Bewegungsspiel geltenden, weitgehend eigenverantwortlich organisierten (Freizeit-) Aktivitäten von Kindern sind heute zunehmend in institutionelle Orte (Sportvereine) verlagert worden [....] Gleichzeitig ist Kindersport Teil der modernen ortsgebundenen Angebots- und Betreuungspädagogik für Kinder geworden [....] Charakteristisch ist die altersbezogene Vorverlagerung der selbständigen Sportteilhabe heutiger Kinder" (Büchner, 2001, S. 894-895).

Der immer deutlicher werdende strukturelle Wandel der Lebensräume und Lebensbedingungen von Kindern geht einher mit gravierenden Veränderungen ihres kindlichen Alltags: Damit verändert sich auch die Freizeitgestaltung und daraus folgend ihre Bewegungs- und Sportpraxis. Die enge Familienanbindung und Nachbarschaftsorientierung schwächt sich ab, indem Kinder in immer früherem Lebensalter relativ eigenständig außerhäuslichen Aktivitäten nachgehen (vgl. Büchner & Fuhs, 1993, S. 491). Kinder übernehmen heute früh „die Rolle von biographischen Akteuren" (Behnken & Zinnecker, 2001, S. 19), nutzen die Optionenvielfalt und lernen früh eigenständige Handlungsentscheidungen zu treffen. Dieser Ausdifferenzierungsprozess verweist aber auch auf

Schattenseiten, nämlich auf herkunftsbedingte soziale Chancenungleichheiten, die sich im Handlungsfeld Sport widerspiegeln (vgl. Schmidt, 2003a). Die biografisch vergleichsweise frühe Verselbstständigung kindlicher Freizeitgestaltung wird aus entwicklungstheoretischer Perspektive ambivalent betrachtet, denn die Versportung des Kinderalltags und der damit einhergehende, vermeintliche Selbstständigkeitsgewinn sind auch verbunden mit strukturellen Abhängigkeiten in Form monofunktionaler Angebote (vgl. Hildebrandt, Landau & Schmidt, 1994).

Das selbstorganisierte Straßenspiel der 50er und 60er Jahre wird zunehmend ersetzt bzw. ergänzt durch institutionalisierte und kommerzialisierte Sportangebote. Der institutionelle Sportzugang erfolgt früher, wird von Erwachsenen organisiert und präferiert deren Sinnrichtungen (= Leistung und Konkurrenz): „Kinder werden trainiert, bevor sie spielen können" (Schmidt, 2002). Folglich werden entwicklungsgerechte Erlebnis- und Wahrnehmungsmöglichkeiten, die nicht zuletzt Anlässe für soziales Lernen bieten, oftmals ausgeklammert. Oder, um es pointiert mit dem Medienpädagogen Neil Postmann auszudrücken: Mit dem Verschwinden der Kinderspiele verschwindet auch die Kindheit selbst (vgl. Postman, 1993, S. 149). Waren die Kinder früher gezwungen, selbstständig das Aushandeln und Vereinbaren von Regeln zu lernen, deren Einhaltung auf Gegenseitigkeit beruhte, zeichnen sich heutige Sportaktivitäten von Kindern und Jugendlichen vor allem dadurch aus, dass sie inszeniert und verwaltet sind von Erwachsenen.

Hurrelmann und Mansel (1993, S. 82f.) sprechen gar von durchorganisierten und „zeitlich strukturierten Rastern in vorab geplanten und fixierten Grenzen", mit der Folge: „für immer mehr Kinder findet Kindheit im Zeitraster der Betreuungseinrichtungen statt" (Zeiher & Zeiher, 1994, S. 32). Jedoch ist die Nutzung der kinderkulturellen Freizeitangebote stark von der sozialen Herkunft der Kinder abhängig (vgl. DJI, 1992, S. 61); die gesellschaftlichen Modernisierungsprozesse führen zu einer Aufwertung institutionell angeleiteter Freizeitangebote, von denen sich bildungsbewusste Eltern einen Vorteil für ihre Kinder im „erbarmungslosen Zertifikatsverteilungskampf" versprechen (vgl. Zinnecker, 1990).

Terminierung und Technisierung charakterisieren den Alltag der Heranwachsenden: So legen 62 % aller Kinder zwischen 10 und 14 Jahren ihren täglichen Schulweg mit öffentlichen Verkehrsmitteln oder per Auto zurück (vgl. Schmidt, 2003) – Ähnliches gilt für den nachmittäglichen Weg zu Freunden und zu den Orten der Hobbys (Sportverein, Musikschule etc.). Die zunehmende Motorisierung sowie städtebauliche Veränderungen beeinflussen die Raumnutzung der Kinder entscheidend. Kinderleben ist ein Leben an Spezialorten geworden – verinselt, überwiegend kontrolliert und nur temporär zugänglich (vgl. Geulen, 1994, S. 16). Verstädterungsprozesse (z. B. versiegelte Flächen, Straßen) führen zu einer Verringerung freier Bewegungsflächen oder wie es Zinnecker formulierte: zum „Verlust ökologischer Nischen im Stadtgebiet" (1979, S. 742). Der Lebensbereich Straße als Aufenthalts- und Lernort für Kinder verliert im Vergleich zu früheren Generationen an Bedeutung. Aus sozialökologischer Perspektive (vgl. Bronfenbrenner, 1981) ist anzumerken, dass die heutige Kindergeneration weniger Chancen besitzt, ihre Lebensumwelt unbeaufsichtigt zu erkunden und sich eigentätig mit der Umwelt auseinander zu setzen. Vielmehr finden sie standardisierte und eher anregungsarme Bewegungsräume vor, die der kindlichen Eigeninitiative geringe Entfaltungsmöglichkeiten gewähren.

Eine Analyse der Bewegungsräume – von nah nach fern – und dem Alter der Kinder entsprechend (vom Kleinkind bis zu den „Lücke-Kindern" im Alter von 10-14 Jahren) fällt infolge der Verdichtung des Wohnens und des durch die Technisierung verursachten Verlusts eines Großteils freier Bewegungsflächen ambivalent aus (vgl. Schmidt, 2003a, S. 118f.). Besonders dramatisch ist der Verlust kleinkindgerechter sozialer Nahräume. Wie der Essener Kinderbericht (1999) zeigt, hat sich innerhalb von 30 Jahren die Anzahl der zugelassenen Kraftfahrzeuge um 500 % erhöht. Demzufolge haben sich die seit 1960 für den Verkehr und das Parken erforderlichen Raumflächen versiebenfacht, sodass Kindern immer weniger Raum zur Verfügung steht und sie in städtischen Ballungsräumen nicht mehr gefahrlos auf der Straße spielen können.

Auffallend ist die Tatsache, dass Spielplätze bereits in der mittleren und späten Kindheit keine Rolle mehr spielen. Über zwei Drittel der Kinder geben an, dass dieser Ort nur für Vorschulkinder geeignet sei. Beschrieben werden Spielplätze als lebensferne und reglementierte Erfahrungsbereiche, die durch eine einseitige und monofunktionale Ausstattung zu wenig Raum für Spieltätigkeiten bieten (vgl. Engelbert & Herlth, 1993, S. 408f.). Im Gegensatz dazu werben kompensatorische Angebote (z. B. Lauf-, Schwimm- und Ballettschulen) mit vielfältigen Versprechen in Richtung einer gesunden, gegenwartserfüllten und psychosozialen Kindesentwicklung, ohne zu bedenken, dass die individuellen Chancen zur aktiven Selbsttätigkeit oftmals zu kurz kommen (vgl. Schmidt, 2003a).

Es scheint allerdings so, dass die zunehmende Sportpartizipation in institutionalisierten (frühe Sportvereinsmitgliedschaft) als auch informellen Kontexten (modernen Trendsportarten) die fehlende Bewegung im Alltag nicht kompensieren kann. Ein Besorgnis erregendes Indiz dafür ist die Tatsache, dass die motorische Leistungsfähigkeit von Kindern und Jugendlichen in den letzten 25 Jahren um mehr als 10 % abgenommen hat; besonders deutliche Unterschiede sind in der Laufausdauer und in der Beweglichkeit festzustellen (vgl. Bös, 2003). Krappmann und Oswald (1989) sehen zudem die Gefahr, dass die soziale Kinderwelt immer kleiner wird und die förderliche Kraft sozialer Beziehungen sich nicht mehr so entfalten kann, weil die Außenräume (Bürgersteige, Straßen, Garagen, Höfe) zum freien Spielen kleiner würden, als auch die kleinere Gruppe die Chance verlöre, den Störenfried auszuschließen bzw. den Spielverderber zu einem anderen sozialen Verhalten zu bewegen. In gleichberechtigten Sozialformen jenseits von Elternhaus und Schule lernen Kinder,

- dass sie sich selbst für ihre Intentionen einsetzen und versuchen müssen, Konsens mit anderen zu erreichen.

- Dass sie nur durch eigene Verlässlichkeit dauerhafte Spielpartner gewinnen können.

- Dass sie versuchen müssen, Vereinbarungen auf Gegenseitigkeit zu treffen und sich an gemeinsam abgesprochene Regeln zu halten.

- Dass sie auch die Akzeptanz durch Gleichberechtigte benötigen (vgl. Krappmann, 1993, S. 369).

Allerdings verklären sozialromantische Vorstellungen über den Verlust der Straße als Spielort die gegenwärtige Bedeutung der Straße für Kinder. Denn der Beliebtheitsgrad des öffentlichen Raums ist hoch und ungebrochen: „Und da sind sie wieder – oder immer noch – die Straßenkids, in einer anderen Zeit, in einer anderen Form, in Spiel und Bewegung: weniger Hinkelkästchen und Sprungseil, gelegentlich Versteckspiel und Nachlaufen, vor allem aber Asphaltkultur, aufgerüstete, mobilisierte Bewegung" (Podlich & Kleine, 2003, S. 32). Es bleibt die These des Straßenverlusts, der Verhäuslichung und des Bewegungsmangels bestehen – die jedoch durch ihre Absolutsetzung zu kontroversen Positionen in der sportwissenschaftlichen Kindheitsforschung führt. Vielmehr muss differenziert konstatiert werden, dass kleine Kinder vom Verschwinden wohnnaher Spiel- und Bewegungsräume betroffen sind, während für die mittlere Kindheit bzw. für Jugendliche neue Formen der Asphaltkultur entstehen.

4   Neuzeitliche Kinderwünsche

Betrachtet man die Freizeitaktivitäten von Kindern, wird deutlich, dass die überwiegende Mehrheit der Mädchen und Jungen Spieltätigkeiten im Freien bevorzugt. Drei Viertel aller Heranwachsenden (von 10-14 Jahren) spielen am liebsten draußen. Hinsichtlich dieser informellen Bewegungsaktivitäten präferieren Jungen Gartenanlagen, Bolz- und Fußballplätze sowie „wildes" Gelände, wo sie gemeinsam mit Freunden per Rad oder Inlinern unterwegs sind oder Ballspielen nachgehen. Gestern wie heute rangiert „König" Fußball bei den Jungen auf dem ersten Rang; 60 % aller Jungen spielen (sehr) oft Fußball, wenn sie draußen sind (vgl. Tab. 2).

Das Aktivitätsausmaß der Mädchen ist hingegen etwas geringer und kleinräumiger. Sie treffen sich eher mit der besten Freundin, aber immerhin gibt jedes fünfte Mädchen Fußball als (sehr) oft ausgeführte „Draußenaktivität" an. Für Mädchen wie Jungen gehören Inlineskaten und Fahrradfahren zu den beliebtesten Freizeitbeschäftigungen. Aus geschlechtsspezifischer Perspektive ist weiterhin bemerkenswert, dass neben Rad fahren, Inlineskaten und Ballspielen jedes zweite Mädchen bereits im Alter von 10 Jahren gerne „shoppen" geht (vgl. Tab. 3).

Tab. 2. Jungen im Alter von 10-14 Jahren auf die Frage nach ihrer Lieblingsbeschäftigung draußen (Schmidt, 2003).

Jungen	
Fußball	59 %
Inliner / Kickboard	46 %
Fahrrad	44 %
Ballspielen	37 %
Basketball	36 %
Kaufhaus	19 %
Nichts Bestimmtes	18 %

Tab. 3. Mädchen im Alter von 10-14 Jahren auf die Frage nach ihrer Lieblingsbeschäftigung draußen (Schmidt, 2003).

Mädchen	
Kaufhaus	56 %
Inliner / Kickboard	38 %
Fahrrad	30 %
Nichts Bestimmtes	24 %
Basketball	20 %
Fußball	20 %
Ballspielen	19 %

Aus diesen Befunden zum (gewünschten) Freizeitverhalten von Heranwachsenden sind im Feld des Sports zwei sich überlagernde Tendenzen hervorzuheben: Das verstärkte Bedürfnis der Heranwachsenden nach „Draußenaktivitäten" und gegenläufige Tendenzen der Institutionalisierung und Kommerzialisierung des Sporttreibens von Kindern und Jugendlichen, die mit der Verlagerung von Spiel und Bewegung nach innen (Sporthallen, Judo- und Karateschulen, Tennishallen, Spaßbäder etc.) verbunden sind.

Dies drückt sich aus in den Einschätzungen älterer Kinder zu ihrer Umgebung. Dem skizzierten Verlust wohnnaher freier Bewegungs- und Spielflächen, die primär das Klein- und Vorschulalter betreffen, stehen diesbezüglich erstaunlich positive Meinungsäußerungen älterer Kinder gegenüber. Diese nutzen in der Freundesgruppe umgestaltete Räume oder gar verbaute Flächen, um sich sportiv und/oder (auf Rollen) diese bewegend anzueignen. Befunde zu Freizeitaktivitäten von 8- bis 12-Jährigen verweisen auf die Bedeutung sportiver Aktivitäten im Freundeskreis (vgl. Rusch & Thiemann, 1998): Die Heranwachsenden geben sportive Formen wie Streetball, (Inline-)Hockey, Skateboard oder Mountainbike an, deren Orte per Rad aufgesucht und mit geselligen Tätigkeiten wie Musik hören und „Quatschen mit Freunden" verbunden werden. Kennzeichnend für diese Liste ist der Prozess einer fortgeschrittenen Substitution der traditionellen Spielformen durch neue Bewegungspraktiken. Entsprechend neu strukturieren sich die subjektiven Landkarten. Sie sind gekennzeichnet durch weiträumige Aktionen im entgrenzten Raum.

Es bleibt zu konstatieren, dass die frühere Form der Straßenkindheit – die sich auflöst und allenfalls an der Peripherie der Großstädte überlebt – kein soziales Vakuum hinterlässt, in dem sich die in individualisierten Lebensläufen vereinzelten Kinder verlören, es entsteht vielmehr eine Szene als eine neue soziale Form (vgl. Rusch & Thiemann, 1998). Auch Schwier (1998) macht einen neuen Typus von Straßenkindheit aus, der angeschlossen ist an die expandierende Sportartikelindustrie – Rusch und Thiemann sprechen von einer „hochmobilen Kindergesellschaft", die ihren Streifraum weit über die engen Begrenzungen des Wohnviertels hinaus ausweitet (vgl. Rusch & Thiemann, 2003, S. 10). Eine gewisse Geschlechterexklusivität ist dabei durchaus festzustellen, denn dieser pädagogisch positiv bewerteten Etablierung einer sportiven Bewegungskultur inklusive der Selbstinszenierung außerhalb von Vereinsstrukturen steht die unübersehbare Tatsache gegenüber, dass Mädchen in diesen Bewegungsszenen kaum auftauchen (vgl. Wopp, 1999, S. 351). Mädchen fehlen in der Straßenszene – sie ist eine Jungenszene, in der die Mädchen kaum mehr als ein Beiwerk für die männliche Identitätssuche in Erscheinung treten. Die Geschlechtsdifferenz wird anhand von zwei extremen Polen manifest: Mädchen, die Zugang zu dieser Jungenszene bekommen, „präsentieren sich nicht nur in der ungleichen, sondern auch ungleichgewichtigen Rolle von Beifall klatschenden Zuschauerinnen" (Rusch & Thiemann, 2003, S. 24). Mit Blick auf die Vergangenheit kann vorsichtig gedeutet werden, dass öffentliche Räume für Jungen traditionell besser zugänglich waren, dass mittels innovativer Angebote (z. B. Inlineskates) immer mehr Mädchen zumindest die Chance erhalten, ihre Quartiersöffentlichkeit per Bewegung zu erschließen.

5 Informelle Jugendszenen

Die neue Straßenszene rekrutiert sich vor allem aus Jungengruppen und bedient sich industriell erzeugter Bewegungsgeräte (Inlineskates, Skateboards, Mountainbikes etc.). Ist diese vom Gleiten und Rollen geprägte Straßenszene als Gegenentwurf zum organisierten Sportbetrieb zu begreifen oder eher als Ergänzung? In Anbetracht der Befunde aus den repräsentativen Jugendsportstudien (vgl. Kurz, Sack & Brinkhoff, 1996; Brettschneider & Kleine, 2002) sind offensichtlich gerade diejenigen Heranwachsenden in informellen Kontexten aktiv, die auch im Verein engagiert sind.

Die zu Grunde liegenden Motive für informelle Sportaktivitäten sind vielfältig. Junge Menschen treiben u. a. auch deshalb vereinsungebundenen Sport, weil für sie der Sportverein nicht das Richtige bietet, weil sie ohne soziale Kontrolle durch Erwachsene lieber in der Gruppe Gleichaltriger sportlich aktiv sein wollen. Das für die Jugendphase typische Streben nach Autonomie und Individualisierung und der Wunsch nach Flexibilität in der Freizeitgestaltung stehen im Vordergrund (Schwier, 1998). Charakteristische Merkmale der informellen Bewegungs- und Sportaktivitäten sind zum einen ihre Einbettung in den räumlichen Alltag sowie ihre Durchführung in kleinen Gruppen, die spontan gebildet werden können (vgl. u. a. Kurz et al., 1996). Neben der autonomen und flexiblen Gestaltung in (Klein-)Gruppen werden zudem in informellen Kontexten andere Sinnrichtungen favorisiert, die jugendkulturelle Selbstdarstellungen und Ästhetisierungen ermöglichen (vgl. u. a. Brettschneider & Kleine, 2002).

Welche Sportarten betreiben Jugendliche außerhalb von Schule und Sportverein?

Trotz einer Erweiterung des Sportartenspektrums sind nach wie vor traditionelle Sportarten im Bereich des informellen Sportengagements von großer Bedeutung. Bewegungsaktivitäten wie Fahrrad fahren, Schwimmen und Fußball erfreuen sich bei den Jugendlichen einer hohen Beliebtheit und erst danach werden Inlineskaten, Streetball oder Skateboarden genannt. Im Entwicklungsverlauf wird deutlich, dass das Spektrum von Freizeitsportarten bei jüngeren Jugendlichen eher begrenzt ist, sich in der mittleren Jugend vielfältiger gestaltet, um schließlich im späten Jugendalter sich wiederum einzugrenzen (vgl. Brettschneider & Kleine, 2002).

Tab. 4. Die beliebtesten Sportaktivitäten im Alter von 12-18 Jahren außerhalb des Vereins, differenziert nach Geschlecht (nach Brettschneider & Kleine, 2002, S. 115).

Männliche Jugendliche		Weibliche Jugendliche	
Fußball	47 %	Rad fahren	17 %
Basketball, Streetball	10 %	Schwimmen	14 %

Rad fahren	9 %	Inlineskaten, Skateboarden, Rollschuh fahren	14 %
Schwimmen	8 %	Joggen	12 %
Inlineskaten, Skateboarden, Rollschuh fahren	7 %	Reiten	12%
Joggen	6 %	Volleyball, Beachvolleyball	4 %
Tischtennis	2 %	Badminton	4 %
Kraftsport	2 %	Tischtennis	3 %
Volleyball, Beachvolleyball	1 %	Basketball, Streetball	3 %
Badminton	1 %	Tanzen	2 %

Hinsichtlich der bevorzugten Freizeitsportaktivitäten bestehen durchaus Geschlechterdifferenzen. Es fällt auf, dass Mädchen, im Gegensatz zu den „fußballzentrierten" Jungen, aus einer breiten Palette von Sportarten auswählen und dabei eher fitnessorientierte Sportarten (Rad fahren, Schwimmen, Rollsportarten, Joggen und Reiten) bevorzugen. Fast jeder zweite Junge nennt Fußball als beliebteste Freizeitaktivität und jeder Zehnte favorisiert Basketball oder Streetball.

6 Zusammenfassung und Ausblick

Andere Kindheiten bringen andere Kinder hervor, so der Soziologe Büchner (2001). Die Dominanz des informellen Straßenspiels der 50er Jahre erklärt sich aus dem Vorhandensein vielfältiger freier Bewegungs- und Spielräume, wenigen terminlichen Verpflichtungen am Nachmittag und geringen institutionellen Angeboten.

Verstädterung und Technologisierung haben heute einerseits zum Verlust wohnnaher Bewegungs- und Spielangebote für Kleinkinder geführt, während späte Kindheit und frühe Jugend sich durch ein vielfältiges Angebot an Sportmöglichkeiten im informellen („Asphaltkultur") und institutionellen Bereich auszeichnen.

Gestern und heute stellen jedoch unterschiedlich geartete informelle Bewegungsszenen das dominierende Übungsfeld zur Einübung sozialen Verhaltens dar. Heranwachsende erhalten die Chance, „die Rolle von biographischen Akteuren" (Behnken & Zinnecker, 2001, S. 19) zu übernehmen und lernen früh, eigene Handlungsentscheidungen zu treffen. Da herkunftsbedingte soziale Chancenungleichheiten im informellen Bereich wesentlich geringer ausgeprägt sind als in institutionalisierten Bereichen, müsste es eine primäre Aufgabe der kommunalen Kinder- und Jugendarbeit sein, vielfältige und wohnnahe Bewegungsmöglichkeiten zu reaktivieren, die gleichzeitig vielfältige Chancen zur sozialen Integration beinhalten.

Literatur

Behnken, I. & Zinnecker, J. (Hrsg.) (2001). *Kinder – Kindheit – Lebensgeschichte.* Seelze: Kallmeyer.

Bös, K. (2003). Motorische Leistungsfähigkeit von Kindern und Jugendlichen. In W. Schmidt, I. Hartmann-Tews & W.-D. Brettschneider (Hrsg.), *Erster Deutscher Kinder- und Jugendsportbericht* (S. 85-107). Hofmann: Schorndorf.

Brettschneider, W.-D. & Kleine, T. (2002). *Jugendarbeit im Sportverein: Anspruch und Wirklichkeit.* Ministerium für Städtebau und Wohnen, Kultur und Sport des Landes Nordrhein-Westfalen. Düsseldorf: MSWKS NRW. Ra-2 Gla

Bronfenbrenner, U. (1981). *Die Ökologie der menschlichen Entwicklung.* Stuttgart: Klett-Cotta.

Büchner, P. (2001). Kindersportkultur und biographische Entwicklung am Nachmittag. In I. Behnken & J. Zinnecker (Hrsg.), *Kinder – Kindheit – Lebensgeschichte* (S. 894-908). Seelze-Velber: Kallmeyer.

Büchner, P. & Fuhs, B. (1993). Kindersport. In M. Marefka & B. Nauck (Hrsg.), *Handbuch der Kinheitsforschung* (S. 491-499). Neuwied/Berlin: Luchterhand.

Deutsches Jugendinstitut (DJI) (Hrsg.). (1992). *Was tun Kinder am Nachmittag? Ergebnisse einer empirischen Studie zur mittleren Kindheit.* Weinheim/München: Verlag DJI.

Engelbert, A. & Herlth, A. (1993). Sozialökologie der Kindheit: Wohnung, Spielplatz und Straße. In M. Marefka & B. Nauck (Hrsg.), *Handbuch der Kinheitsforschung* (S. 491-499). Neuwied/Berlin: Luchterhand.

Essener Kinderbericht. (1999). Stadt Essen: Eigenverlag.

Geulen, D. (Hrsg.). (1994). *Kindheit. Neue Realitäten und Aspekte* (2. Aufl.). Weinheim: Juventa.

Geulen, D. & Schütze, Y. (1989). Die Nachkriegskinder und die Konsumkinder. In U. Preuss-Lausitz et. al., *Kriegskinder, Konsumkinder, Krisenkinder. Zur Sozialgeschichte des Aufwachsens seit dem Zweiten Weltkrieg* (S. 29-52, 2. Aufl.). Weinheim/Basel: Beltz.

Hildebrandt, R., Landau, G. & Schmidt, W. (1994). (Hrsg.). *Kindliche Lebens- und Bewegungswelt im Umbruch.* Hamburg: Czwalina.

Hurrelmann, K. & Mansel, J. (1993). Individualisierung der Freizeit. In Zentrum für Kindheits- und Jugendforschung (Hrsg.), *Wandlungen der Kindheit* (S. 77-93). Opladen: Leske + Budrich.

Krappmann, L. (1993). Kinderkultur als institutionalisierte Entwicklungsaufgabe. In M. Markefka & B. Nauck (Hrsg.), *Handbuch der Kindheitsforschung* (S. 365-376). Neuwied/Berlin: Luchterhand.

Krappmann, L. & Oswald, H. (1989). Freunde, Gleichaltrigengruppen, Geflechte. Die soziale Welt der Kinder im Grundschulalter. In M. Fölling-Albers (Hrsg.), *Veränderte Kindheit – Veränderte Grundschule* (S. 94-102). Frankfurt/Main: Arbeitskreis Grundschule.

Kurz, D., Sack, H.G. & Brinkhoff, K.-P. (Hrsg.). (1996). *Kindheit, Jugend und Sport in Nordrhein-Westfalen.* Düsseldorf: Moll.

Podlich, C. & Kleine, W. (Hrsg.). (2003). *„Kinder auf der Straße" Bewegung zwischen Begeisterung und Bedrohung*. Sankt Augustin: Academia.

Postman, N. (1993). *Das Verschwinden der Kindheit*. Frankfurt/Main: Fischer.

Rusch, H. & Thiemann, F. (1998). Straßenszenen. Eine neue Kindheit entsteht. *Zeitschrift für Sozialisationsforschung und Erziehungssoziologie, 4*, 423-434.

Rusch, H. & Thiemann, F. (2003). Die Wiederbelebung der Straße. Eine ethnologische Studie über neue Formen kindlicher Selbstorganisation. In C. Podlich & W. Kleine (Hrsg.), *„Kinder auf der Straße" Bewegung zwischen Begeisterung und Bedrohung* (S. 7-28). Sankt Augustin: Academia.

Schmidt, W. (1993). Kindheit und Sportzugang im Wandel: Konsequenzen für die Bewegungserziehung? *sportunterricht, 42*, 24-32.

Schmidt, W. (2002). *Sportpädagogik des Kindesalters* (2. Aufl.). Hamburg: Czwalina.

Schmidt, W. (2003). *Kindheit und Sport im Ruhrgebiet. Eine repräsentative Untersuchung an sog. Lücke-Kindern*. (Unveröff. Manuskript). Essen: Universität Essen.

Schmidt, W. (2003a). Kindersport im Wandel der Zeit. In W. Schmidt, I. Hartmann-Tews & W.-D. Brettschneider (Hrsg.), *Erster Deutscher Kinder- und Jugendsportbericht* (S. 109-126). Hofmann: Schorndorf.

Schmidt, W., Haupt, B. & Süßenbach, J. (2000). Bewegung, Spiel und Sport im Alltag ostdeutscher Kinder (Eine repräsentative Studie Thüringer Kinder). *sportunterricht, 49* (4), 116-121.

Schwier, J. (1998). *Spiele des Körpers. Jugendsport zwischen Cyberspace und Streetstyle*. Hamburg: Czwalina.

Wopp, C. (1999). Lebenswelt, Jugendkulturen und Sport in der Schule. In W. Günzel & R. Laging (Hrsg.), *Neues Taschenbuch des Sportunterrichts. Bd. 1* (S. 342-359). Baltmannsweiler: Schneider Verlag Hohengehren.

Zeiher, H.-J. & Zeiher, H. (1994). *Orte und Zeiten der Kinder. Soziales Leben im Alltag von Großstadtkindern*. Weinheim/München: Juventa.

Zinnecker, J. (1979). Straßensozialisation. Versuch einen unterschätzten Lernort zu schematisieren. *Zeitschrift für Pädagogik, 25*, 727-746.

Zinnecker, J. (1987). *Jugendkultur 1940-1985*. Opladen: Leske + Buderich.

Zinnecker, J. (1989). Die Versportung jugendlicher Körper. In W.-D. Brettschneider, J. Baur & M. Bräutigam (Hrsg.), *Sport im Alltag von Jugendlichen* (S. 133-159). Schorndorf: Hofmann.

Zinnecker, J. (1990). Sportives Kind und jugendliches Körperkapital. *Neue Sammlung, 30*, 645-653.

Spiel- und Bewegungsräume aus Kindersicht

Ralf Laging und Andrea Rabe

1 Einleitung

Wie Kinder ihre Spiel- und Bewegungsräume als Akteure ihrer Lebenswelt wahrnehmen, darüber wissen wir aus der Kindheitsforschung relativ wenig. Nur wenige qualitative Studien geben Aufschluss über die Aktivitäten und die subjektiven Interpretationen von informell genutzten Spiel- und Bewegungsräumen. In vielen Studien geht es um die Verdrängung der „Straßenkindheit" zu Gunsten einer „Sportkindheit" in institutionalisierten Bewegungsräumen des Sportvereins oder in kommerziellen Einrichtungen. Hier werden Nutzungsorte und -häufigkeiten des häuslichen Spiel- und Bewegungslebens sowie der verbleibenden Spielzeit außerhalb der Wohnungen in frei zugänglichen und selbstorganisierten Räumen sowie in Institutionen untersucht (vgl. Zinnecker, 2001; Büchner, 2001; Zeiher & Zeiher, 1994; Fölling-Albers & Hopf, 1995; Zinnecker & Silbereisen, 1996).

Als Alternative „zur Straße" sind Spielplätze als frei zugängliche Bewegungsräume entstanden, die negativ konnotiert als *Bewegungsghettos* und positiv als *moderne Bewegungs- und Spielgelegenheiten der Wohnumgebung* interpretiert werden können. Nach wie vor können die wohnungsnahen Spielplätze neben Garten und „Spiel vor der Haustür" zwar als bedeutende informelle Bewegungsorte zwischen organisierten Einrichtungen bzw. Vereinen und verhäuslichten Aufenthaltsorten angesehen werden, aber über den Zustand, die erwarteten Voraussetzungen für die Sozialisation und Entwicklung sowie die Attraktivität gibt es hinsichtlich der Güte von Spielplätzen sehr unterschiedliche Einschätzungen. Spielplätze werden beispielsweise nur dann als nennenswerte Spiel- und Bewegungsorte aufgesucht, wenn sie für die Kinder attraktiv sind und die Eltern den Spielplatz für „gut" halten (Fölling-Albers & Hopf, 1995, S. 47ff.). Insgesamt kann aber davon ausgegangen werden, dass das „Draußenspielen" – wenn auch mit einem gegenüber der Nachkriegszeit geringeren Anteil – eine für Jungen und Mädchen wichtige Aktivitätszeit darstellt (Laging, 2002; Fuhs, 1996; Fölling-Albers & Hopf, 1995; Ledig, 1992). Diese Einschätzung basiert in der Regel auf Befragungen. Dabei wird meist nach Orten, Nutzungsart und -dauer gefragt. Wie Kinder jedoch selbst ihre Spielmöglichkeiten und Bewegungsräume interpretieren, geht aus den Befragungsergebnissen nur selten hervor.

In der vorliegenden Untersuchung geht es darum, die Spiel- und Bewegungsräume und die Aktivitäten aus der Sicht der Kinder in Erfahrung zu bringen. Die Untersuchung beschränkt sich auf Kinder im Alter von 10-12 Jahren in der Stadt Magdeburg. Exemplarisch wurden zwei sich deutlich in Infrastruktur, Bausubstanz und Sozialmilieu unterscheidende Stadtteile ausgewählt, die kontrastierend gegenübergestellt werden. In der Frage, *wie* Kinder *ihre* Bewegungs- und Spielräume sehen, ist die Frage, *welche* Orte sie aufsuchen und *welche* Aktivitäten sie dort wahrnehmen, eingeschlossen. Die gewählte Forschungsmethode muss es also ermöglichen, Bewegungs- und Spielräume aus der Sicht der Kinder in Erfahrung zu bringen.

2   Spiel- und Bewegungsräume im Wandel

Wir können davon ausgehen, dass das Kinderspiel einen wichtigen Beitrag zur Entwicklung von Fähigkeiten und Fertigkeiten sowie zur Sozialisation in die Gesellschaft leistet. Das Spiel dient der Einübung und Ausbildung gesellschaftlich bedeutsamer Leistungen und Funktionen. In Bewegungsspielen beispielsweise geht es für Kinder um das Vereinbaren, Erfahren und Verändern von Regeln oder im materialbezogenen Spiel um das eigene spielerische Sicherproben an festen oder beweglichen Geräten und Materialien bzw. beim bewegungsbezogenen Spiel um das Sammeln von Erfahrung mit Materialien und Geräten (vgl. Scherler, 1985).

Spiel- und Bewegungsräume können als Aktionsräume der Kinder gesehen werden. Die Handlungen implizieren die Wahrnehmung mit allen Sinnen und beziehen sich auf den wahrgenommenen und konstruierten Raum. So können Kinder durch eigenes Bewegungshandeln sowie durch das Handeln ihrer Mitakteure Spuren in den Bewegungs- und Spielräumen hinterlassen und diese gleichsam anderen für ihre Kultivation „anbieten", aber gleichzeitig auch selbst wieder aufnehmen, verändern und in neuer Gestalt wieder hervorbringen. Die aufgesuchten und genutzten Spiel- und Bewegungsräume sind nicht nur ko-konstruiert, sondern zugleich Anleitung für neue Ko-Konstruktionen (vgl. Fuhrer & Quasier-Pohl, 1997, S. 182). Ob nun Kinder in der sich wandelnden Lebenswelt mit raumgreifender Asphaltierung und Bebauung noch hinreichende, förderliche Entwicklungschancen vorfinden, wird derzeit kritisch eingeschätzt. Die mehr oder weniger gut belegten Phänomene einer veränderten Kindheit (vgl. Behnken & Zinnecker, 2001) zeigen, dass sich die Lebenswelt heutiger Kinder deutlich von der vorgängiger Generationen unterscheidet. Damit ist noch nichts darüber ausgesagt, ob die heutige Kindheit ärmer oder reicher an Erfahrungspotenzialen ist, ob Kinder sich heute weniger oder mehr bewegen als die Kindergenerationen davor und ob Kinder heute motorische Defizite gegenüber früher aufweisen oder nicht. Die empirische Forschung argumentiert oft vor einem verklärten Bild von Kindheit, legt einen widersprüchlichen empirischen Erhebungsstand unreflektiert als Defizit aus (vgl. Kretschmer, 2003) und ignoriert andere Ergebnisse weit gehend (Kleine & Podlich, 2002; Kretschmer & Giewald, 2001) bzw. vermag nicht aufzuklären, warum trotz zunehmender Partizipation am Sport und hohem Grad an Bewegungsaktivitäten die Gesundheit von Kindern und Jugendlichen schlechter wird (Baur & Burrmann, 2001, S. 370; Schmidt, Hartmann-Tews & Brettschneider, 2003).

3   Die Kinder zu Wort kommen lassen – Aufsätze schreiben

Die Fragestellung dieser Untersuchung bezieht sich auf die Deutung von Spiel- und Bewegungsräumen und ihre Aktivitäten durch die Kinder selbst. Die Forschungsmethode muss daher ermöglichen, dass die Kinder sich mit eigenen Worten offen zu ihren Spiel- und Bewegungsräumen und ihren Aktivitäten in ihrem Lebensraum äußern können. Ihre Texte sollen Aussagen darüber zulassen, wie, wo und was sie in ihrem Stadtteil und in ihrer näheren Wohnumgebung unternehmen und spielen. Als Methode dient der Kinderaufsatz (vgl. Czerwenka u.a., 1990); angeregt durch einen Schreibimpuls, wurden die Kinder aufgefordert, einen Aufsatz zu folgendem Thema zu schreiben: „Der kleine Prinz (oder die kleine Prinzessin) will wissen, was und wo du spielst." Die Vorgeschichte beginnt dann mit der Aufforderung: „Stell dir vor, plötzlich steht ein kleines Mädchen vor dir, das nie eine Schule gesehen hat. Du findest sie ein wenig seltsam, denn ....". Die Figur des kleinen Prinzen bzw. der kleinen Prinzessin ist angelehnt an das Weltraummärchen von Antoine de Saint-Exupéry (1946), in dem der kleine Prinz auf der Suche nach Weisheit des Lebens viele Planeten bereist. Die Kinder sollen diesen Erzählimpuls aufnehmen und von Räumen erzählen, die sie aufsuchen und von sozialen Kontakten, die sie pflegen. Sie sollen ihre Einschätzungen zu den vorhandenen Freizeitmöglichkeiten berichten und beschreiben, welche Aktivitäten sie unternehmen.

Dieser gewählte forschungsmethodische Ansatz kann Aufschlüsse über die Aufenthaltsorte und Aktivitäten geben. Mit dieser Perspektive werden Wissensbestände, Interaktionen und kulturelle Praktiken von Kindern untersucht (vgl. Heinze, 1997). Kinderaufsätze sind insofern eine Möglichkeit qualitativer Forschungsstrategien. Die Auswertung der Kinderaufsätze folgt in Anlehnung an die Methode der Grounded Theory von Strauss & Corbin (1996). Sie ermöglicht einen strukturierten Umgang mit qualitativen Daten, wie dies für inhaltsanalytisches Vorgehen generell gilt (Mayring, 1997, S. 11).

Das Herzstück der Inhaltsanalyse ist das Kodieren. Es stellt die Vorgehensweise dar, durch die die Daten aufgebrochen, konzeptualisiert und auf neue Art zusammengesetzt werden. Konkret erreicht wird dies durch das Formulieren hilfreicher Fragestellungen, das Vergleichen hinsichtlich von Ähnlichkeiten und

156 Spiel- und Bewegungsräume aus Kindersicht

Unterschieden zwischen jedem Ereignis und das Herausstellen von Vorfällen und anderen Beispielen für die Bildung von Phänomenen. Ähnliche Ereignisse und Vorfälle werden benannt und zu Kategorien gruppiert. Bei diesem so genannten „offenen Kodieren" (Strauss & Corbin, 1996, S. 75) entstehen Konzepte, die es erlauben, einzelne Ereignisse Phänomenen zuzuordnen. Sollen Konzepte verglichen werden, so werden diese nach Kategorien klassifiziert und auf höherer Ordnung nach Metakonzepten oder „Kategorien" zusammengruppiert. Voraussetzung ist, dass sich die Konzepte auf ähnliche Phänomene beziehen.

4 Kinder schreiben Aufsätze – Datenerhebung und -auswertung

4.1 Die untersuchte Altersgruppe

Die Untersuchung bezieht sich auf die späte Kindheit und das frühe Jugendalter. Die so genannten „Lücke-Kinder" (Friedrich et al., 1984), die schon nicht mehr Kinder sind, aber auch noch keine Jugendlichen, gehören eher zum vernachlässigten Altersspektrum in der Kindheits- und Jugendforschung. Sie bilden den Übergang von dem einen zum anderen Lebensabschnitt. Sie sind vor allem deswegen interessant, weil sie lebensweltliche Interpretationen zum Vorschein bringen, die sowohl die Kindheit als auch das Jugendalter betreffen. Andererseits sitzen sie immer „zwischen den Stühlen", weil die Kinderspielplätze nicht mehr ihren Vorstellungen und Interessen entsprechen, aber altersangemessene, jugendorientierte Freizeitangebote für sie noch nicht existieren. Dieser Widerspruch ist besonders deswegen nachdenkenswert, weil gerade die Altersgruppe der 10-12-Jährigen besonders aktiv ist und eine enorme Interessenvielfalt aufweist, die im Verlauf ihres späteren Lebens unerreicht bleiben wird (vgl. Zinnecker & Silbereisen, 1996, S. 57).

Die befragten Kinder gehören zu dieser Altersgruppe. In die Untersuchung sind Kinder der fünften und sechsten Klasse aus zwei sehr unterschiedlichen Stadtteilen einbezogen. Sechs der neun Schulen in diesen beiden Stadtteilen mit fünften und sechsten Klassen nahmen an der Untersuchung teil. Jede Schule wurde gebeten, die Aufsätze in einer oder zwei fünften oder sechsten Klasse(n) schreiben zu lassen. Insgesamt lagen nach der Erhebungsphase 162 Aufsätze vor. Beide Stadtteile sind mit Aufsätzen etwa gleich stark repräsentiert. In der Summe ergibt sich eine Teilnahme von 44 Mädchen und 42 Jungen aus dem Stadtteil „Stadtfeld-Ost" und von 45 Mädchen und 31 Jungen aus dem Stadtteil „Neu-Olvenstedt".

4.2 Zur Qualität des Datenmaterials

Die Aufsätze wurden von den Klassenlehrern initiiert. Sie verteilten den Erzählimpuls auf einem DIN A 4-Blatt und ließen die Aufsätze auf einem oder mehreren Blättern schreiben. Die Aufsätze unterscheiden sich in Umfang und Aussagekraft erheblich. Es ist auch nicht auszuschließen, dass einige Aufsätze von den Lehrern benotet worden sind oder es bei anderen um eine Hausaufgabe gegangen ist. Manche Texte scheinen unter Zeitdruck am „Rande" des Unterrichts geschrieben worden zu sein. Sie umfassen oft nur wenige Sätze. Der größte Teil der Aufsätze legt aber den Schluss nahe, dass hier im Rahmen einer 45-Minuten-Stunde Texte geschrieben worden sind, die den Kindern Freiheit gelassen hat, sich zu dem Thema zu äußern.

Erwähnenswert ist noch, dass die Untersuchung in den Monaten November und Dezember mit eher ungünstigen Witterungsverhältnissen für außerhäusliche Aktivitäten stattgefunden hat. Es kann überlegt werden, ob die Aufsätze in den Sommermonaten andere Aussagen hervorgebracht hätten. Wir gehen jedoch davon aus, dass die Spiel- und Bewegungsaktivitäten als sedimentierte Erfahrungen ihres unmittelbaren Alltags im Gedächtnis repräsentiert sind und daher eine durchschnittliche Lebenssituation wiedergegeben wird.

4.3 Auswertung der Aufsätze

Der erste Schritt der Auswertung im Rahmen des gewählten qualitativen Vorgehens besteht darin, die Aufsätze mit kleinen Notizen zu den Begebenheiten zu versehen. Auf diese Weise ergeben sich erste Hinweise auf die Zusammenfassung von Inhalten zu einzelnen Konzepten. Auf der Metaebene entstehen dann nach mehrfachem Lesen konzeptübergreifende Kategorien. Diese Kategorien werden während des Auswertungsprozesses mehrfach neu definiert, erweitert oder komprimiert.

Auf diese Weise sind über alle 162 Aufsätze hinweg die folgenden sieben Kategorien gebildet worden: *Treffpunkt/Pünktlichkeit, Indooraktivitäten, Outdooraktivitäten, Geld und Konsum, Wünsche und Beschwerden, Konflikte, Zeitmanagement.* Zu diesen Kategorien finden sich in unterschiedlichem Ausmaß Aussagen in den Aufsätzen. Jede Kategorie wird mit den entsprechenden Zitaten aus den Kindertexten evaluiert.

5 Kinder in ihren Spiel- und Bewegungsräumen – Auswertung des Datenmaterials

Die Auswertungskategorie *Outdooraktivitäten* befasst sich mit einer Reihe von Fragen, die an den Text gestellt worden sind: Womit, was und wo spielen Kinder außerhalb ihrer Wohnung? Wie weiträumig erstreckt sich ihr Streifraum? Fühlen sich die Kinder bestimmten Orten gegenüber besonders verbunden? Benennen sie bestimmte Plätze, Flächen und Orte namentlich? Lassen sich in ihren Beschreibungen von Aktivitäten Vorlieben und Abneigungen erkennen? Wie vielfältig und variantenreich sind ihre Aktivitäten und Unternehmungen? Welche Bedeutung hat der jeweilige Stadtteil für ihr Spielen und Bewegen im Freien?

Da neben der Auswertung von Aktivitäten und Aktionsräumen auch die Frage geprüft werden soll, welchen Einfluss die Struktur des jeweiligen Stadtteils auf die Aktivitäten und Aktionsräume im Umfeld der nahen und entfernten Wohnung hat, sollen im Folgenden zunächst die beiden Stadtteile charakterisiert werden.

5.1 Der Stadtteil „Neu-Olvenstedt"

Der Norden Magdeburgs war Schwerpunkt des großflächigen staatlichen Wohnungsbaus der DDR in den 70er und 80er Jahren des letzten Jahrhunderts. Neu-Olvenstedt ist die größte damals entstandene Trabantensiedlung und als „Beispielvorhaben" im Bereich des sozialen Wohnungs- und Gesellschaftsbaus entstanden. Die Verkehrsanbindung in die Innenstadt ist sehr gut, es grenzen große Ausfallstraßen bis zur Autobahnanbindung an. Ebenso gibt es eine voll erschlossene und dichte Anbindung dieses Stadtteils durch öffentliche Verkehrsmittel. Hierdurch ist der Durchgangsverkehr sehr gering. Neu-Olvenstedt zeichnet sich einerseits durch die typische Plattenbauweise und andererseits durch Verkehrsberuhigung, lockere Bebauung, Spielplätze und Grünanlagen aus. Nach der Wende 1989 kam es zu einer Flucht aus der Betonsiedlung in sanierte Altbaustadtviertel. Es folgten Verwahrlosung in den Wohnhöfen sowie Leerstand von Wohnungen und Gemeinschaftseinrichtungen. In den 90er Jahren begannen dann Modernisierungen der Bauten. Die durchlässige Bebauung und Transparenz der Wege schafft viele offene Flächen, die für Spiel und Bewegung genutzt werden können. Der Stadtteil Neu-Olvenstedt weist 17 öffentliche Spielplätze aus (vgl. Magdeburger Stadtgartenbetrieb, 2000). Neu-Olvenstedt gehört sozialökonomisch zu den schwächsten Wohngebieten in Magdeburg. Eine Arbeitslosenquote von 21,1 % und eine Sozialhilfeempfängerquote von 9,9 % weisen auf die Problematik hin (vgl. Amt für Statistik Magdeburg, 2001).

5.2 Die Räume und Aktivitäten der Kinder in Neu-Olvenstedt

Der wesentliche Aufenthaltsort in Neu-Olvenstedt ist der Spielplatz, wobei aus den Texten nicht immer klar hervorgeht, ob nur die offiziellen Spielplätze oder auch die „Spielplätze" in den Innenhöfen der Wohnblocks und in öffentlichen Einrichtungen (z. B. Schulhöfe) gemeint gewesen sind. Die von den Kindern genannten Aktivitäten sind sehr vielfältig, sie sind fast immer mit konkreten Spielplätzen und ihren Geräten verbunden. Es geht vor allem um Versteckenspielen, Spazierengehen, Schaukeln, mit dem Ball spielen, Inliner fahren, Fußball spielen, Fangen spielen, mit der Seilbahn spielen, Sitzen und Erzählen sowie Fahrrad fahren. Zunächst fällt auf, dass der Spielplatz für die Nachmittagsgestaltung ein zentraler Ort ist, an dem man sich trifft, von wo aus man Unternehmungen startet und zu dem man nachmittags mehrfach zurückkehrt. Der Spielplatz selbst wird natürlich auch für Spiele und Bewegungsaktivitäten genutzt. Die Verwendung der installierten Gerätschaften lässt sich unterteilen in

Nutzungen im Sinne des Materials und in solche, bei denen sich die Kinder die Geräte für ihr Spiel „passend" machen. Auch das „Rumhängen" und „Spazierengehen" findet sehr häufig in der Nähe von Spielplätzen statt. Dies bietet sich in Neu-Olvenstedt deswegen besonders gut an, weil die Grenzen der Spielplätze fließend in andere offene, freie Flächen und Wege übergehen. So haben die Kinder die Möglichkeit, sich zu entfernen oder eine Bank aufzusuchen, ohne das Geschehen auf dem Spielplatz aus den Augen zu verlieren. Diese Interpretation soll im Folgenden mit einigen Ereignissen belegt und konkretisiert werden. [1]

Spiele spielen, z. B. Engel auf Erden

Viele Aufsätze enthalten die Nennung und oft auch detaillierte Beschreibungen von einzelnen Spielen. Nancy schreibt über ihren Spielplatzbesuch:

> „Als sie da war, fragte die kleine Prinzessin, was wir spielen wollen. Sandra schlug vor, wir spielen ‚Engel auf Erden'. Das ist unser Lieblingsspiel. Die kleine Prinzessin kannte das Spiel nicht. Also mussten wir ihr das Spiel erklären. Wer mit Suchen an der Reihe ist, muss die Augen schließen und in der Zwischenzeit verstecken sich die anderen Kinder. Er muss sie mit geschlossenen Augen suchen. Wenn ein Kind abgeschlagen wird und der eine sagt ‚Engel auf Erden' ist der Nächste dran mit Suchen."

Dieses Spiel ist über alle drei Schulen hinweg das beliebteste Spiel unter allen genannten Spielen. Kinder aus jeder Schule erwähnen es als eine ihrer wesentlichen Spielaktivitäten. Nancys Freundin beschreibt die Einbindung des Spiels in das komplexe Geschehen auf dem Spielplatz:

> „Ich sagte: bis morgen beim Spielplatz um 14:00 Uhr. Am anderen Tag war das Mädchen pünktlich da. Nancy und ich … hatten uns um fünf Minuten verspätet. Wir zeigten ihr zuerst unser Wohngebiet. … Und dann gingen wir wieder zum Spielplatz zurück und spielten was, z. B. Engel auf Erden, Verstecken, Fangen, Blindekuh, Flüstertelefon."

Sich unterhalten und etwas unternehmen

Kinder einer anderen Schule bevorzugen den Wasserspielplatz, wobei nicht das Wasser den Ausschlag gibt, sondern es wieder um einen Treffpunkt geht:

> „Dann gingen wir zum Wasserspielplatz und setzten uns auf die Schaukel. Wir redeten über die Dinge, die wir gesehen haben und erklärten ihr einige Dinge."

Zwar berichtet das Mädchen davon, dass sie auch geschaukelt haben, aber dieses Ereignis ist nur von sekundärer Bedeutung. Primär kommen die Kinder offenbar auf den Spielplatz, um sich dort zu unterhalten und weitere Verabredungen zu

---

[1] Rechtschreibung und Grammatik sind zur besseren Lesbarkeit leicht korrigiert worden.

treffen. Ein anderes Mädchen schildert einen sehr bewegungsintensiven Spielplatzbesuch, obwohl es ursprünglich in die Stadt gehen wollte:

> „Da sagte Lisa, dass sie gar nicht in die Stadt will, darum sind wir auf den
> großen Spielplatz gegangen. Ich sagte Lisa (Prinzessin), komm, wir schau-
> keln mal 'ne Runde. Nein, ich will was spielen. Okay, was willst du denn
> spielen und etc.? Ich fange auch und dann haben wir noch Verstecken ge-
> spielt. Aber es war auch schon 16:00 Uhr. Wir fragten sie, wie lange sie
> draußen bleiben darf, bis 19:00, ok. Dann können wir noch in die Stadt."

Das schulische Spielgelände als Treffpunkt und Ausgangspunkt

Viele Kinder bevorzugen die Schulnähe als Treffpunkt. Die Kinder einer Schule
halten sich auch nachmittags auf dem dortigen Spielgelände auf:

> „Wo wir fertig waren mit Eisessen, gingen wir noch auf den Spielplatz an der
> Schule. Wir spielten noch Fangen, Verstecken und Engel auf Erden."

Der Besuch auf dem Spielplatz ist meist an weitere Aktivitäten gekoppelt. Für
viele Kinder ist es normal, dass dem Besuch des Spielplatzes mehrere Tätigkeiten vorausgehen oder folgen werden. Marias Aufsatz hebt sich von den anderen
ein wenig ab. Sie beschreibt anschaulich die Gestaltung ihres Nachmittags:

> „Wir trafen uns am Nachmittag auf dem Spielplatz hinter der Schule. Wäh-
> rend ich ihr die Seilbahn und die Schaukel zeigte, kam meine beste Freundin
> Stefanie hinzu. Ich hatte ihr von meiner neuen Bekanntschaft erzählt. Eine
> Weile spielten wir mit der Seilbahn und aßen Gummibärchen. Dann fragte
> ich, ob wir mit dem Fahrrad zum Bördegarten fahren wollen … Also fuhren
> wir alle mit dem Fahrrad zum Bördegarten. Zwischendurch fuhren wir noch
> ein Wettrennen. Als wir endlich da waren, nahmen wir gleich die Riesenrut-
> sche in Beschlag. Erst rutschten wir ein paar Mal hinunter, dann spielten wir
> Kriegen und mussten dabei furchtbar lachen."

Erneut fällt auf, dass der Spielplatz eine feste Instanz in der Lebenswelt der
Kinder darstellt. Man trifft sich dort und startet weitere Aktivitäten, z. B. um
zum Bördegarten zu fahren. Der Bördegarten ist ein parkähnliches Gelände mit
einem großen Spielareal. Er gehört nicht mehr zum Stadtgebiet, grenzt östlich
direkt an Neu-Olvenstedt an. Die Weite des Streifraums dieses Mädchens und
ihrer Freundin hebt sich von den Aktivitäten der anderen Kinder deutlich ab.
Zwar fahren viele Kinder mit der Bahn an noch entlegenere Orte, aber für
Mädchen, die mit dem Fahrrad unterwegs sind, ist der Weg zum Bördegarten
eine vergleichsweise große Entfernung. Das Fahrrad wird hier sowohl als
Transportmittel als auch als Spielzeug und Sportgerät definiert.

Mädchen und Jungen spielen gemeinsam

Viele Kinder aus Neu-Olvenstedt bewerten ihre Spielplätze sehr positiv, was sich in zahlreichen spaßbezogenen Beschreibungen äußert. Dazu eine weitere Szene:

> „Okay, wir treffen uns um 13:00 Uhr an meiner Haustür, dann können wir auf einem großen Spielplatz spielen. Komm, kleine Prinzessin, gehe fünf Schritte nach rechts und jetzt mache deine Augen auf. Oh, was ist denn das? Na, das ist der große Spielplatz. Oh, ist das schön und wir spielten bis 18:00 Uhr."

In dieser Geschichte spielen die Kinder fünf Stunden auf ein und demselben Spielplatz. Auffallend ist, dass sich Mädchen besonders gerne auf Spielplätzen aufhalten. Für die Jungen ist der Spielplatz häufiger ein Ort, von dem aus sie ihre Freizeitaktivitäten starten. Diese geschlechtsspezifische Deutung trifft aber nicht immer zu: Die Jungen und Mädchen einer Klasse beispielsweise treffen sich fast täglich mehrheitlich zum Spielen auf dem Spielgelände hinter der Schule. Hier gibt es ein anderes beliebtes Spiel, das offenbar die Aktivitäten von Mädchen und Jungen zusammenführt: Es ist das Bowlingkugelspiel, ein Spiel, das ihrem eigenen Erfindungsgeist entsprungen ist. Welche Spielidee und welche Regeln hat dieses Bowlingkugelspiel? Dazu zwei Textauszüge:

> Ein Junge: „Ich nehme den Prinzen und zwei meiner besten Freunde. Dann gehen wir auf einen Spielplatz, wo ich gerne nach der Schule spiele, mit meinem Freund. Da schaukeln wir und machen bei der Seilbahn Bowlingkugel, das haben wir selber ausgedacht und den Namen haben wir uns auch ausgedacht. Ich freue mich schon sehr auf den Prinzen, um mit meinen Freunden auf unseren Lieblingsspielplatz zu gehen."

> Ein Mädchen: „Es gibt dort eine Seilbahn, die mag ich am liebsten und es gibt eine richtige Spielburg. Dann gibt es noch zwei Drehdinger und zwischen ihnen drei Hocker. Ich nehme meine Freundin Judith, Stefanie, Saskia, Jessica, Markus, Patrick, Nick, Hannes und den lustigen Lucas mit. Auf diesem Spielplatz spielen wir Bowlingkugel, das spielt mit der Seilbahn, fährt los und wer als Letzter noch draufsitzt, hat gewonnen."

Die Aufsätze zeigen auch, dass der Nachmittag der Kinder immer noch von einer Reihe klassischer Spielen durchzogen ist, in denen es um das „Fangen", „Verstecken" oder „Nachlaufen" geht.

Zusammenfassung

Es lässt sich festhalten, dass in Neu-Olvenstedt vorzugsweise auf den Spielplätzen gespielt wird, wobei die Mädchen sich insgesamt stärker unmittelbar auf dem Spielplatz aufhalten, als dies die Jungen tun. Die Jungen verfügen über einen etwas größeren Streifraum im Umfeld der Spielplätze. Dabei nutzen sie auch die Inliner und das Skateboard. Diese werden aber nur selten erwähnt, obwohl eine Halfpipe und verschiedene Ramps existieren. Diese Aktivitäten finden dann in den Hinterhöfen der Wohnblocks statt. Auch das Fahrrad wird von den Jungen und einigen Mädchen erwähnt, aber es hat keine besonders große Bedeutung. Die seltenen Beschreibungen von so genannten jugendtypischen Bewegungsaktivitäten sind ein wenig überraschend, da doch Rollgeräte, insbesondere das Fahrrad, als Symbol für Unabhängigkeit in der Kinderkultur, angesehen werden können. Es ist anzunehmen, dass z. B. Fahrräder zur selbstverständlichen Ausstattung von Kindern gehören, diese aber nur als Fortbewegungsgerät genutzt werden. In Verbindung mit der Auswertung der Indooraktivitäten wird außerdem deutlich, dass die Jungen dieses Stadtteils häufiger öffentliche Einrichtungen ihres Stadtteils aufsuchen. Ihr Interesse an konkreten Spielplatzaktivitäten fällt deutlich geringer aus als das von Mädchen. Die bevorzugten Bewegungsaktivitäten sind das Fangen, das Verstecken, das Spiel Engel auf Erden und das Bowlingkugelspiel.

5.3 Der Stadtteil „Stadtfeld-Ost"

Das Stadtgebiet „Stadtfeld-Ost" ist ein historisch gewachsener und als einer der wenigen Stadtteile Magdeburgs von Kriegszerstörung fast unbeschadet gebliebener Stadtteil. Die Architektur im Stadtteil „Stadtfeld" ist fast ausschließlich durch den Gründerzeitstil geprägt. Stadtfeld-Ost ist heute ein Wohn- und Geschäftsquartier westlich der Altstadt und lässt sich als ein sozialökonomisch besser gestellter Stadtteil charakterisieren. Auf Grund der fast lückenlosen Bebauung stellt sowohl der ruhende als auch der fahrende Verkehr ein Problem für spielende Kinder dar. So gut wie keine Straße ist verkehrsberuhigt und für Kinder als Spielort ausgewiesen.

Der offizielle Spielbereich umfasst fünf Spielplätze, wobei zwei ausschließlich für Kleinkinder konzipiert sind (vgl. Magdeburger Stadtgartenbetrieb, 2000). Zusätzlich zu diesen Spielplätzen zählen privat ausgestattete Plätze, die in keiner Statistik festgehalten sind und natürlich zählen auch Freiflächen, wie der „Schrotegrünzug", die „Goetheanlage" und das „Glacis" zu den bespielbaren Räumen. Die Baustruktur lässt darüber hinaus das Spielen auf Hinterhöfen zu, was allerdings nicht überall gestattet ist. Weiterhin gehören die freien Flächen (wie Wiesen, Parkplätze, Schulhöfe) von privaten und öffentlichen Institutionen zu den Spielräumen der Kinder.

5.4 Die Räume und Aktivitäten der Kinder in Stadtfeld-Ost

In den Aufsätzen der Kinder aus dem Stadtteil Stadtfeld-Ost ist weit häufiger von Indooraktivitäten die Rede, als dies im Stadtteil Neu-Olvenstedt der Fall ist. So halten sich die Stadtfelder Kinder nach ihren Geschichten mehr in Wohnungen und Einrichtungen auf. Dennoch geht es in den Aufsätzen auch um die Spiel- und Bewegungsaktivitäten außerhalb der Wohnung. Die erste Auswertung der Aufsätze zeigt, dass die Kinder über sehr vielfältige und variable Außenaktivitäten in diesem Stadtteil berichten. Man muss allerdings berücksichtigen, dass die Niederschriften der Stadtfelder Kinder quantitativ umfangreicher sind und qualitativ häufig mehr Informationen enthalten. Dies hängt sicher mit der besser gestellten sozialen Situation der Kinder zusammen, ist aber möglicherweise auch Ausdruck einer größeren Unterstützung bei der Anfertigung der Aufsätze durch die Lehrerinnen und Lehrer. Sie beschreiben sehr ausführlich ihre Tätigkeiten, wobei detaillierte Beschreibungen einzelner Spiele weniger vorkommen.

Spielplatz als Treffpunkt

Auch in Stadtfeld-Ost ist der Spielplatz der Hauptaufenthaltsort der Kinder am Nachmittag. Die Kinder erwähnen Aktivitäten wie Spazierengehen, mit Inlinern fahren, Schaukeln, mit dem Ball spielen, auf dem Hof spielen, Klettern, mit Tieren spielen, im Park spielen, Fahrrad fahren, Fangen, Verstecken und Fußball spielen. Die Kinder einer Schule erwähnen allerdings nur zur Hälfte Aktivitäten außerhalb der Wohnung. Dies hängt sicherlich mit der geografischen Lage des Einzugsgebiets dieser Schule zusammen. Sie befindet sich an einer stark befahrenen Straße und bildet die Grenze des Stadtteils. Der große Spielplatz am Schellheimer Platz ist verhältnismäßig weit entfernt und weitere, näher gelegene Spielplätze sind eingezäunt, sehr klein oder verwahrlost. Das Wohnumfeld bietet keinerlei Frei- und Parkflächen. Die Kinder der beiden anderen befragten Schulen beschreiben dagegen viele Außenaktivitäten.

Spielplatz als anregender Bewegungsraum

Wer in der Nähe des großen Spielplatzes „Schellheimer Platz" wohnt, spielt fast ausnahmslos dort. Dieser Spielplatz ist über das unmittelbare Einzugsgebiet hinaus im gesamten Stadtteil bekannt:

> „Ja! Also treffen wir uns um 14:30 Uhr und bei Schellheimer Platz, der ist ganz groß, dort treffen sich Groß und Klein ... Komm, das ist meine Freundin Sandra. Wir schaukeln gerne und spielen mit dem Ball, hast du Lust mitzumachen?"

Dieses Mädchen beschreibt den Schellheimer Platz als einen Spielplatz für Groß und Klein. Die Beschreibung entspricht tatsächlich seiner Struktur. Er ist sehr stark frequentiert und wird sehr vielfältig genutzt. Einige Kinder suchen ihn vor allem deswegen auf, um andere Kinder zu treffen, um mit ihnen zu spielen und um sich zu bewegen:

> „Als er da war, gingen wir auf den Schellheimer Platz vor unserer Tür, das Erste, was wir machten, war schaukeln und danach klettern auf dem Spinnennetz. Dann fuhren wir mit der Seilbahn, wir ziehen mal."

Spielplatz als sozialer Erfahrungsraum

Für viele Kinder ist der Schellheimer Platz mehr als ein Spielplatz, er ist ein Treffpunkt und Aufenthaltsort, um sich zu zeigen und Freunde zu treffen:

> „Entweder wir gehen zu ihm nach Hause oder zu mir nach Hause oder in die Glacies, Julian, Ganze, Bastie, Maik ..., Marcel ... und ich selber. Entweder wir reden über was oder spielen Fangen oder Verstecken oder wir schreiben uns gegenseitig SMS, also Kurznachrichten oder mein Freund Maik knutscht sich mit Nadine ...“

Der Spielplatz bietet den Kindern Raum, um sich ungestört aufhalten zu können. In der obigen Textpassage finden sich die typische Situationen dieses Lebensalters wieder: Einerseits spielen sie noch gerne Fangen und Verstecken, aber andererseits wird der Spielplatz genutzt, um zu erzählen und SMS-Nachrichten zu verschicken. Ähnliche Aussagen finden sich in vielen Aufsätzen der Jungen und Mädchen aus dem Einzugsgebiet dieses großen Spielplatzes. Dabei kommt häufig auch zum Ausdruck, dass es ihnen neben der Spielplatzaktivität an altersgemäßen Alternativen (z. B. großflächige Plätze und Einrichtungen für die attraktiven Rollgeräte wie Skateboard, Inliner, Fahrrad oder Anlagen für große Ballspiele) fehlt.

Mal hier, mal da – auf der Suche nach attraktiven Spielmöglichkeiten

Während die Kinder aus der Umgebung des Schellheimer Platzes ihren Mittelpunkt vor allem auf dem dort befindlichen großen Spielplatz haben, gibt es für die Kinder anderer Wohnlagen dieses Stadtteils keine Präferenz für einen besonderen Spielplatz. Sie sind zwar auch in ihrem Wohngebiet heimisch, aber längst nicht in dieser Weise an einen bestimmten Spielort gebunden; sie berichten sogar von gelegentlichen Besuchen auf dem Schellheimer Platz:

> „Ich gehe mit der Prinzessin auf die Spielplätze der Umgebung. Der Spielplatz, auf denen wir als Erstes kommen, heißt Schellheimer Platz, man kann klettern, rutschen, schaukeln, aber der Spielplatz ist ein bisschen weit weg. Dann zeige ich den Annaspielplatz. Der Spielplatz heißt so, weil die Straße Annastraße heißt. Man kann rutschen, klettern und schaukeln, aber da sitzen immer Jugendliche. Die besten Spielplätze sind in Wohnsiedlungen, die sind kaputt. Sonst kann man nichts machen, sonst spiel ich zu Hause.“

Der Text dieses Mädchens bietet so etwas wie eine Gebrauchsanweisung für jeden Spielplatz. Die Beschreibungen der Aktivitäten deuten nicht darauf hin, dass sie selbst auf den Spielplätzen sehr aktiv ist. Allerdings drückt sich in diesem Text auch so etwas wie eine allgemeine Stimmung der Aufsätze aus dem Einzugsgebiet dieser Kinder in Bezug auf ihre Spielumwelt aus:

> Ein Junge: „Wir könnten z. B. auf den Annaspielplatz gehen. Wir könnten in die Spielemma gehen, aber die ist nicht so gut. Da, wo Spielplätze sind, ist

meistens Privatgrundstück oder Tretminen von Hunden. Das ist doof ... sonst ist es in Magdeburg langweilig."

Ein Mädchen: „Meistens spiele ich eher drinnen, aber wenn ich rausgehe, weiß ich nicht wohin. Bei mir in der Nähe gibt es einen ganz kleinen Spielplatz. Dort sind solche Drehscheiben ... Dort ist die Schrote auch nicht so schön, da sie so verdreckt ist. Dann gibt es noch den Alexander-Puschkin-Spielplatz. Der ist zwar groß, aber er ist schon so alt. Dort steht: ein Drehkarussel, ein Klettergerüst und eine Wippe. Dann gibt es noch den Schellheimer Spielplatz. Der ist großartig, aber der ist so weit weg von mir. Außerdem ist der auch schon voll gespräht. Sonst gibt es wirklich keine Spielplätze mehr in der Nähe."

Diese Kinder sind offenbar mit ihrer Spielumgebung nicht sehr glücklich. Entweder sind die Plätze zu klein, zu alt oder zu verschmutzt. Der einzige gute Spielplatz dieses gesamten Stadtteils ist für diese Kinder zu weit entfernt. Dadurch stecken diese Kinder in einem Spielplatzdilemma: Sie möchten gerne spielen, aber die Spielplätze sind für sie nicht bespielbar oder nicht erreichbar.

Fehlende Spielgelegenheiten und Suche nach Alternativen

Auch die anderen Kinder dieses Stadtteils haben zu ihrer Spielumgebung keine gute Beziehung. Dies drückt sich in den nur wenigen Texten aus, die überhaupt Aussagen zu den Außenaktivitäten enthalten:

„Also gut, man kann draußen mit einem ferngesteuerten Auto spielen, wie z. B. ich habe eines. Und wir können auf einen Spielplatz gehen, der in unserer Nähe ist. Danach gehen wir in die Stadt, ins Kino, ins Spielwarengeschäft und im Internet surfen."

Da die Spielplätze in weiten Teilen dieses Stadtteils unattraktiv sind, suchen die Kinder nach Alternativen auf der Straße, in Hinterhöfen und den wenigen Grünflächen. Dazu zwei Jungen:

„Bei uns gibt es nicht sehr viel Auswahl zum Spielen, denn wir haben keinen Spielplatz bei uns. Doch irgendetwas fällt mir schon ein. Ich weiß, wir könnten ja ein Spaziergang machen und dabei würde ich dir alles zeigen. Ich habe einen Ball, damit könnten wir auch spielen, Rollerblades würde ich dir auch noch anbieten können. Weiter könnte ich nichts anbieten. ....."

„So und jetzt sage ich dir, was wir spielen könnten. Wir könnten spielen: Ballspiele = Fußball, Zweifelderball oder wir werfen uns den Ball nur zu. Aber auch Rollschuh fahren oder Seilspringen, Verstecken, Fangen, keiner darf die Erde berühren, Engel auf Erden."

In diesen wie auch in anderen Geschichten aus dem Stadtfeld wird häufig darauf verwiesen, dass mit Inlinern oder Skateboards gefahren und das Fahrrad genutzt wird, obwohl die Bedingungen hierfür äußerst schlecht sind (viele schmale

Gehwege, Kopfsteinpflaster, unebene Flächen). Insgesamt suchen die Kinder in Stadtfeld häufig nach Alternativen zum Spielplatz. Diese Alternativen bestehen darin, eine Bude zu bauen, in Hinterhöfen zu spielen, auf Garagendächern herumzuklettern oder im Wohngebiet herumzustreifen.

Zusammenfassung

Es kann fest gehalten werden, dass die Spielplätze in Stadtfeld zwar genutzt werden, aber – im Gegensatz zu Neu-Olvenstedt – längst nicht in dem Maße Aufenthaltsorte sind, an denen Kinder viel Zeit verbringen. Oft ist der Spielplatz nur eine Zwischenstation oder ein Ort, an dem man mal vorbeischaut. Alle Texte der Kinder dieses Stadtteils geben keine genaue Beschreibung einzelner Spielaktivitäten oder einzelner Spiele. Solche Beschreibungen sind nur vereinzelt dort zu lesen, wo Kinder den Schellheimer Platz besuchen. Deutlich wird aber auch, dass die Kinder dieses Stadtteils sehr viel häufiger von Aktivitäten im Übergang zum Jugendalter berichten (Shopping, Stadt, Internet, Kino, Spaßbad Nemo etc.). Die sozialökonomische Besserstellung dieser Kinder führt offenbar dazu, dass sie wesentlich mehr institutionalisierte Aktivitäten in Vereinen, Musikschulen und anderen privaten oder öffentlichen Einrichtungen wahrnehmen. Und noch etwas wird in diesen Stadtteil stärker gewichtet als in Neu-Olvenstedt: Die Kinder berichten deutlich häufiger von Spielen in Hinterhöfen und Parks sowie vom Fahrrad fahren, Inlineskaten oder Fußballspielen. Dies führt im Vergleich zu Neu-Olvenstedt zu einem veränderten Aktivitätsspektrum und zu einer anderen Aneignung und Nutzung von Spiel- und Bewegungsräumen.

6   Bewegen und Spielen in unterschiedlichen Wohnmilieus

Die Stadtteile Neu-Olvenstedt und Stadtfeld-Ost grenzen direkt aneinander, jedoch unterscheiden sie sich nicht nur in ihrer Architektur und der sozialökonomischen Situation, sondern auch darin, wie die dort lebenden Kinder jeweils ihre Nachmittage verbringen. Die Aufsätze zeigen deutlich, dass die Kinder im Stadtteil Stadtfeld mehr Zeit im Innenbereich verbringen als die Kinder aus Neu-Olvenstedt. Die Neu-Olvenstedter wiederum identifizieren sich stärker mit ihrer außerhäuslichen Umgebung und verbringen weit mehr Zeit draußen, als dies bei den Kindern aus dem Stadtfeld der Fall ist. Auf Grund der besseren sozialökonomischen Situation der Stadtfeld-Kinder überrascht es nicht, dass in den Texten dieser Kinder weit häufiger kommerzielle Freizeitangebote beschrieben werden als bei den Kindern aus Neu-Olvenstedt. Sie verbringen daher mehr Zeit in ihrem Stadtteil als die Kinder aus dem Stadtfeld. Dieses Ergebnis spricht gegen die vielfach geäußerte Annahme, dass die Plattenbausiedlungen keine attraktiven Spiel- und Bewegungsgelegenheiten bieten.

Die Neu-Olvenstedter Kinder haben aber ihren Aktionsraum im Wesentlichen im Stadtteil, mit dem sie sich identifizieren; ihre Räume sind weit gehend die

Spielplätze. Die Großräumigkeit und die vielen Spielplätze ermöglichen hier offenbar mehr Spiel- und Bewegungsgelegenheiten, als dies in der engen Altstadtbebauung in Stadtfeld der Fall ist. Wenig attraktive Spielplätze und fehlende Freiflächen führen zu vermehrten Innenaktivitäten und einem Herumstreifen im Wohngebiet bzw. zu einem über den Stadtteil hinausgehenden Aktionsraum, der viele Indooraktivitäten beinhaltet. Die Kinder beziehen vor allem den Innenstadtbereich in ihren Aktionsraum mit ein. Der geringere Anteil an Bewegungsaktivitäten wird durch institutionalisierte (auch bewegungsbezogene) und konsumorientierte Aktivitäten ersetzt. Entsprechend ist die Bindung der Stadtfelder zum Wohngebiet nicht sehr intensiv.

Gemeinsam ist beiden Stadtteilen, dass der Spielplatz für fast alle Kinder ein zentraler Treffpunkt und einen mehr oder weniger attraktiven Aufenthaltsort am Nachmittag darstellt. Ein Ort, um sich mit Freunden zu treffen, sich zu unterhalten, sich zu beratschlagen oder einfach, um zu spielen. Der Spielplatz ist offenbar die feste Institution in der städtischen kindlichen Bewegungswelt. Spielplätze sind unter den derzeitigen Stadtstrukturen oft die einzigen Orte, an denen Kinder ihren außerhäuslichen Spiel- und Bewegungsinteressen nachgehen können. Damit bestätigt sich das Bild der Stadt als „Spielwüste" und das Verdrängen des Spiel- und Bewegungslebens der Kinder in die Einrichtungen der Spielplätze. Das Konzept einer bespielbaren Stadt ist derzeit hier nicht auffindbar – vorerst sind Kinder auf die definierten Spiel- und Bewegungsorte verwiesen.

Literatur

Amt für Statistik (2001). *Angaben zu Bevölkerungszahl, Altersstruktur, Arbeitslosenquote und Sozialhilfeempfänger.* Magdeburg.

Baur, J. & Burrmann, U. (2001). Sport und Schulsport im Kontext ländlicher Infrastrukturen. Ein empirischer Bericht über drei brandenburgische Landkreise. *sportunterricht, 50,* 370-376.

Behnken, I. & Zinnecker, J. (2001). (Hrsg.): *Kinder – Kindheit – Lebensgeschichte. Ein Handbuch.* Seelze/Velber: Kallmeyer.

Büchner, P. (2001). Kindersportkultur und biographische Bildung am Nachmittag. In I. Behnken & J. Zinnecker (Hrsg.) *Kinder – Kindheit – Lebensgeschichte. Ein Handbuch* (S. 894-908). Seelze/Velber: Kallmeyer.

Czerwenka, K., u. a. (1990). *Schülerurteile über die Schule. Bericht über eine internationale Untersuchung.* Frankfurt a. M.: Peter Lang.

Fölling-Albers, M. & Hopf, A. (1995). *Auf dem Weg vom Kleinkind zum Schulkind.* Opladen: Leske & Budrich.

Friedrich, P., u. a. (1984). *Die „Lücke-Kinder". Zur Freizeitsituation von 9-14jährigen.* Weinheim und Basel: Deutscher Studienverlag.

Fuhrer, U. & Marx, A. (1998). Gebaute Umwelt als kultivierbarer und gesundheitsförderlicher Lebensraum für Kinder? In E. Kals (Hrsg.), *Umwelt und Gesundheit. Die Verbindung ökologischer und gesundheitlicher Ansätze* (S. 199-213). Weinheim und Basel: Beltz.

Fuhrer, U. & Quaiser-Pohl, C. (1997). Ökologisch-kulturbezogene Entwicklungspsychologie und neue soziologische Kindheitsforschung. *ZSE, 17*, 178-183.

Fuhs, B. (1996). Das außerschulische Kinderleben in Ost- und Westdeutschland. Vom kindlichen Spielen zur jugendlichen Freizeitgestaltung. In P. Büchner & B. Fuhs & H.- H. Krüger (Hrsg.), *Vom Teddybär zum ersten Kuß. Wege aus der Kindheit in Ost- und Westdeutschland. Studien zur Jugendforschung* (S. 129-158). Opladen: Leske & Budrich.

Heinze, F. (1997). Qualitative Interviews mit Kindern. In B. Friebertshäuser & A. Prengel (Hrsg.), *Handbuch Qualitative Forschungsmethoden in der Erziehungswissenschaft* (S. 396-413). Weinheim, München: Juventa.

Kleine, W. & Podlich, C. (2002). Und sie bewegen sich doch! In P. Elflein u. a. (Hrsg.), *Qualitative Ansätze und Biographieforschung in der Bewegungs- und Sportpädagogik.* Band 1 (S. 129-142). Butzbach-Griedel: Afra.

Kretschmer, J. & Giewald, C. (2001). Veränderte Kindheit – veränderter Schulsport. *sportunterricht, 50* (2), 36-42.

Kretschmer, J. (2003). Beweismangel für Bewegungsmangel. *sportpädagogik, 27* (5) und (6), 64-67 und 42-45.

Laging, R. (2002). Selbstorganisierte Spiel- und Sportaktivitäten. Zur Aneignung von Bewegungsräumen. *Spektrum Freizeit, 24* (II), 38-58.

Ledig, M. (1992). Vielfalt oder Einfalt – Das Aktivitätsspektrum von Kindern. In DJI (Hrsg.): *Was tun Kinder am Nachmittag? Ergebnisse einer empirischen Studie zur mittleren Kindheit* (S. 31-74). Weinheim und München: Juventa.

Magdeburger Stadtgartenbetrieb. (2000). *Bestand öffentlicher Kinderspiel- und Freizeitflächen.* Magdeburg.

Mayring, P. (1997). *Qualitative Inhaltsanalyse. Grundlagen und Techniken.* Weinheim, Basel: Deutscher Studienverlag.

Muchow, M. & Muchow, H. (1978). *Der Lebensraum des Großstadtkindes.* (Reprint von 1935) Bensheim: Päd. Extra Buchverlag.

Oerter, R. & Montada, L. (1995). *Entwicklungspsychologie* (3. Aufl.). Weinheim: Beltz.

Scherler, K. (1985). Geräte und Objekte. *sportpädagogik, 9* (1), 5-15.

Schmidt, W., Hartmann-Tews, I. & Brettschneider, W.-D. (2003). (Hrsg.). *Erster Kinder- und Jugendsportbericht.* Schorndorf: Hofmann.

Strauss, A. & Corbin, J. M. (1996). *Grounded Theory. Grundlagen Qualitativer Sozialforschung.* Weinheim, München: Beltz.

Thiele, J. (1999). „Un-Bewegte Kindheit?" Anmerkungen zur Defizithypothese in aktuellen Körperdiskursen. *sportunterricht, 48* (2), 141-149.

Zeiher H. J. & Zeiher, H. (1994). *Orte und Zeiten der Kinder. Soziales Leben im Alltag von Großstadtkindern.* Weinheim und München: Juventa.

Zinnecker, J. & Silbereisen, R. K. (1996). *Kindheit in Deutschland. Aktueller Survey über Kinder und ihre Eltern.* Weinheim und München: Juventa.

Zinnecker, J. (2001). *Stadtkids. Kinderleben zwischen Straße und Schule.* Weinheim und München: Juventa.

Informelles Sporttreiben in der Institution Schule

Lutz Kottmann und Doris Küpper

Auf den ersten Blick scheinen informelles Sporttreiben und Schule einander auszuschließen. Schule ist gekennzeichnet durch Regelhaftigkeit und Verbindlichkeit, durch Lehrplanvorgaben und einen festen Organisationsrahmen. All dies widerspricht dem Charakter informellen Sporttreibens. Allerdings: Schule definiert sich immer weniger als ausschließliche Unterrichts- und Lerninstanz. Versteht man Schule als Lebensraum, in dem Heranwachsende einen großen Teil ihres Tages verbringen, so ist die Frage berechtigt, ob und welche Freiräume in der Schule für selbstbestimmtes informelles Bewegen bestehen.

Informelles Sporttreiben setzt selbstbestimmtes Handeln voraus, selbstbestimmtes Handeln garantiert aber noch nicht informelles Bewegen, es kann sich im Bereich des Schulsports auch in formellen Elementen des Sporttreibens verwirklichen. Deshalb ist überall dort, wo sich selbstbestimmtes Bewegungshandeln ereignen kann, auch zu prüfen, unter welchen Voraussetzungen dabei informelles Sporttreiben möglich wird. Es muss also danach gesucht werden, wo bereits Freiräume im Organisationsgefüge von Schule existieren, die informelles Sporttreiben zulassen oder es sogar anregen. Darüber hinaus ist aber auch zu fragen, wie möglicherweise pädagogisch gezielt und begründet weitere Chancen dafür eröffnet werden können, Elemente aus dem selbstbestimmten informellen Bewegungsleben von Kindern und Jugendlichen in den Unterricht zu integrieren. Freilich setzen sich solche Bemühungen immer auch der Gefahr aus, den informellen Charakter des Spielens und Sporttreibens zu verstellen und durch einen pädagogisierenden Umgang dann solche Bewegungselemente zu formalisieren.

Im Folgenden geht es darum, die pädagogischen Vorzüge für ein solches Vorgehen zu erwägen, mögliche problematische Wirkungszusammenhänge aufzudecken und vor diesem Hintergrund konkrete Felder für selbstbestimmtes Handeln zu beschreiben, wobei Abgrenzungen und Übergänge vom informellen zum formellen Sporttreiben jeweils zu bestimmen sind. Dies geschieht weit gehend hypothetisch, da kaum auf gesicherte Erkenntnisse in der Literatur über den hier zu diskutierenden Zusammenhang zurückgegriffen werden kann.

1   Welche Chancen eröffnet informelles Sporttreiben für den Schulsport?

Es gibt eine Reihe guter Gründe, die dafür sprechen, selbstbestimmten informellen Bewegungsaktivitäten in der Schule einen angemessenen Raum zu geben. Sie sollen unter den Stichworten *Lebensweltorientierung, veränderte Lehrerrolle* und *Öffnung des Sportverständnisses* diskutiert werden.

Lebensweltorientierung

Eine Schule, die sich nicht als Nebenwelt zum eigentlichen Leben darstellen will, steht vor der Aufgabe, die Lebenswelt der Heranwachsenden als Bezugsgröße für pädagogische Entscheidungen heranzuziehen. Dies gilt auch für den Schulsport. Es hat in der fachdidaktischen Diskussion verschiedene Ansätze gegeben, einer solchen Forderung gerecht zu werden. So warnt etwa Volkamer (1987) vor einer Pädagogisierung des Sports, wenn Sportunterricht unter dem Primat des Lernens das Lustprinzip vernachlässigen würde:

„Wenn wir Sport unterrichten wollen, ohne ihn gleich zu pervertieren, dann müßte unser didaktisches und methodisches Handeln in allererster Linie darauf abzielen, den Schüler den Sport als *seine* Angelegenheit erleben zu lassen" (S. 67).

Ein solcher Ansatz mündet in die Vorstellung von einem Schulsport, der nicht für weitergehende pädagogische Intentionen instrumentalisiert wird (vgl. dazu Scherler, 1997) und seine Dignität allein daraus herleitet, Heranwachsenden das Erlebnis erfüllter Gegenwart im sportlichen Handeln zu ermöglichen. Ob aber mit einem solchen Verständnis von Schulsport bereits ein Lebensweltbezug in seiner ganzen vorstellbaren Weite einzulösen ist, bleibt zu fragen, denn ein entsprechendes schulisches Engagement favorisiert meist formelles Sporttreiben als Erfahrungsfeld. Damit bleibt informelles Bewegen weit gehend außerhalb eines so verstandenen Schulsports.

Andere fachdidaktische Positionen favorisieren inhaltliche Konsequenzen zur Einlösung des Lebensweltbezugs, indem sie dafür eintreten, neue Sportarten aus der Bewegungswelt von Heranwachsenden in den Schulsport zu integrieren (vgl. dazu z. B. Balz, Brinkhoff & Wegner, 1994). Allerdings unterliegen solche inhaltliche Öffnungen des Schulsports auch der Gefahr, dass jene Bewegungselemente, die in der Lebenswelt der Heranwachsenden durchaus informellen Charakter tragen, einer Formalisierungstendenz unterliegen, wenn die unterrichtlichen und schulorganisatorischen Rahmenbedingungen wirksam werden und dem selbstbestimmten Bewegungshandeln Grenzen setzen.

Trotz redlicher Bemühungen um den Lebensweltbezug scheinen also einer überzeugenden Verwirklichung im Sinne des hier zu diskutierenden Verständnisses erhebliche Hindernisse entgegenzustehen. Dennoch bleibt die Einlösung des Lebensweltbezugs ein gewichtiges Argument für die potenzielle Eröffnung von Chancen für informelles Bewegen in der Schule und es erscheint lohnend, nach Nischen für seine Realisierung zu suchen.

Veränderte Lehrerrolle

Wenn es gelingen kann, in der Schule Gelegenheiten für selbstbestimmtes und möglichst informelles Bewegen zu eröffnen, dann stellt sich damit auch die Frage nach den Aufgaben und Funktionen von Lehrkräften bei ihrem pädagogischen Bemühen um solche Möglichkeiten. Offenkundig scheint zu sein, dass Lehrkräfte sich einerseits in ihrer Rolle als anleitende und organisierende Experten für Bewegung, Spiel und Sport zurücknehmen müssen, andererseits jedoch die pädagogische Verantwortung für das, was Heranwachsende in den ihnen gewährten Freiräumen tun, weiterhin tragen. Dies kann zu einem konfliktreichen Geschehen führen, eröffnet aber auch besondere Chancen für eine gleichberechtigte, gelingende Kommunikation zwischen Lehrern und Schülern. Wo liegen die Vorzüge einer Relativierung der traditionellen Lehrerrolle?

Informelles Bewegen der Heranwachsenden vollzieht sich in einem inhaltlichen und normativen Rahmen, der Erwachsenen wenig zugänglich und damit auch wenig geläufig ist. Einzelne Bewegungsformen tragen fremde Bezeichnungen, die Verabredungen, die für ein gelingendes Bewegen notwendig sind, sind nicht in kodifizierten Anleitungen beschrieben, behalten aber gleichwohl einen hohen Grad an Verbindlichkeit; Umgangsformen im Bewegungshandeln scheinen von ungeregelter Regelhaftigkeit zu sein. Alles dies ist für Lehrkräfte fremd und kann sie verunsichern (vgl. Brettschneider & Miethling, 1989).

Schülerinnen und Schüler hingegen übernehmen die Rolle der Experten, sie organisieren, leiten an und regeln das Geschehen. Wenn Lehrkräfte sich als Lernende und Mithandelnde darin einbringen, vollzieht sich also eine Rollenumkehr, die von gegenseitigem Vertrauen getragen sein muss. Gelingt eine solche vertrauensvolle Rollenumkehr, dann können sich besondere Chancen für die pädagogische Beziehung zwischen Lehrern und Schülern ergeben, die in den weiteren Schulalltag fruchtbar hineinwirken. Schülerinnen und Schüler erleben ihre Lehrer als Lernende und als Partner, Lehrerinnen und Lehrer gewinnen Einsichten in bislang nicht wahrgenommene Kompetenzen und Verhaltensweisen ihrer Schülerinnen und Schüler.

Öffnung des Verständnisses von Schule und Sport

Heranwachsende scheinen ihre Erwartungen im Hinblick darauf, wie Sport in der Schule zu verstehen ist, weit gehend daraus herzuleiten, wie in der Gesellschaft Schule und Sport verstanden werden: Schule als eine Instanz der Vermittlung gesellschaftlich relevanter Fähigkeiten, Fertigkeiten und Einstellungen, Sport als ein nach Sportarten gegliedertes, sich in formellen Gruppierungen vollziehendes, erfolgsorientiertes Geschehen. Pädagogische Initiativen für selbstbestimmtes informelles Bewegen in der Schule können auch dadurch legitimiert werden, dass Schülerinnen und Schüler ihre Erwartungshaltungen an die Institution Schule einerseits und den dort zu erlebenden Sport andererseits relativieren.

Wenn Schülerinnen und Schülern Freiräume für selbstbestimmtes informelles Bewegen in der Schule eingeräumt werden, so erhalten sie die Chance, Schule nicht nur als Instanz fremdbestimmter Anforderungen, sondern als einen Lebensraum zu erleben, der von ihnen selbst gestaltbar ist. Schule kann sich dann in der Wahrnehmung von der Unterrichts- zur Lebensraumschule (vgl. Stibbe, 2003) verändern, die selbstbestimmtes Handeln ermöglicht und zugleich Eigenverantwortung einfordert.

Auf diesem Hintergrund stellt sich dann auch Sport als ein prinzipiell offenes und ausdeutbares Phänomen dar, dessen Erscheinungsformen aus dem Erfahrungs- und Erlebnispotenzial der Lebenswelt von Heranwachsenden inhaltlich geöffnet und erweitert werden kann. Freilich gelingt dies nicht automatisch, vielmehr bedarf es der authentischen Erfahrung solcher gestaltbarer Freiräume, die z. B. im Sportunterricht erst im Diskurs der Beteiligten zur dauerhaften Erkenntnis geführt werden kann. Ein offeneres Sportverständnis kann sich dann auch positiv auf die für den Sportunterricht zu treffende Inhaltsauswahl auswirken.

2 Welche institutionellen Probleme stellen sich dem informellen Sporttreiben entgegen?

Trotz der dargestellten Argumente für den pädagogischen Nutzen selbstbestimmter informeller Elemente im Schulsport sind einige begrenzende Faktoren nicht zu vernachlässigen, die sich aus der Eigenart der Institution Schule ergeben. Sie sollen hier unter den Stichworten *Lehrplanvorgaben, Zeit- und Raumprobleme* sowie *Heterogenität der Lerngruppen* angedeutet werden (vgl. dazu Scherler, 2000).

Lehrplanvorgaben

Neuere Lehrpläne für den Schulsport messen zwar einem offenen Sportverständnis einen angemessenen Stellenwert zu, die Konkretisierung der inhaltlichen Vorgaben mündet allerdings oftmals in formelle Formen von Bewegung, Spiel und Sport (vgl. Bayerisches Staatsministerium, 1992). Auch selbstbestimmtes Handeln im Unterricht scheint eine gewünschte Kompetenz in neueren Lehrplankonzepten zu sein, sie bezieht sich häufig auf dem Unterricht vorangestellte Verständigungsprozesse über Inhaltsauswahl und Zielkonkretisierungen (vgl. Ministerium für Schule, Wissenschaft und Forschung des Landes Nordrhein-Westfalen, 2001a, b, c, d). Informelles Bewegen kommt selten explizit in den Blick, sein Stellenwert kann allenfalls von darum bemühten Lehrkräften aus den eher allgemeinen Aussagen zu außerunterrichtlichen Angeboten interpretierend herausgefiltert werden. Lehrkräfte, die sich auf den Weg machen, die pädagogischen Chancen für selbstbestimmtes informelles Sporttreiben zu eröffnen, können dadurch verunsichert werden.

Zeit- und Raumprobleme

Zeitliche und räumliche Begrenzungen stellen ein weiteres institutionelles Hindernis für selbstbestimmtes informelles Bewegen in der Schule dar. Zeitliche und räumliche Möglichkeiten werden zwar durch das schulische Organisationsraster begrenzt, sie bleiben allerdings dennoch prinzipiell existent. Es bedarf daher der kreativen Fantasie von Lehrkräften, um solche bereits vorhandenen Zeiten und Räume ausfindig zu machen oder auch durch gezielte Initiativen zu erweitern.

Doch auch die im optimalen Fall zu unterstellenden Zeiten und Räume schränken die Chancen für selbstbestimmtes informelles Bewegen ein: Bestimmte Inhalte aus der Lebenswelt der Heranwachsenden erfordern spezielle räumliche oder materiale Voraussetzungen und sind oft mit einem Zeitaufwand verbunden, der den Rahmen des schulisch Möglichen übersteigt (vgl. Scherler, 2000, S. 52-57).

Heterogenität der Lerngruppen

Zu fragen bleibt schließlich auch, inwieweit die im schulischen Bereich übliche Heterogenität der Lerngruppen selbstbestimmtem informelle Bewegen Grenzen setzt (vgl. Scherler, 2000, S. 50-52). Unterstellt man, dass nicht nur unterschiedliche Erfahrungshintergründe, sondern auch unterschiedliche Zuwendungsmotivation durchaus zu einer breiten Streuung in den Schülerwünschen und Aktivitätsformen führen können, so scheint es plausibel zu sein, dass notwendig werdende Verabredungen und Entscheidungen für das, was gemeinsam zu tun ist, die Selbstbestimmung einschränken. Mehr noch, die dabei erforderlichen regelnden Übereinkünfte verschieben auch den informellen Charakter von Bewegungsaktivitäten in Richtung auf eine beginnende Formalisierung. So müssen etwa Reihenfolgen eingehalten, Umgangsregeln verabredet und räumliche sowie zeitliche Rahmenbedingungen geschaffen werden. Dies kann, insbesondere dann, wenn solche Regeln und Verabredungen über einen längeren Zeitraum wirksam bleiben, sowohl den selbstbestimmten als auch den informellen Charakter zumindest für einen Teil der Lerngruppe verstellen.

3 Welche Chancen eröffnet der Schulsport für informelles Sporttreiben?

Vor dem Hintergrund der bisherigen grundsätzlichen Überlegungen soll nun danach gesucht werden, welche Chancen der Schulsport für informelles Sporttreiben eröffnen kann. Sie lassen sich in unterschiedlichen Handlungsfeldern des

Schulsports finden und können in vielfältiger Weise verwirklicht werden. Dabei lassen sich solche Handlungsfelder unterscheiden, in denen informelles Bewegen nahezu selbstverständlich ist, und solche Handlungsfelder, in denen Bewegung vorrangig formell zum Gegenstand der Auseinandersetzung wird und bewusst nach Freiräumen für informelles Bewegungshandeln gesucht werden muss. Zwischen diesen Polen sind drei mögliche Gruppen von Handlungsfeldern auszumachen:

Handlungsfelder, in denen informelles Sporttreiben offenkundig ist und vielfältig realisiert werden kann: Dazu gehören z. B. *Pausen* im Schulalltag und *Schulfahrten.*

Handlungsfelder, in denen informelles Sporttreiben weniger nahe liegend und nicht selbstverständlich, aber möglich ist und in denen die vorhandenen Freiräume erkannt und bewusst gemacht werden müssen: In diese Gruppe lassen sich z. B. *freiwillige Schulsportgemeinschaften, Initiativstunden* und *Schulfeste* einordnen.

Handlungsfelder, in denen Gelegenheiten zum informellen Sporttreiben erst bewusst initiiert werden müssen, weil Bewegung in den formalen Rahmen institutionalisierter schulischer Prozesse integriert ist: Dazu gehören z. B. *Kursfahrten mit sportlichem Schwerpunkt, Projekte oder Unterrichtsvorhaben.*

Im folgenden Abschnitt sollen die aufgeführten Handlungsfelder daraufhin untersucht werden, welchen Raum sie für informelles Bewegungshandeln bieten, durch welche charakteristischen Merkmale sie sich auszeichnen und wie sie sich voneinander unterscheiden.

Offenkundige Bewegungsgelegenheiten vielfältig nutzen

Ein Feld, in dem informelles Bewegen als selbstverständlich angesehen und im Allgemeinen auch in diesem Sinne realisiert wird, ist die *Pause.* Mit Pause sind hier die im Stundenplan festgelegten Zeiträume zwischen einzelnen Unterrichtsstunden bzw. Unterrichtsblöcken gemeint. Dazu gehört auch die (meist längere) Mittagspause im Ganztagsbetrieb.

Selbstbestimmung, Selbstorganisation, Freiwilligkeit und freie Entscheidung sind konstituierende Merkmale des Bewegungshandelns in der Pause (vgl. dazu z. B. Kottmann & Küpper, 1985). Damit erweist sich die Pause als ideales Handlungsfeld für informelles Bewegen, Spielen und Sporttreiben in der Schule. Als Zeit und Ort der Muße, des Nichtunterrichts, der Erholung und der Kompensation bietet sie Schülerinnen und Schülern einen weiten Spielraum zur individuellen Gestaltung. In der Pause erleben sich Kinder und Jugendliche als unmittelbar spielend, bewegend oder sporttreibend, aber nicht als lernend; sie können sich spontan für oder gegen eine bestimmte Aktivität allein oder mit anderen entscheiden, können solche Aktivitäten im Rahmen bestimmter Grenzen selbstbestimmt beginnen und beenden. In den Pausenaktivitäten findet eine Verbindung von Alltags- und Schulwelt statt, indem beliebte, im Raum außerhalb von Schule durchgeführte Aktivitäten auf dem Pausenhof praktiziert werden. Eine weitere Verbindung ergibt sich aus der Möglichkeit, in Gruppenkonstellationen, die Klassen- und Jahrgangsgrenzen überschreiten und durch Neigung und gleiches inhaltliches Interesse zu Stande kommen, miteinander zu spielen und sich zu bewegen, Kunststücke zu machen oder gemeinsam Sport zu treiben.

Diese Charakterisierung macht deutlich, dass Pause informelles Sporttreiben geradezu fordert: Da der Raum, die Zeit und die Materialien, die für Bewegungsaktivitäten zur Verfügung stehen, selten den Standards des normierten Sports entsprechen, muss flexibel gehandelt und müssen formelle Strukturen des institutionalisierten Sports verlassen werden.

Bewegungsaktivitäten in der Pause gewinnen durch folgende Voraussetzungen informellen Charakter: Die Beschränkung der Pausenzeit auf einen Zeitraum von fünf bis maximal 30 Minuten verlangt schnelle Organisation gemeinsamer Bewegungsaktivitäten, einfaches Regelwerk und die Möglichkeit flexibler Beendigung. Die Beschränkung auf zum Teil kleine, immer aber abgegrenzte oder durch Bepflanzung oder bauliche Maßnahmen (Zäune, Randsteine ...) definierte Bewegungsräume erfordert die Auswahl bestimmter Bewegungsaktivitäten, die den Räumen entsprechen; sie macht gelegentlich auch die Anpassung von Regeln an diese Bewegungsräume notwendig.

Schulfahrten bieten weitere Gelegenheiten für selbstbestimmtes informelles Sporttreiben. Schulfahrten führen von der Schule weg; daraus ergibt sich, dass der Tagesablauf, wenngleich in der Verantwortung von Schule, doch nicht vorrangig durch schulisches Lernen bestimmt ist (vgl. dazu z. B. Balz, 1991). Der großzügige Zeitrahmen bietet in einem besonders hohen Maß Freiraum für selbstbestimmtes informelles Sporttreiben. Dieser Freiraum kann für Erfahrungen genutzt werden, die im Kontext von Schule nicht möglich sind: das Bewegen in der Natur oder in naturnahen Räumen, die Regelmäßigkeit gemeinsamer Bewegungsaktivitäten über einen längeren Zeitraum hinweg, die Erweiterung bzw. weit gehende Aufhebung zeitlicher Grenzen bei der Durchführung beliebter Aktivitäten, die Auseinandersetzung mit neuen, bislang unbekannten Bewegungsformen. Solche Erfahrungen gewinnen an Wert, wenn Spiele oder sportliche Aktivitäten von Lehrkräften und Schülern bzw. Schülerinnen gemeinsam durchgeführt werden und die Aufhebung der gewohnten Rollen dazu führt, dass Schülerinnen bzw. Schüler ihre Lehrkräfte (und umgekehrt) unter anderen Perspektiven wahrnehmen können als bisher. Dies setzt voraus, dass die verantwortlichen Lehrkräfte entsprechende Freiräume für informelles Sporttreiben offen halten und gegebenenfalls darüber hinaus Impulse für solche Aktivitäten durch Hinweise auf nutzbare Räume und Bewegungsgelegenheiten im Umfeld des Aufenthaltsorts geben.

Gelegenheiten zum informellen Sporttreiben erkennen und nutzen

Andere Handlungsfelder legen Bewegung eher in institutionalisierten Formen der Schule nahe und scheinen auf den ersten Blick für informelles Sporttreiben nicht unmittelbar zugänglich zu sein. Zu solchen Handlungsfeldern gehören z. B. der Sportunterricht, Initiativstunden im Rahmen des Sportunterrichts, freiwillige Schulsportgemeinschaften und Schulfeste. Sie setzen zumeist einen formellen Rahmen für bestimmte Bewegungsaktivitäten, die für alle teilnehmenden Schülerinnen und Schüler relativ verbindlich sind.

Betrachtet man die genannten Handlungsfelder genauer, so muss für jedes gesondert gefragt werden, wo und in welchem Rahmen bzw. in welcher Weise sie dennoch Gelegenheiten für informelles Sporttreiben bieten:

Freiwillige Schulsportgemeinschaften können als Bindeglied zwischen Unterricht als pädagogisch intendiertem, zielgerichtete Lernen und Nichtunterricht als schüler- und bedürfnisorientiertem Lernen angesehen werden. Sie werden freiwillig von Schülerinnen und Schülern gewählt, erhalten jedoch nach der Entscheidung für eine bestimmte Schulsportgemeinschaft für die Teilnehmer Verbindlichkeit in Hinblick auf regelmäßige Teilnahme, Zielsetzung und Inhaltsauswahl. Die vorwiegende Orientierung an traditionellen Sportarten bei solchen Angeboten führt leicht zur ausschließlichen Berücksichtigung formellen Sporttreibens. Schulsportgemeinschaften können aber durchaus Raum für informelles Sporttreiben z. B. dann bieten, wenn die Organisation und inhaltliche Gestaltung weit gehend in die Hände erfahrener Schülerinnen bzw. Schüler (z. B. SV) gelegt wird oder die Teilnehmer und Teilnehmerinnen selbst für die inhaltliche Gestaltung verantwortlich sind.

Weitere Möglichkeiten für informelles Sporttreiben lassen sich in der scheinbar paradoxen Situation von *Nichtunterricht im Rahmen von Unterricht* erschließen:

Initiativstunden können z. B. als ein solcher Nichtunterricht im Rahmen von Unterricht verstanden werden. Dem Begriff entsprechend ergreifen Schülerinnen und Schüler in diesen „Unterrichtsstunden" die Initiative für Bewegungsaktivitäten und bestimmen damit weit gehend Inhalt und Ziel selbst. Die Durchführung im Klassenverband sowie die Bindung an den vorgegebenen Rahmen der Unterrichtszeit und Unterrichtsort sind nur dann Barrieren für selbstbestimmtes informelles Sporttreiben, wenn es nicht oder nur unvollkommen gelingt, mehrere zeitgleich durchzuführende Aktivitäten auf relativ kleinem Raum miteinander abzustimmen und Rücksicht auf den Raum- und Materialbedarf sowie die Aktivitäten anderer zu nehmen. Chancen liegen darin, in selbstgewählten Gruppierungen selbstgewählte Bewegungsaktivitäten durchzuführen, selbstgeschaffene Regeln anzuwenden und unterschiedlichen Zielsetzungen zu folgen.

Dabei kann Gelerntes geübt und gesichert oder Vertrautes angewendet werden. Schülerinnen und Schüler erhalten die Chance, sich am Gefühl des Könnens zu erfreuen, Neues auszuprobieren, ohne dem Leistungsdruck oder einer Beurteilung von außen zu unterliegen oder zur nächsten Stufe des Könnens getrieben zu werden.

Jeder *Stundenbeginn* und jedes *Stundenende* im Rahmen des Sportunterrichts bieten weitere Chancen für informelles Bewegen. Dieser Zeitraum, in dem sich noch nicht oder nicht mehr intentionales Unterrichten ereignet, sollte von Schülerinnen und Schülern zu selbstbestimmtem informellen Bewegungshandeln genutzt werden. Dies setzt jedoch entsprechende Absprachen zwischen der jeweiligen Lehrkraft und den Schülerinnen und Schülern voraus.

Schulfeste finden zwar im Allgemeinen in einem formellen Rahmen statt, in der Planung und Organisation können jedoch Ansatzpunkte für informelles Bewegen berücksichtigt werden, indem der Ablauf eines Schulfests so gestaltet ist, dass informelles Bewegen bewusst mit aufgenommen und als Teil des Schulfests angesehen wird (z. B. Aufnahme von Stationen, an denen die Teilnehmer Gelegenheit zum informellen Sporttreiben erhalten bzw. dazu aufgefordert werden). Informelles Bewegen erhält darüber hinaus einen besonderen Stellenwert, wenn das Schulfest Gelegenheiten zur Präsentation solcher Aktivitäten eröffnet.

Gelegenheiten zum informellen Bewegen gezielt herbeiführen

Eine dritte Gruppe von Handlungsfeldern zeichnet sich dadurch aus, dass Bewegung in unterrichtliche Kontexte eingebunden, thematisch festgelegt und durch klare Zielvorgaben bestimmt ist. Dies gilt vor allem für Unterrichtsvorhaben oder Projekte. Wenngleich hier Bewegung, Spiel und Sport meist unter der Vorgabe eines definierten Ziels durchgeführt werden (z. B. Erarbeiten eines taktischen Systems zur Verteidigung im Volleyballspiel, Spielen unter dem Aspekt der Auseinandersetzung mit Belastungskriterien), so sollten Lehrkräfte doch auch nach Möglichkeiten suchen, um Raum für selbstbestimmtes Handeln und Freiräume für ein Abweichen von formellen Handlungsmustern zu finden. Dabei bietet es sich an, in diesen Handlungsfeldern das informelle Bewegen gelegentlich selbst zum Thema zu machen, indem Probleme der Selbstorganisation, der Konfliktregelung oder der Anpassung standardisierter Regeln im Kontext informeller Aktivitäten zum Gegenstand der pädagogisch geleiteten Auseinandersetzung werden.

4 Wie kann sich informelles Sporttreiben konkret ereignen?

Vor dem Hintergrund der bisherigen Überlegungen soll nun an drei ausgewählten Beispielen skizziert werden, in welcher Weise sich informelles Sporttreiben ereignen kann und was Lehrkräfte tun können, um dem informellen Bewegen in der Schule angemessenen Raum zu geben. Die Konkretisierung soll am Beispiel der Pausen, der Initiativstunden und von Unterrichtsvorhaben erfolgen.

Bewegen und Spielen in der Pause

Informelles Bewegen in der Pause bedeutet im Allgemeinen, dass Kinder und Jugendliche während ihrer freien Zeit allein oder mit anderen Fußball, Basketball oder andere Ballspiele in nicht institutionalisierter Weise betreiben, indem sie sich ihre Regeln selbst setzen, dass sie hüpfen, klettern, dass sie sich mit Inlinern oder Skateboards auf dem asphaltierten Schulhof oder vielleicht eigens dazu eingerichtetem Gelände bewegen und ihre Kunststücke probieren und demonstrieren. Insbesondere im Trendsport finden sich dabei häufig Jugendliche, die als Experten auftreten und interessierten Schülerinnen und Schülern die notwendigen Fertigkeiten vermitteln, die eine Teilhabe an diesem Geschehen erlauben.

Nicht allen Kindern und Jugendlichen erschließt sich jedoch in gewünschtem Umfang und in gewünschter Weise die Möglichkeit, am informellen Tun der anderen teilzunehmen. Ihnen fehlen die Voraussetzungen zur Erfüllung ihrer Bedürfnisse. Hier können Lehrkräfte pädagogische Hilfe leisten, indem sie Möglichkeiten der Umsetzung bewegungsbezogener Wünsche verbessern. So können Lehrkräfte ihre Schüler und Schülerinnen auf das Spielen in der Pause vorbereiten, indem sie im Unterricht das Spielen in der Pause zum Thema machen. Sie können gemeinsam mit den Schülerinnen und Schülern den Schulhof daraufhin untersuchen, welche Möglichkeiten für welche Spiele er ihnen bietet. Gegebenenfalls kann dies durch eine Auseinandersetzung mit dem Thema „Wir machen bekannte Spiele zu Pausenspielen" ergänzt werden, in der Kinder und Jugendliche Kompetenzen zur situationsangemessenen Gestaltung bekannter Spiele erwerben.

Kinder im Grundschulalter brauchen Gelegenheiten zum Klettern, Springen, Schaukeln und Balancieren sowie zum vielfältigen Umgang mit Bällen; Jugendliche müssen die Gelegenheit haben, solche Bewegungsaktivitäten, die im Alltag „in" sind (Fahren auf Rädern und Rollen, Jonglage, Klettern), auch auf dem Pausenhof durchzuführen. Informelles Bewegen auf dem Pausenhof wird sich umso eher ereignen, je mehr diesen Bedürfnissen durch eine altersgemäße Gestaltung der Pausenhöfe Rechnung getragen wird.

Informelles Bewegen ist selbstbestimmtes Bewegen. Bei allem Engagement von Lehrkräften für „bewegte Pausen" müssen sich Lehrkräfte stets der Tatsache bewusst sein, dass der informelle Charakter der Bewegung in der Pause erhalten bleibt: Hilfe kann angeboten, darf jedoch nicht aufgezwungen werden.

Informelles Sporttreiben in Initiativstunden

Initiativstunden sind als Angebot zu informellem Sporttreiben unter der pädagogischen Verantwortung der zuständigen Lehrkräfte gedacht. Im Folgenden
werden drei Beispiele aufgeführt, aus denen die Spannbreite der Realisierungs-
möglichkeiten informellen Sporttreibens im Rahmen einer Initiativstunde sowie
die unterschiedlichen Rollen, die Lehrkräfte in diesem Kontext einnehmen
können, ersichtlich werden.

Beispiel 1:

Alex berichtet zu Beginn der Stunde von seinen Könnensfortschritten in der
EinradAG und fragt die Lehrkraft, ob er seinen Mitschülerinnen und Mitschü-
lern die Grundlagen des Einradfahrens beibringen dürfe. Die Lehrkraft willigt
ein, nachdem von Seiten der Klasse großes Interesse bekundet wurde. Die
Lehrerin besorgt die an der Schule vorhandenen vier Einräder und es folgt eine
intensive Auseinandersetzung mit dem Problem des Einradfahrens. Alle Beteiligten sind mit großem Lerneifer und bis zum Ende der Stunde mit hoher
Konzentration bei der Sache. Auch die Lehrerin teilt am Ende der Stunde mit,
dass sie von Alex heute eine Menge gelernt habe.

Beispiel 2:

Zu Beginn der Initiativstunde zeigt sich, dass sich die Schülerinnen und Schüler
auf die heutige Stunde vorbereitet haben: Schnell sind die Aktivitätswünsche
mitgeteilt, in unterschiedlichen Gruppengrößen soll Fußball gespielt, auf dem
Trampolin gesprungen, nach Musik Gymnastik gemacht und auf einen Korb
Basketball gespielt werden. Mithilfe der Lehrkraft werden „Spielräume" aufge-
teilt und konkurrierende Ansprüche geregelt, benötigte Geräte aufgebaut,
Absprachen zum sicheren Umgang mit dem Trampolin getroffen und Regeln
über mögliche Wechsel abgesprochen. Die Stunde verläuft zur Zufriedenheit
aller Beteiligten.

Beispiel 3:

Nach der Absprache über die gewünschten Aktivitäten und dem Beginn des
informellen Sporttreibens zeigt sich, dass vier Schülerinnen und zwei Schüler
am Rand sitzen und anscheinend nichts gefunden haben, was sie in dieser
Stunde machen können (bzw. wollen). Die Lehrkraft gesellt sich zu ihnen,
macht ihnen nach mehreren vergeblichen Aufforderungen, sich doch auch einer
Bewegungsaktivität zuzuwenden, das Angebot, zusammen mit ihnen noch
einmal die akrobatischen Figuren der vergangenen Woche zusammenzustellen
und zu üben. Zunächst widerwillig folgen die Jugendlichen diesem Angebot;
nach anfänglichen Schwierigkeiten entwickelt sich engagiertes Üben, zunächst
mit, dann ohne die Lehrkraft.

Wie diese Beispiele zur Gestaltung von Initiativstunden zeigen, kann sich informelles Bewegen in der intentionalen Zuwendung zu einem definierten Lernziel oder im Wiederholen vertrauter Bewegungsmuster niederschlagen, kann spontan umgesetzt werden oder erst auf Anregung von außen zu Stande kommen. Dabei kann die Lehrkraft ihre Rolle als Vermittler oder als Mitlernende einnehmen, sie kann bei der Organisation des Geräteaufbaus oder der Raumverteilung Impulse geben, Schlichter sein oder auch überzogene Vorstellungen bei unterschiedlichen Aktivitätswünschen zurechtrücken. Bei aller Vielfalt der Rollen, die Lehrkräfte im Rahmen solcher Stunden einnehmen, sie allein sind und bleiben für die Sicherheit und Unversehrtheit der ihnen anvertrauten Schülerinnen und Schüler verantwortlich.

Informelles Sporttreiben im Rahmen von Unterrichtsvorhaben

Die Struktur und die Zielsetzung von Unterricht scheinen informellem Sporttreiben grundsätzlich entgegenzustehen. Möglichkeiten zu seiner Verwirklichung ergeben sich jedoch, wenn informelles Sporttreiben selbst zum Thema von Unterrichtsvorhaben wird. Eine solche Möglichkeit bietet z. B. die Bearbeitung des Themas „Spielstrukturen erkennen, verändern und auf eigene Bedürfnisse abstimmen" in einem Sportkurs der 12. Klasse.

In diesem Unterrichtsvorhaben setzen sich die Schülerinnen und Schüler zunächst mit gemeinsamen Strukturen Großer Sportspiele auseinander, die in eine Sammlung wesentlicher formaler Merkmale dieser Spiele (z. B. Spielidee, Funktionszuordnung der Beteiligten, konstitutive und regulative Regeln, individual- und gruppentaktische Grundmuster in Angriff und Verteidigung) münden. Anschließend erhalten sie die Aufgabe, am Beispiel des Volleyballspiels zu erkunden, wie die formalen Strukturen eines Spiels im Hinblick auf Raum-, Material-, Zeit- und Handlungsregeln aufgebrochen und zu alternativen Spielmöglichkeiten geführt werden können. In einem Wechsel von Erproben, Reflektieren und Konstruieren werden unterschiedliche Spielideen (z. B. miteinander – gegeneinander), Gruppengrößen (z. B. 2:2 bis 6:6), Raumbegrenzungen (z. B. breites, kurzes vs. langes, schmales Feld, kleines vs. großes Feld, unterschiedliche Netzhöhen) sowie unterschiedliche Handlungsmöglichkeiten im Spiel (z. B. Doppelberührungen, Angriff von allen Spielern möglich, Aufhebung der Begrenzung auf drei Ballberührungen ...) erfahren und in ihren Auswirkungen auf die Spielgeschehen analysiert. In der Erkenntnis, dass das Aufbrechen formaler Strukturen dazu beitragen kann, ein Spiel bedürfnisgerechter und der jeweiligen Spielgruppe entsprechend zufrieden stellender zu erleben, kann in diesem Unterrichtsvorhaben ein Bewusstsein bei Schülerinnen und Schülern für den besonderen Wert informellen Sporttreibens geweckt werden.

5 Abschließende Bemerkungen

Wie die pädagogischen Begründungen und die konkreten Beispiele gezeigt haben, ist informelles Bewegen, Spielen und Sporttreiben nicht nur in institutionalisierten Freiräumen wie den Pausen möglich. Nischen in anderen schulischen Zusammenhängen können entweder gesucht oder müssen sogar erst geschaffen werden, um informelle Bewegungsaktivitäten zu ermöglichen. Lehrkräfte, die sich darauf einlassen, informelles Sporttreiben in der Schule zu ermöglichen und zu fördern, sollten es als Chance und nicht als Zumutung begreifen, wenn sie ihre Rolle als kompetente Vermittler zu Gunsten einer mehr partnerschaftlich anregenden Rolle als Mitsporttreibende zumindest zeitweise relativieren. Dies kann für die pädagogischen Beziehungen zu ihren Schülerinnen und Schülern durchaus hilfreich sein. Ihr pädagogisches Engagement setzt aber auch fruchtbare Impulse auf dem Weg zu einem schulischen Ganztagsbetrieb, denn die damit einhergehende Zunahme von Freiräumen und Übergangszeiten eröffnet weitere Chancen für informelles Sporttreiben in der Schule und eine Bereicherung des Schullebens.

Literatur

Balz, E. (1991). Im Schullandheim bewegt sich was – Wie sportliche Schullandheimaufenthalte das Schulleben bereichern können. In L. Kottmann, & G. Köppe (Hrsg.), *Schulleben – Mit Sport Bewegung in die Schule bringen* (S. 52-82). Hohengehren: Schneider.

Balz, E., Brinkhoff, K.-P. & Wegner, U. (1994). Neue Sportarten in die Schule. *sportpädagogik, 18* (2), 17-24.

Bayerisches Staatsministerium für Unterricht, Kultus, Wissenschaft und Kunst (1992). Lehrplan für das bayerische Gymnasium. Fachlehrplan für Sport, Teil I und II. *Amtsblatt des Bayerischen Staatsministeriums für Unterricht, Kultus, Wissenschaft und Kunst I*, Sondernummer 17/18, 753-876.

Brettschneider, W.-D. & Miethling, W.-D. (1989). Entwicklungstendenzen im Sport-, Spiel- und Bewegungsalltag von Jugendlichen. *sportpädagogik, 13* (1), 7-11.

Kottmann, L. & Küpper, D. (1985). *Pausensport.* Band 13 der Materialien zum Sport in Nordrhein-Westfalen, herausgegeben vom Kultusminister des Landes Nordrhein-Westfalen. Köln: Greven.

Ministerium für Schule, Wissenschaft und Forschung des Landes Nordrhein-Westfalen (Hrsg.) (2001a). *Richtlinien und Lehrpläne für die Sekundarstufe I – Hauptschule. Sport.* Frechen.

Ministerium für Schule, Wissenschaft und Forschung des Landes Nordrhein-Westfalen (Hrsg.) (2001b). *Richtlinien und Lehrpläne für die Sekundarstufe I – Realschule. Sport.* Frechen.

Ministerium für Schule, Wissenschaft und Forschung des Landes Nordrhein-Westfalen (Hrsg.) (2001c). *Richtlinien und Lehrpläne für die Sekundarstufe I – Gesamtschule. Sport.* Frechen.

Ministerium für Schule, Wissenschaft und Forschung des Landes Nordrhein-Westfalen (Hrsg.) (2001d). *Richtlinien und Lehrpläne für die Sekundarstufe I – Gymnasium. Sport.* Frechen.

Scherler, K. (1997). Die Instrumentalisierungsdebatte in der Sportpädagogik. *sportpädagogik*, *20* (2), 5-10.

Scherler, K. (2000). Sport als Schulfach. In P. Wolters, H. Ehni, J. Kretschmer, K. Scherler & W. Weichert (Hrsg.), *Didaktik des Schulsports* (S. 36-60). Schorndorf: Hofmann.

Stibbe, G. (2003). *Schulsport und Schulprogrammentwicklung. Grundlagen und Möglichkeiten der Einbindung von Bewegung, Spiel und Sport in das Schulkonzept.* Unveröffentlichte Habilitation, Bergische Universität Wuppertal.

Volkamer, M. (1987). *Von der Last mit der Lust im Schulsport.* Schorndorf: Hofmann.

Wagnissport im Bewegungsleben von Kindern und Jugendlichen

Peter Neumann

Kinder und insbesondere Jugendliche haben ein (gesteigertes) Bedürfnis nach spannenden und fesselnden Erlebnissen. Wer Kinder in ihrem Bewegungsalltag beobachtet, sieht sie in Situationen, in denen sie mit Unsicherheit und Ungewissheit experimentieren: Auf Spielplätzen wird geklettert, gesprungen, balanciert oder Karussell gefahren. Manche Autoren gehen davon aus, dass Kinder solche Abenteuer für ihre Entwicklung brauchen; aber auch Jugendlichen wird eine besondere Affinität zu riskanten Verhaltensweisen nachgesagt (vgl. Le Breton, 2001; Raithel, 2001). Dabei befriedigen Jugendliche ihr Bedürfnis nach lustvollen und kitzelnden Risikosituationen nicht nur auf legale und gesundheitlich zuträgliche Weise, sondern z. B. auch im Kontext von Drogenkonsum, Delinquenz oder riskantem Verkehrsverhalten. Daneben finden und kreieren Kinder und Jugendliche in verschiedenen Nischen unserer Bewegungskultur gewagte Bewegungsaufgaben, z. B. beim Radfahren und Inlineskaten, die ihnen zur Selbsterprobung und Selbstdarstellung dienen.

In diesem Beitrag geht es darum, gewagte sportliche Aktivitäten von Kindern und Jugendlichen zu beschreiben und die Bedeutung und Verbreitung im Bewegungsleben näher zu untersuchen. Zunächst will ich kurz darlegen, was mit der Bezeichnung „Wagnissport" gemeint ist (1) und wie es um die Risikomotivation von Kindern und Jugendlichen im Sport bestellt ist (2). Dann beschreibe und interpretiere ich fünf Szenen informeller wagnissportlicher Aktivität von Kindern und Jugendlichen (3). Abschließend wage ich einen Blick in die Zukunft des Wagnissports von Kindern und Jugendlichen (4).

1   Wagnissport – was ist das?

Die Ausübung sportlicher Aktivität ist in der Regel mit einer möglichen Verletzungs- oder Schädigungsgefahr verbunden und beinhaltet somit ein gewisses gesundheitliches Risiko. Sportarten oder Aktivitäten mit einem besonderen Risiko oder Gefahrenpotenzial werden oftmals als *Risikosportarten* bezeichnet (vgl. Würtemberger, 1991). Man unterscheidet riskante Sportarten von weniger riskanten oder von hoch riskanten, wobei die Schwere oder das Ausmaß eines möglichen

Schadens und die objektive Wahrscheinlichkeit einer Verletzung, gemessen an der Betätigungsdauer, als Unterscheidungskriterien herangezogen werden. So kommt man zu der Einteilung in *high-risk sports* (z. B. Fallschirmspringen, Gleitschirm- und Drachenfliegen, Sportklettern, Tauchen), *medium-risk sports* (z. B. Sportspiele) und *low-risk sports* (z. B. Laufen, Schwimmen), ohne dabei jedoch die subjektive Risikowahrnehmung der Sportler und deren individuelle Ausübungsform zu berücksichtigen.

So genannte Risikosportler zeichnen sich durch eine hohe Kontrollüberzeugung und Selbstwirksamkeitserwartung aus (vgl. Schumacher & Hammelstein, 2003). Außerdem schätzen sie die Gefahr und das Risiko anderer sportlicher Praxen im Gegensatz zu ihrer eigenen Sportart dann höher ein, wenn eine Risikokontrolle durch das eigene Handeln nicht möglich scheint (vgl. Allmer, 1998, S. 80). Das heißt, ihre eigene (riskante) Sportart nehmen diese Sportler selbst nicht unbedingt als riskant wahr. Grundsätzlich ist außerdem zu bedenken, dass auch eine vermeintlich risikoarme Sportart, wie z. B. Schwimmen, je nach Wahl günstiger oder ungünstiger Rahmenbedingungen und angemessener oder unangemessener Ziele durchaus hohe Risiken für Leib und Leben bergen kann. So besehen, ist die Bezeichnung „Risikosport" kein treffender und trennscharfer Begriff (vgl. zum Problem der scheinbaren Objektivität der Riskanz verschiedener Sportarten auf der Grundlage der Unfallzahlen Rittner [2001, S. 228-230]).

Daneben finden sich in der Literatur die Bezeichnungen *Abenteuersport, Erlebnissport* und *Extremsport*, wobei Letzterer insbesondere den extremen Ausdauersportarten geschuldet ist. Diesen Bezeichnungen ist gemein, dass sie so gut wie nie definiert werden und dass sich das je Spezifische ihrer Bedeutung im normalen Sprachgebrauch überlagert. Ich ziehe deshalb die Bezeichnung „Wagnissport" den genannten Begriffen vor, um die subjektive Deutung der unsicheren Handlungssituation als ein Wagnis zu betonen (vgl. Neumann, 2003).

Mit der Bezeichnung „Wagnissport" soll vor allem der dem gewagten Handeln vorgängige und freiwillige Entschluss gewürdigt werden, sich trotz der Ungewissheit zu wagen. Ein gesteigertes Spannungserleben sowie potenzielle Angstempfindungen können diesen Prozess begleiten: Unter einem Wagnis wird die bewusste Entscheidung verstanden, sich angesichts möglicher negativer Folgen zu exponieren und die Ungewissheit der Handlungssituation auf der Basis eigenen motorischen Könnens und im möglichen Rückgriff auf die Unterstützung durch andere zu bewältigen.

2 Zur Risikomotivation von Kindern und Jugendlichen im Sport

Die Suche nach Spannung und Risiko (pursuit of vertigo) gehört zum festen, empirisch als gesichert geltenden Inventar jener Motive, die Menschen im Sport zu befriedigen trachten. Menschen sehen im Sport nachweislich die Möglichkeit, Spannung und Abenteuer sowie Risiko zu erleben. Gilt dies aber auch für Kinder und Jugendliche? In sportpädagogischen Untersuchungen zum Sportengagement (im Sportverein) werden Kinder und Jugendliche auch zum Motivfeld „Spannung und Risiko" befragt, wenngleich sich die verwendeten Items zum Spannungserleben meist auf das Erleben in Sportspielen beziehen.

Folgt man beispielsweise der Untersuchung von Kurz, Sack und Brinkhoff (1996), in der Jugendliche des siebten bis 13. Schuljahres befragt wurden, erwarten 54 % der weiblichen und 60 % der männlichen „Wettkampfsportler" von ihrem Vereinssport Risiko und Spannung, und 39 % der weiblichen und 32 % der männlichen Wettkampfsportler wollen Abenteuer in der Natur erleben (vgl. ebd., S. 415). Vergleichsweise niedrig bewerten die jugendlichen „Breitensportler" diese Motive: 39 % (w) und 55 % (m) wollen Risiko und Spannung „sehr gern" bzw. „gerne" erleben und 41 % (m) Abenteuer in der Natur; bei Breitensportlerinnen fehlt die letztgenannte Erwartung (vgl. ebd., S. 417).

Differenzierter auf das Risikomotiv bezogen, ist die methodologische Untersuchung von Steffgen, Fröhling und Schwenkmezger (2000), mit der sie die Kurzform der so genannten ATPA-D-Skalen überprüfen. Ihre Ergebnisse bestätigen das mit diesen Skalen zu erfassende Risikomotiv für die befragten Jugendlichen. Die Stichprobe bestand aus ca. 2.500 sportlich aktiven und durchschnittlich 14-15 Jahre alten Jugendlichen aus Luxemburg und Deutschland. Dass Kinder und Jugendliche durchaus zwischen Wagnis, Risiko und Gefahr im Sport unterscheiden, können Steffgen und Schwenkmezger (1995) deutlich machen: Mehr als zwei Drittel der von ihnen befragten Jugendlichen (s. o.) lehnen Wagnisse im Sport nicht ab. Und während knapp die Hälfte der Jugendlichen ein persönliches Risiko im Sport sucht, wird ein gefahrenreicher Sport am geringsten geschätzt. Die zu Grunde liegenden Items zum Wagnis heißen: „Sportarten, bei denen man viel wagen muß, liegen mir überhaupt nicht" (35,9 %) und „Mich interessieren dramatische Sportarten mehr als solche mit ruhigem Charakter" (58,2 %). Die Items zum Risiko lauten: „Am liebsten betreibe ich Sportarten, die das persönliche Risiko herausfordern" (32,5 %) und „Sportarten, die Risikobereitschaft erfordern, schätze ich außerordentlich" (34,8 %). Gefahren im Sport werden von den befragten Jugendlichen weniger geschätzt: „Ich bevorzuge Sportarten, bei denen man ein erregendes Gefühl der Gefahr hat" (24 %) und „Ich hätte an solchen Sportarten Spaß, bei denen man viel riskieren muß" (32,6 %). Diese Daten entsprechen in Prozentangaben der Antwortkategorie „stimme völlig/stimme überwiegend zu" und stammen von den deutschen Jugendlichen.[1]

---

[1] Einer Untersuchung von Hartmann-Tews (1992) lässt sich entnehmen, dass bei den Sportwünschen englischer Jugendlicher Wassersport und „outdoor adventure sport which are exciting and fun" dominieren (vgl. S. 521); dieser Trend zu Kanu, Kajak, Segeln und Bergsteigen zeichnet sich auch in Frankreich ab (vgl. S. 523).

Um keine falschen Annahmen aufkommen zu lassen, das Risikomotiv stünde bei den Jugendlichen auch bei der Ausübung ihres Sports im Vordergrund, muss differenziert werden in Wunschvorstellungen der Jugendlichen und ihre tatsächliche Sportpraxis. Offenkundig genießen zwar solche Sportarten, die ein hohes Maß an Risiko und Spannung versprechen, bei den Jugendlichen eine große Wertschätzung. Jedoch klaffen „Wunsch" und „Wirklichkeit" weit auseinander: Wie eine Untersuchung von Raithel (2000) belegt, gibt es einen unübersehbaren Unterschied zwischen dem Wunsch, eine Sportart wie Drachenfliegen, einmal auszuprobieren, und der tatsächlichen Realisierung. Auch bei den von Opaschowski (2000, S. 140-148) befragten Jugendlichen im Alter von 14-17 Jahren zeigt sich dieser Unterschied:

Bungeejumping: 32 % haben den Wunsch, 5 % haben schon ausprobiert.

Canyoning: 18 % haben den Wunsch, 0 % haben schon ausprobiert.

Fallschirmspringen: 31 % haben den Wunsch, 1 % haben schon ausprobiert.

Freeclimbing: 12 % haben den Wunsch, 1 % haben schon ausprobiert.

Mountainbiken: 19 % haben den Wunsch, 12 % haben schon ausprobiert.

Paragliding: 25 % haben den Wunsch, 3 % haben schon ausprobiert.

Riverrafting: 23 % haben den Wunsch, 5 % haben schon ausprobiert.

Tiefseetauchen: 19 % haben den Wunsch, 1 % haben schon ausprobiert.

Insgesamt ist davon auszugehen, dass sowohl Kinder als auch Jugendliche Wünsche im Bereich von Risiko und Spannungserleben im Sport haben und diese Wünsche in ihrem Bewegungsleben auch befriedigen wollen. Allerdings ist grundsätzlich zu bedenken, dass das Risikomotiv zumindest im Vereinssport kein dominantes Motiv ist, sondern bei den Jungen nach wie vor eher Leistung und bei den Mädchen eher Geselligkeit und Ästhetik als Motivkomplexe im Vordergrund stehen (vgl. Berndt & Menze, 1996, S. 430). Darüber hinaus ist davon auszugehen, dass in erster Linie Jungen Spannung und Nervenkitzel im Sport suchen und Mädchen eher körperliches Wohlfühlen, Fitness und Figur sowie Entspannung (vgl. Hartmann-Tews & Leutkens, 2003, S. 307). Schließlich ist auch augenfällig, dass vermeintlich wagnisaffine Bewegungsaktivitäten, wie z. B. Mountainbiken, Skateboarden, Klettern, von Kindern und Jugendlichen im Vereinssport kaum betrieben werden, sondern „eher Bestandteil des informellen Bewegungsalltags [sind]" (Schmidt, 2003, S. 117).[2]

---

[2] An dieser Stelle sei angemerkt, dass auch die so genannten *Risikosportler* selbst keineswegs, wie man meinen könnte, vor allem das Risiko in ihrem Sport suchen und schätzen, vielmehr ist für jene Sportler die Risikokontrolle wichtig (vgl. Allmer, 1998, S. 82; Hackfort, 2001; Rittner, 2001, S. 226).

3 Szenen gewagter Bewegungsaktivitäten von Kindern und Jugendlichen

In der Sportwissenschaft gibt es keine empirische Untersuchung, die sich explizit mit der Verbreitung wagnissportlicher Aktivitäten im Bewegungsleben von Kindern und Jugendlichen beschäftigt. Zwar existieren verschiedene Untersuchungen zum formellen und informellen Sporttreiben, aber aus dem bloßen Befund, dass Kinder und Jugendliche diese oder jene Sportart im Sportverein oder in der Freizeit ausüben, kann nicht auf ihr Ausübungsmotiv geschlossen werden. Beispielsweise können Kinder und Jugendliche Fahrrad fahren und inlineskaten, ohne dabei ein Wagnis zu suchen.

Führt man sich die Liste der als einschlägig geltenden Risikosportarten vor Augen, wird ersichtlich, dass die Ausübung der meisten genannten Sportarten, wie Tauchen oder Gleitschirmfliegen, einerseits lizenzgebunden ist und andererseits teueres Sportgerät erfordert; außerdem sind viele dieser Sportarten auf exklusive Örtlichkeiten angewiesen. Diese Bedingungen stellen Zugangsbarrieren für Kinder und Jugendliche dar. So haben Risikosportarten für das Sporttreiben von Kindern und Jugendlichen, zumindest nach quantitativen Maßstäben betrachtet, eine „eher marginale Bedeutung" (Rittner, 2001, S. 224; vgl. auch Brandl-Bredenbeck & Brettschneider, 2003, S. 251f.).

Man wird daher vermuten können, dass Kinder und Jugendliche sportliche Wagnissituationen in ihnen besser zugänglichen Sportarten und Bewegungsaktivitäten aufsuchen wie etwa beim Radfahren, Skaten oder Wasserspringen. Im Folgenden beschreibe und interpretiere ich fünf Szenen gewagter Bewegungsaktivität von Kindern und Jugendlichen, um diesen informellen Wagnisbereich zu illustrieren und anschließend zu kommentieren. Diese Beschreibungen gehen auf meine eigenen Beobachtungen zurück.

„Wollen wir heute mal einen Ausritt machen? "

Auf einem Pony- und Reiterhof unweit der Ortschaft Borgholzhausen sind drei etwa 13-14-jährige Mädchen dabei, Pferde zu satteln. Die Pferde gehören ihnen nicht, sondern können von den Mädchen (mit)geritten werden. Heute haben sich die drei etwas Besonderes vorgenommen. Sie wollen das schöne Septemberwetter nutzen und einen Ausritt in den nahe gelegenen Wald machen. Sonst reiten sie die Pferde überwiegend in der Reithalle und unter Aufsicht. Doch heute dürfen sie alleine los. Nach dem Satteln sitzen sie auf und verlassen voller Aufregung das Reitgelände ...

Gilt der Bereich gewagter sportlicher Aktivitäten im Allgemeinen als Domäne für männliche Heranwachsende, so existiert von dieser Einschätzung weitestgehend unbemerkt ein spezifisches Feld, das insbesondere Mädchen vorbehalten ist – der Reitsport (vgl. Berndt & Menze, 1996). Ohne dass man den reitenden Mädchen zwingend und durchgängig eine Wagnissuche unterstellen kann, beinhaltet aber gerade das bei den Mädchen beliebte Reiten beachtliche Risiken (vgl. Hengst,

1999). Insofern kann das Reiten als eine geschlechtsspezifische Form gewagter Bewegungsaktivitäten verstanden werden, denn die Anzahl reitender Jungen fällt im Vergleich mit der Anzahl reitender Mädchen eher gering aus (vgl. Schmidt, 2003, S. 117).

„Ist das geil!"

Auf einem Platz in der Fußgängerzone von Wuppertal drehen drei etwa 10-jährige Jungen mit ihren halbwegs zerschlissenen Fahrrädern Runden um ein Rondell aus aufgestellten Parkbänken und Betonblumenkübeln. Zunächst beschränken die Jungen sich darauf, mit gezielten Fahrmanövern Tauben aufzuschrecken und hin und wieder einen Fußgänger durch Bremsgeräusche zu erschrecken. Dann starten sie eine wilde Jagd um das Rondell und versuchen, einander davonzufahren. Als sich dieses Spiel erschöpft, beginnen sie damit, das Vorderrad vom Boden hochzu- reißen und auf dem Hinterrad zu fahren, was ihnen aber nicht besonders gut gelingt. Nur ein Junge kann etwa 2 m auf dem Hinterrad fahren, während sich die anderen beiden schon wieder um den Innenbereich hetzen. Dann bremst einer der beiden Jungen seine Fahrt etwas ab und fährt mit seinem Rad ein kurzes Stück an der annähernd 90° steilen Wand der Betonkübel entlang. Die kurze Steilwandfahrt gelingt und seinem Rufen folgen die beiden anderen Jungen, um dieses Kunststück auch zu probieren. Doch die beiden fahren, trotz der Demonstration und den aufmunternden Kommentaren des ersten Jungen, nicht entschieden genug an die Betonfläche heran und rutschen mit dem Vorderrad nur mehr daran entlang. Als schließlich ein Junge stürzt, brechen sie ihre Versuche ab und beginnen wieder, Tauben auf dem Platz zu verscheuchen ...

Abseits der traditionellen Orte des Sports hat sich eine urbane Bewegungskultur und Straßenszene entwickelt (vgl. Bette, 1998). So finden Bewegungskunststücke der BMX-Biker oder der Skater oftmals mitten in der Stadt in der Fußgängerzone statt. Im Unterschied zu den spezifischen Sonderräumen des traditionellen Sports erobern sich die Skater und Biker ihre Bewegungsräume selbst, indem sie die ursprünglichen Funktionen dieser Orte umdeuten. Beispielsweise machen die drei jungen Fahrradfahrer aus dem mit Bänken und Pflanzkübeln eingerichteten Rondell, das für die erschöpften Passanten und Kunden der umliegenden Geschäf- te und Kaufhäuser ein Ort des Ausruhens ist, einen Parcours für ihre wilden Verfolgungsfahrten und gewagten Fahrmanöver. Dabei entdecken sie, dass die zur Abgrenzung und zum Schutz der Pflanzen aufgestellten Betonkübel auch mit dem Fahrrad befahrbar sind, wenn man sich in eine dafür notwendige Schräglage hineintraut. Mit diesen gewagten Bewegungsexperimenten deuten sie nicht nur die Funktion dieses Raums um, sondern tasten sich auch in den Grenzbereich des für sie gerade noch Befahrbaren vor und verleihen ihrem Tun damit eine besondere Erlebnisqualität.

„Oh, Alder, ist das hoch!"

Im Wiesenbad in Bielefeld drängt sich eine Traube von Kindern und Jugendlichen um die Sprungtürme. Die Jüngeren unter ihnen wählen die niedrigeren Sprung-möglichkeiten, während die männlichen Heranwachsenden den 5-m- und einige sogar den 10-m-Turm besteigen. Obwohl es laut Baderegel untersagt ist, befinden sich oben auf der Blattform des 10-m-Turms mehrere Jugendliche. Sie stehen dort für viele Schwimmbadbesucher sicht- und hörbar und genießen anscheinend ihre exponierte Position. Nach und nach springen sie zumeist im einfachen Streck-sprung vom Turm. Dann gerät der Vorgang ins Stocken. Offensichtlich stehen jetzt nur noch die Sprungunerfahrenen auf dem Turm. Nach langem Hin und Her löst sich dann einer aus der Gruppe und wagt sich bis an den Rand der Plattform. Seine Bewegungen wirken etwas steif und zittrig und er schaut lange nach unten. Als sich Rufe und das Lachen vom Becken aus mehren, geht er ein wenig in die Knie und lässt sich mehr oder weniger hilflos in die Tiefe fallen ...

Abb. 1.: Sparkasse ©

Das Springen in die Tiefe hat, je nach Höhe und Untergrund, etwas Faszinieren-des, angsteinflößendes, aber auch Schreckliches an sich. Deshalb ziehen uns beispielsweise die gewagten Sprünge der Klippenspringer in ihren Bann. Ähnli-ches gilt auch für Sprünge von den Sprungtürmen im Schwimmbad, wo sich der sehnsuchtsvolle Blick der Sprungunerfahrenen mit der bangen Frage kreuzt: „Traue ich mich das auch?" Insofern stellt der erste Sprung vom 3-m-Brett oder vom 5-m- bzw. 10-m-Turm eine idealtypische Wagnissituation dar, weil dem

Vollzug ein oftmals langwieriges Abwägen vorausgeht. Gleichzeitig gehört das Turmspringen zu jener Alltagserfahrung von Kindern und Jugendlichen, die auch noch nach Jahren in lebhafter Erinnerung geblieben sind. Davon zeugen beispielsweise die „Sprungbrettgeschichten", die Grundschulkinder zum Stichwort „Mut" geschrieben haben (vgl. Schmitz, 1998).

„Au sch ...!"

Neben dem Bürgerpark steht in Bielefeld die Oetkerhalle. Das imposante Gebäude zieht nicht nur die kulturbeflissenen Blicke flanierender Passanten auf sich, sondern bietet auch Skatern und BMX-Bikern Gelegenheit für ihre Bewegungsaktivitäten. Insbesondere die von der nahen Stapenhorststraße und der Bushaltestelle gut einsehbaren Treppenstufen am Aufgang der Halle sind an regenfreien Tagen ein viel besuchter Treffpunkt. Momentan sitzen drei männliche Skater mit zwei Mädchen im Alter von 15-17 Jahren auf der obersten Treppe, reden, rauchen und schauen einem Biker zu, der mal von unten und mal von oben über die Treppenstufen springt. Zwei weitere Skater bemühen sich, mit ihren Boards auf die unterste Stufe zu springen und auf den Achsen ihrer Bretter ein Stück weit zu grinden. Als dies immerfort misslingt, setzt einer der beiden Skater zu einem anderen Trick an. Er wirbelt sein Board einmal um die Längsachse, doch bei der Landung trifft er das Deck nicht richtig und schlägt rücklings auf den Boden. Sein Board schießt unter ihm weg und gerät knirschend unter die Räder eines vorbeifahrenden Autos ...

Das bei Kindern und Jugendlichen verbreitete Inlineskaten, aber auch das BMX-Fahren, Mountainbiken und Skateboarden sieht Alkemeyer (2003) als festen Bestandteil der „neuen Straßenspiele" an. Dabei begeben sich die „überwiegend männlichen Akteure" auf die Straße, „um sich dort Situationen der Unsicherheit auszusetzen, an der Mythologie des Abenteuers teilzuhaben und in selbst gesuchten Herausforderungen (körperliche) Exzellenz und Einzigartigkeit zu beweisen" (S. 308f.). Neben der „Lust am Risiko" zeugen solche Bewegungsaktivitäten auch von der „Lust an der Darstellung", denn die herausfordernden wie gewagten Tricks werden für alle sichtbar bewältigt und das eigene Können präsentiert (vgl. ebd.). Vor allem „Gleitgeräte" wie Fahrräder unterschiedlichen Typs, Skateboards, Cityroller und Skates bieten Kindern und Jugendlichen Gelegenheit, sich auch im urbanen Umfeld Wagnissituationen auszusetzen. Allerdings sind Mädchen bei den Skateboardern, den Aggressive Skatern und BMX-Bikern deutlich unterrepräsentiert (vgl. Hartmann-Tews & Leutkens, 2003, S. 304).

„Lords of the Boards"

Direkt unterhalb der Bergstation eines stark frequentierten Sessellifts im Zillertal bricht die Schneekante ab und gibt den Blick auf felsige Vorsprünge frei. Auf dem Höchsten dieser Felsköpfe hat sich eine Gruppe Snowboarder versammelt, die offensichtlich vorhat, einen Sprung auf die knapp 5 m tiefer liegende Schneedecke zu wagen. Dort sind noch keinerlei Fahrspuren sichtbar, sodass die Sprungwilligen keine Hinweise über Güte und Beschaffenheit des Untergrundes haben. Schon lässt sich der erste Boarder über den Abbruch rutschen und überschlägt sich nach der Landung mehrfach im Schnee. Nach einem kurzen Austausch kommt schon der Zweite, den es ebenfalls in den Schnee schlägt ...

Die Suche nach und das Bewältigen von Wagnissituationen ist im Winter(-sport) häufig zu beobachten: Jeder Anfänger im Skilaufen, Eislaufen und Snowboarden ringt zunächst um sein Gleichgewicht und ist darum bemüht, den drohenden Kontrollverlust abzuwehren (vgl. Müller, 2003). Im winterlichen Bewegungsleben auf der Piste hat vor allem das Snowboardfahren einen großen „Popularitätsgewinn" (Marlovits, 2001, S. 425) bei den zumeist jugendlichen Anhängern zu verzeichnen. Die von Marlovits angeführten Daten der International Snowboard Federation zeigen für das Jahr 1998 folgende prozentuale Verteilung: unter 14 Jahre 10 %, 15-18 Jahre 21 %, 19-24 Jahre 50 %. Der „cliff jump", den die jugendlichen Snowboarder in der von mir beobachteten Szene ausführen, stellt zwar nicht das zentrale Bewegungselement beim Snowboarden dar, aber solche gewagten Sprünge verheißen besonders intensive Erlebnislagen, die gekennzeichnet sind durch „das Offene und Ungewisse des Ausgangs" (S. 431). Allerdings darf nicht übersehen werden, dass die Jugendlichen mit ihrem Sprung nicht nur ein leibliches Wagnis eingehen, (das mir sehr bedenklich scheint für den Fall, dass sie die Landefläche vorher nicht gründlich sondiert haben), sondern auch ökologisch riskant handeln.

4 Ausblick

Die zukünftige Expansion gewagten und abenteuerlichen Sports gilt als sehr wahrscheinlich (vgl. Becker, 2003; Hackfort, 2001; Opaschowski, 2000). Die Frage ist nur, in welcher Weise Kinder und Jugendliche am postulierten gesellschaftlichen Trend „vom geschützten zum risikoreicheren Sport" (Schildmacher, 1998, S. 73) teilhaben werden. Zumindest im gegenwärtigen Bewegungsleben der Kinder und Jugendlichen haben die so genannten *Risikosportarten* wie Tauchen, Gleitschirmfliegen, Sportklettern, Kitesurfen oder Rafting, rein quantitativ betrachtet, eine eher marginale Bedeutung. Demgegenüber steht eine breite positive Wertschätzung der genannten Sportarten bei den männlichen Jugendlichen. Ob deren Wunsch, selbst einmal z. B. einen Fallschirmsprung zu wagen, allerdings Wirklichkeit wird, ist fraglich.

Mit Blick auf die Zukunft wird man vermuten können, dass Kinder und Jugendliche nach wie vor und besonders in informellen Bereichen des Wagnissports ihre Herausforderungen suchen werden. Wie in den fünf Szenen beschrieben, können sie in kleinen und zumeist unaufwändigen Bewegungsexperimenten ihr Können erproben und Nervenkitzel erleben. Die formelle und kommerzielle Expansion des Wagnissports dürfte dagegen in erster Linie Erwachsene betreffen.

Weil im Sport finanzielle oder soziale Barrieren existieren, wird es nicht jedem Kind und jedem Jugendlichen möglich sein, an wagnissportlichen Aktivitäten zu partizipieren. Inwieweit solchermaßen benachteiligte Kinder und Jugendliche ihr Spannungsbedürfnis dann auf andere, illegale Weise, z. B. beim S-Bahn-Surfen befriedigen, ist ein offenes Problem. Dass es Anzeichen für eine solche Tendenz gibt, deuten Aussagen von Jugendlichen an, die ihre illegalen Autorennen oder das S-Bahn-Surfen als „sportlich" bezeichnen (vgl. Rittner, 2001, S. 223).

Literatur

Akemeyer, T. (2003). Zwischen Verein und Straßenspiel. Über die Verkörperungen gesellschaftlichen Wandels in den Sportpraktiken der Jugendkultur. In H. Hengst & H. Kelle (Hrsg.), *Kinder, Körper, Identitäten* (S. 293-318). Weinheim: Beltz.

Allmer, H. (1998). „No risk – no fun" – Zur psychologischen Erklärung von Extrem- und Risikosport. *Brennpunkte der Sportwissenschaft, 9*, 60-90.

Becker, P. (2003). Die Neugier des Odysseus und ihre Folgen. *Sportwissenschaft, 33*, 123-142.

Berndt, I. & Menze, A. (1996). Distanz und Nähe – Mädchen treiben ihren eigenen Sport. In D. Kurz, H.-G. Sack & K.-P. Brinkhoff (Hrsg.), *Kindheit, Jugend und Sport in NRW. Der Sportverein und seine Leistungen* (S. 362-430). Düsseldorf: Moll.

Bette, K. H. (1998). *Körperspuren.* Berlin: de Gruyter.

Brandl-Bredenbeck, H. P. & Brettschneider, W.-D. (2003). Sportliche Aktivität und Risikoverhalten bei Jugendlichen. In W. Schmidt W., I. Hartmann-Tews & W.-D. Brettschneider (Hrsg.), *Erster Deutscher Kinder- und Jugendsportbericht* (S. 235-253). Schorndorf: Hofmann.

Hackfort, D. (2001). Psychologische Aspekte des Freizeitsports. In J. R. Nitsch & R. Singer (Hrsg.), *Einführung in die Sportpsychologie. Teil 2. Anwendungsfelder* (2. überarbeitete Auflage) (S. 207-235). Schorndorf: Hofmann.

Hartmann-Tews, I. & Leutkens, S. A. (2003). Jugendliche Sportpartizipation und somatische Kulturen aus Geschlechterperspektive. In W. Schmidt, I. Hartmann-Tews & W.-D. Brettschneider (Hrsg.), *Erster Deutscher Kinder- und Jugendsportbericht* (S. 297-317). Schorndorf: Hofmann.

Hengst, H. (1999). Objekte zu Subjekten – zum Wandel von Kindheitsbildern und Kinderwelten. In W. Kleine & N. Schulze (Hrsg.), *Modernisierte Kindheit – sportliche Kindheit?* (S. 10-37). St. Augustin: academia.

Kurz, D., Sack, H.-G. & Brinkhoff, K.-P. (Hrsg.). (1996). *Kindheit, Jugend und Sport in NRW. Der Sportverein und seine Leistungen.* Düsseldorf: Moll.

Le Breton, D. (2001). Riskantes Verhalten Jugendlicher als individueller Übergangsritus. In J. Raithel (Hrsg.), *Risikoverhaltensweisen Jugendlicher. Formen, Erklärungen und Prävention* (S. 111-128). Opladen: Leske und Budrich.

Marlovits, A. M. (2001). Snowboarding – Zur Psychologie einer Sportart und heraldischen Funktion seiner Gerätschaft. *Sportwissenschaft, 31*, 425-436.

Müller, H. H. (2003). *Schulsport im Winter. Zur pädagogischen Bedeutung und Gestaltung von Wintersportveranstaltungen in der Schule.* Unveröffentlichte Dissertation Regensburg.

Neumann, P. (2003). Die Sonnenseite des Misslingens. Zur pädagogischen Ambivalenz wagnissportlicher Aktivitäten. *sportpädagogik, 27* (1), 58-61.

Opaschowski, H. W. (2000). *xtrem. Der kalkulierte Wahnsinn. Extremsport als Zeitphänomen.* Hamburg: Germa Press.

Raithel, J. (2000). Wie risikobereit sind jugendliche Sportler? Ein Vergleich zwischen sportaktiven und sportabstinenten Jugendlichen. *Olympische Jugend, 45* (2), 18-19.

Raithel, J. (Hrsg.). (2001): *Risikoverhaltensweisen Jugendlicher. Formen, Erklärungen und Prävention.* Opladen: Leske und Budrich.

Rittner, V. (2001). Risikoverhalten im Sport. In J. Raithel (Hrsg.), *Risikoverhaltensweisen Jugendlicher. Formen, Erklärungen und Prävention* (S. 217-236). Opladen: Leske und Budrich.

Schildmacher, A. (1998). Trends und Moden im Jugendsport. In J. Schwier (Hrsg.), *Jugend – Sport – Kultur* (S. 63-76): Hamburg: Czwalina.

Schmidt, W. (2003). Kindersport im Wandel der Zeit. In W. Schmidt, I. Hartmann-Tews & W.-D. Brettschneider (Hrsg.), *Erster Deutscher Kinder- und Jugendsportbericht* (S. 109-126). Schorndorf: Hofmann.

Schmitz, T. (Hrsg.). (1998). *Mut. Geschichten über Tapferkeit.* Essen: Edition Schmitz.

Schumacher, J. & Hammelstein, P. (2003). *Sensation Seeking und gesundheitsbezogenes Risikoverhalten – Eine Betrachtung aus gesundheitspsychologischer Sicht.* Manuskript.

Steffgen, G., Fröhling, R. & Schwenkmezger, P. (2000). Motive sportlicher Aktivität. Psychometrische Untersuchungen einer Kurzform der ATPA-D-Skalen. *Sportwissenschaft, 30,* 408-421.

Würtemberger, T. (Hrsg.). (1991). *Risikosportarten.* Heidelberg: Müller.

Autorenverzeichnis

PhD Abu-Omar, Karim
Friedrich-Alexander-Universität Erlangen-Nürnberg
Institut für Sportwissenschaft und Sport
Gebbertstr. 123 b
91058 Erlangen

Prof. Dr. Balz, Eckart
Bergische Universität
FB G – Sportwissenschaft
Arbeitsbereich Sportpädagogik
Fuhlrottstr. 10
42097 Wuppertal

Prof. Dr. Baur, Jürgen
Universität Potsdam
Institut für Sportwissenschaft
Arbeitsbereich Sportsoziologie
Postfach 601553
14415 Potsdam

Dr. Burrmann, Ulrike
Universität Potsdam
Institut für Sportwissenschaft
Arbeitsbereich Sportsoziologie
Postfach 601553
14415 Potsdam

Prof. Dr. Hübner, Horst
Bergische Universität
FB G – Sportwissenschaft
Arbeitsbereich Sportsoziologie
Fuhlrottstr. 10
42097 Wuppertal

AD Dr. Kottmann, Lutz
Bergische Universität
FB G – Sportwissenschaft
Arbeitsbereich Sportpädagogik
Fuhlrottstr. 10
42097 Wuppertal

Prof. em. Küpper, Doris
Bergische Universität
FB G – Sportwissenschaft
Arbeitsbereich Sportpädagogik
Fuhlrottstr. 10
42097 Wuppertal

PD Dr. Kuhlmann, Detlef
Freie Universität Berlin
Institut für Sportwissenschaft
Habelschwerdter Allee 45
14195 Berlin

Prof. Dr. Laging, Ralf
Phillips-Universität Marburg
Institut für Sportwissenschaft und Motologie
Barfüßerstr. 1
35032 Marburg

Dr. Menze-Sonneck, Andrea
Universität Bielefeld
Fakultät für Psychologie und Sportwissenschaft
Abteilung Sportwissenschaft
Postfach 100131
33501 Bielefeld

PD Dr. Neumann, Peter
Bergische Universität
FB G – Sportwissenschaft
Arbeitsbereich Sportpädagogik
Fuhlrottstr. 10
42097 Wuppertal

Dr. Pfitzner, Michael
Bergische Universität
FB G – Sportwissenschaft
Fuhlrottstr. 10
42097 Wuppertal

Rabe, Andrea
Phillips-Universität Marburg
Institut für Sportwissenschaft und Motologie
Barfüßerstr. 1
35032 Marburg

Prof. Dr. Rittner, Volker
Deutsche Sporthochschule Köln
Institut für Sportsoziologie
Carl-Diem-Weg 6
50933 Köln

Prof. Dr. Rütten, Alfred
Friedrich-Alexander-Universität Erlangen-Nürnberg
Institut für Sportwissenschaft und Sport
Gebbertstr. 123 b
91058 Erlangen

Prof. Dr. Schmidt, Werner
Universität Gesamthochschule Essen
FB 2, Sport- und Bewegungswissenschaften
Gladbecker Str. 180
45141 Essen

M.A. Schröder, Jana
Friedrich-Alexander-Universität Erlangen-Nürnberg
Institut für Sportwissenschaft und Sport
Gebbertstr. 123 b
91058 Erlangen

Prof. Dr. Schwier, Jürgen
Justus-Liebig-Universität Gießen
Institut für Sportwissenschaft
Arbeitsbereich Sportpädagogik/Sportsoziologie
Kugelberg 62
35394 Gießen

Dr. Süßenbach, Jessica
Universität Gesamthochschule Essen
FB 2, Sport- und Bewegungswissenschaften
Gladbecker Str. 180
45141 Essen

Prof. Dr. Wopp, Christian
Universität Osnabrück
FB Erziehungs- und Kulturwissenschaften
Fachgebiet Sport und Sportwissenschaft
Sportzentrum
Jahnstr. 41
49080 Osnabrück

Wulf, Oliver
Bergische Universität
FB G – Sportwissenschaft
Arbeitsbereich Sportsoziologie
Fuhlrottstr. 10
42097 Wuppertal